# STUDIEN
# ZUR DEUTSCHEN
# LITERATUR

Herausgegeben von
Richard Brinkmann, Friedrich Sengle
und Klaus Ziegler

Band 28

GUDRUN SCHULZ

# Die Schillerbearbeitungen
# Bertolt Brechts

Eine Untersuchung literarhistorischer Bezüge
im Hinblick auf Brechts Traditionsbegriff

Max Niemeyer Verlag Tübingen 1972

ISBN 3-484-18022-6

© Max Niemeyer Verlag Tübingen 1972
Alle Rechte vorbehalten. Printed in Germany
Satz und Druck: Bücherdruck Wenzlaff, Kempten
Einband von Heinr. Koch, Tübingen

# VORBEMERKUNG

Bei der Abfassung meiner Arbeit konnte ich verschiedentlich auf Materialien im Bertolt-Brecht-Archiv zurückgreifen. Der „Bertolt-Brecht-Erbengemeinschaft" bin ich zu Dank verpflichtet für die Möglichkeit eines mehrwöchigen Studienaufenthaltes im Archiv sowie für die Genehmigung zum Abdruck bisher unveröffentlichter Brecht-Zitate. Nicht unerwähnt möge die Hilfe einiger Mitarbeiter des Archives bleiben bei der Auswahl und Bereitstellung der Manuskripte und Typoskripte zu den Werken Brechts sowie bei der Aufschlüsselung biographischer Daten.
Die Einsicht in umfangreiches Augsburger Zeitschriftenmaterial aus dem Jahre 1920, eine wesentliche Hilfe, um Brechts Schillerkritiken dieser Zeit gerecht zu beurteilen, ermöglichte mir Herr Bibliotheks-Amtmann Heinle von der Augsburger Stadt- und Staatsbibliothek. Danken möchte ich ebenfalls Herrn Dr. Huder von der Akademie der Wissenschaften, Berlin, für die Öffnung des Piscator-Nachlasses, von dem besonders das ‚Räuber'-Manuskript interessierte.

# INHALT

X

# VERZEICHNIS DER ABKÜRZUNGEN

| | | |
|---|---|---|
| BBA | = | Bertolt-Brecht-Archiv |
| DVjs | = | Deutsche Vierteljahresschrift für Literaturwissenschaft und Geistesgeschichte. Begr. von Paul Kluckhohn und Erich Rothacker. Fortgeführt von Richard Brinkmann. Halle 1923ff. |
| GRM | = | Germanisch-Romanische Monatsschrift. Hg. von Franz Rolf Schröder. Heidelberg 1909ff. |
| Jonas | = | Schillers Briefe. Kritische Gesamtausgabe. Hg. und mit Anmerkungen versehen von Fritz Jonas. 7 Bände. Stuttgart 1892–1896. |
| NA | = | Schillers Werke. Nationalausgabe. Hg. von Julius Petersen und Hermann Schneider. Weimar 1943ff. |
| SA | = | Schillers Sämtliche Werke. Säkularausgabe in 16 Bänden. Hg. von Eduard von der Hellen. Stuttgart 1905ff. |
| Schr. z. Th. | = | Schriften zum Theater. |
| SuF | = | Sinn und Form. Beiträge zur Literatur. Hg. von der Deutschen Akademie der Künste. Berlin 1949ff. |
| WB | = | Weimarer Beiträge. Zeitschrift für deutsche Literaturgeschichte. Hg. von Louis Fürnberg und H. G. Thalheim. Weimar 1955ff. |

# ERLÄUTERUNG
# DER DRUCKTECHNISCHEN AUSZEICHNUNGEN

/ / = Streichungen Brechts und Piscators
* * = Handschriftliche Ergänzungen Brechts und Piscators
[ ] = Ergänzungen des Verfassers zu Originalzitaten

Unveröffentlichtes Material aus dem Bertolt-Brecht-Archiv erscheint im Originalsatz, während die übrigen Zitate dem Drucksatz dieser Reihe angepaßt wurden.

# EINLEITUNG

Die Flut der wissenschaftlichen Erscheinungen auf dem Gebiet der Brecht-Forschung läßt die Frage nach der Rechtfertigung dieser Untersuchung aufkommen. Eine Reihe von kleineren Schriften hat sich bereits in irgendeiner Form mit dem Verhältnis Brecht–Schiller befaßt. Die Aufsätze von Lupi, Žmegač und Puknat, sowie die Rede Dürrenmatts[1] über Schiller begnügen sich damit, Affinitäten oder Antithesen zu konstatieren, indem sie bekannte Ergebnisse der Brecht- und Schillerforschung einfach gegenüberstellen. In ähnlicher Weise verfährt Schrimpf[2], der im Schlußteil seines Vergleiches zwischen Lessing und Brecht Übereinstimmungen in der Dramaturgie Brechts und Schillers beleuchtet. Eine grundsätzliche Gegenüberstellung der epischen und der klassischen Dramenform, für die Schiller als Exponent gewählt wird, bei Marianne Kesting, Hinck und Klotz[3] dürfte das Thema unserer Untersuchung ebenfalls nicht tangieren, da wir nicht einen Vergleich der „Antipoden" aufstellen, sondern die Bearbeitungsversuche Brechts an Schiller zeigen wollen.

Grimm und Debiel[4] haben diese Bearbeitungen einseitig unter einem strukturellen oder stilistischen Gesichtspunkt gesehen. Grimm hat einige Parodien von Schillerzitaten aufgedeckt, sie aber nur unter dem Aspekt eines ästhetisch reizvollen Verfremdungseffektes betrachtet, der in der Spannung zwischen der Ausgangssituation des entlehnten Vorbildes und der neuen Einschöpfung liegt. Die umfangreichere Thesis von Bärbel Cata-

---

1 Serge Lupi: Schiller e Brecht. – Annali Istituto Orientale di Napoli. Sez. Germ. 5, 1962. S. 5–30. Victor Žmegač: Einfühlung und Abstraktion – Brecht als Antipode Schillers. – SuF 17, 1965. S. 517–528. Sigfried Puknat: Brecht and Schiller: Nonelective affinities. – Modern Language Quarterly 26, 1965. S. 558–570. Friedrich Dürrenmatt: Schiller. Eine Rede. Zürich 1960.
2 Hans Joachim Schrimpf: Lessing und Brecht. Pfullingen 1965.
3 Marianne Kesting: Das epische Theater. Zur Struktur des modernen Dramas. Stuttgart 1959. S. 51f. – Walter Hinck: Die Dramaturgie des späten Brecht. Göttingen 1959. – Volker Klotz: Offene und geschlossene Form im Drama. München 1962.
4 Reinhold Grimm: Bertolt Brecht. Die Struktur seines Werkes. Nürnberg 1960. Gisela Debiel: Das Prinzip der Verfremdung in der Sprachgestaltung Bertolt Brechts. Bonn 1960.

rino[5] beurteilt die Schillerbearbeitungen, darunter besonders die ‚Heilige Johanna der Schlachthöfe', als Literaturparodie. Sie verkennt damit die Absichten des Stückeschreibers, dem es nicht um selbstzentrierte literarische Polemik geht, sondern um eine typologisierende Zusammenschau der geistesgeschichtlichen Problematik, die in dem „Komplott des Idealismus und des Kapitalismus" liegt. Bentley[6] mißversteht ebenfalls Brechts Intentionen, wenn er in der Schillerparodie allein ein ästhetische Verschlüsselungsfunktion sieht, um bekannte historische Personen indirekt zu verspotten.

Mayers[7] Untersuchung über Brechts Verhältnis zur Tradition hat einen anderen Aspekt der Bearbeitung eingehend klargemacht: Brecht hat Schiller zum Ansatzpunkt vieler theoretischer und poetischer Entwürfe genommen, da er sich sowohl als Weiterführender als auch als Neugründer einer Tradition betrachtet. Allerdings hat Mayer diese Klassikerbearbeitungen zu schematisch in das Modell marxistischer Literaturtheorie, in die Begriffe der „Umfunktionierung", der „Aufhebung" und „Zurücknahme" gepreßt. Für die differenzierte Arbeit Brechts an der Vorlage geben diese Kategorien zu wenig her, sie vermögen zudem Brechts Methoden in seiner „vorkritischen" Phase nur negativ zu erfassen. Müllers Tübinger Dissertation[8] über die Auswirkung des Brechtschen Geschichtsbewußtseins auf seine literarische Theorie hat die Klassikerbearbeitungen unter dem Blickwinkel der Aktualisierung und Historisierung subsumiert und die Wende von der „vandalistischen" Verwertung der Klassiker ihrem Materialwert nach zur geschichts- und traditionsbewußten Vergegenwärtigung festgestellt. Die Arbeit trägt zu unserer Untersuchung ebenfalls wenig bei, da sich das Brechtsche Geschichtsmodell auf seine Bearbeitungen nicht unbedingt projizieren läßt.

Unsere Untersuchung beschäftigt sich in erster Linie mit der detaillierten „Quellen"-Arbeit des Stückeschreibers. Sie will die verschiedenen Perspektiven und Methoden der Annäherung an die „klassische" Vorlage aufzeigen, den vielfach modifizierten Zusammenhang zwischen Vorlage und Neuschöpfung freilegen – und nicht deduktiv verfahrend die Schillerbearbeitungen nach der marxistischen Literaturtheorie, zu der Brecht sich

[5]  Bärbel Catarino: Parody in Brecht's ‚Saint Joan of the Stockyards'. Thesis (Masch.) University of North Carolina 1962.
[6]  Eric Bentley: On Brecht's ‚In the Swamp', ‚A Man's a Man', and ‚Saint Joan of the Stockyards'. In: Brecht. A collection of critical essays. Ed. by Peter Demetz. Englewood Cliffs, New Jersey 1962. S. 51–58.
[7]  Hans Mayer: Bertolt Brecht und die Tradition. Pfullingen 1961. S. 52–63.
[8]  Klaus-Detlef Müller: Die Funktion der Geschichte im Werk Bertolt Brechts. Studien zum Verhältnis von Marxismus und Ästhetik. Tübingen 1957. (Studien zur deutschen Literatur 7).

2

bekannte, bewerten. – Im ersten Abschnitt haben wir die Augsburger Schillerrezensionen analysiert, sie in den Umkreis der anderen Feuilletonisten gestellt und ihren Bezug zu Neuschöpfungen Brechts versucht aufzudecken. Der bisher nicht erkannte Nexus zwischen der Augsburger ‚Räuber'-Aufführung von 1920 und dem Stück ‚Im Dickicht der Städte' war das Ergebnis einer eingehenden Untersuchung der Stoffe, Motive und dramaturgischen Techniken, deren sich Brecht in dem Chicagostück bedient. Bei der Aufhellung der quellenmäßigen Zusammenhänge leisteten uns die von Brecht selbst aufgestellten Bearbeitungskategorien wesentliche Hilfe. – Die Klassikerexperimente der Regisseure Engel, Jeßner, Piscator, an denen Brecht teilgenommen hat, bildeten den literarhistorischen Hintergrund, von dem sich Brechts ‚Heilige Johanna' als „positive Weiterführung der Tradition" abhebt. Im Gewande der Schillerkritik wird durch typologisierende Verallgemeinerung die gesamte Klassikerproblematik der zwanziger Jahre erfaßt. Von großer Bedeutung war dabei die Untersuchung des textkritischen Materials im Bertolt-Brecht-Archiv, die die verschiedenen Phasen der Annäherung an das Werk Schillers erläuterte, wie sie auch einige Interpretationshilfen für Brechts Schillerverständnis lieferte. Die Entdeckung einer ‚Urfassung' kann bisher nur als vorläufig gelten, da die vollständige Sichtung des textkritischen Materials Aufgabe einer eigenen Arbeit wäre. – Die ‚Heilige Johanna' wurde nicht allein unter dem Blickwinkel der Schillerparodie betrachtet, sondern als Abrechnung mit dem „großen geistigen System" des Idealismus und mit den klassischen Darstellungsweisen des Stoffes, für die Schiller als Exponent galt. So wie Brecht mit seiner antiaristotelischen Dramentheorie nicht in philologischer Exaktheit Aristoteles treffen will, sondern einen terminus technicus geschaffen hat, mit dem er jede Dramatugie erfaßt, die den Akt der Einfühlung bewirkt, so gilt es verschiedene Gleichungen aufzustellen, für die ihm Schiller als Repräsentant gilt. Philologische Interessen wurden, wie Brecht gesteht, von ihm nicht bedient. In unserer Arbeit wurden ferner untersucht: die „sozialkritischen" Sonette mit Brechts ‚Studien' über die ‚Bürgschaft' und die ‚Glocke', die ‚Fischweiberszene', ‚Der aufhaltsame Aufstieg des Arturo Ui' und ‚Turandot oder Der Kongreß der Weißwäscher'. Das bisher ungeklärte Quellenproblem der ‚Turandot' konnte durch konsequente Anwendung der Bearbeitungskategorien Brechts gelöst werden.

# I.

## DIE AUGSBURGER SCHILLERKRITIKEN

a) Brecht als „neuer Schiller": der dialektische Bezug von Schillerkritik
und eigener künstlerischer Produktivität

Wir wählen die Analyse der Augsburger Schillerkritiken als Ansatzpunkt
unserer Arbeit, da die Begegnung mit Schiller – für Brecht der Klassiker
par excellence – in der frühen Augsburger Zeit nicht nur Brechts Verhältnis zu Schiller und zur Klassik in den folgenden Jahren bestimmt hat,
sondern zum Anstoß seiner theoretischen und poetischen Gegenentwürfe
wurde. – Immer wieder verweist er auf den Stil der „verrotteten" Klassikeraufführungen, den er in seiner Heimatstadt kennengelernt hatte, wenn
es darum geht, seine neue Theorie des „epischen Theaters" und der Schauspielkunst davon abzuheben und zu begründen. Hans Mayers stark verallgemeinernde These, die in Brechts gesamtem Schaffen eine „Antwort"
auf die deutsche Klassik sieht, gilt es zu präzisieren,[1] indem wir konkrete
Zusammenhänge zwischen einer verfälschten Schilleraufführung und einem
Brechtschen Entwurf freilegen.

In der Posa-Rezension von 1920[2] ist die spätere Pätusgestalt der ‚Hofmeister'-Bearbeitung präfiguriert, von der Mayer schreibt, sie sei die Verkörperung der Brechtschen Kant- und Schillerkritik, die Verkörperung des
Philisters, der „aufwieglerisch doch nur in der Idee"[3] sei. Die ‚Don Carlos'-Besprechung[4] mit ihrer Gegenüberstellung von Schiller und Upton
Sinclair ist eine Vorwegnahme der ‚Heiligen Johanna der Schlachthöfe'.

[1]  Mayer hat nicht nur die „Klassikerbearbeitungen" und den Rückgriff auf Themen und Sprache der Vorklassik einen Affront gegen Schiller und Goethe genannt, sondern auch in der Hinwendung zu römischen und fernöstlichen Themen
eine bewußte Abwendung von der Klassik gesehen. „In beiden Fällen übrigens,
beim Studium der Römer wie der Chinesen, war Brecht entschlossen, seine Umfunktionierung der deutschen Klassik folgerichtig weiterzuführen." (Mayer, S. 99).
„Auffallend ist zunächst diese römische Tradition, weil sie nicht ohne polemische
Schärfe der klassischen deutschen Synthese aus *Deutschtum und Griechentum* ent-
gegengestellt wird." (Mayer, S. 92).
[2]  Bertolt Brecht: Gesammelte Werke. Bd. 15. Schriften zum Theater 1. Frankfurt 1967. (Werkausgabe Edition Suhrkamp). S. 9ff. und S. 52.
[3]  Brecht, Bd. 6. Stücke 6. S. 2360.
[4]  Brecht, Bd. 15. Schr. z. Th. 1. S. 9ff.

Mit ‚Dickicht' wollte er die ‚Räuber' verbessern, die er „in einer jener schlechten Aufführungen" auf dem Theater gesehen hatte, „die durch ihre Ärmlichkeit die großen Linien eines guten Stückes hervortreten lassen",[5] – es handelt sich, wie wir noch zeigen werden, um eine „provinzielle" Augsburger Vorstellung.

In der Forschungsliteratur wird die Bedeutung der ersten Begegnungen Brechts mit Schiller für das spätere Schaffen zwar erkannt, erfährt aber keine genauere Untersuchung. Mayer interpretiert die Klassikerrezensionen hauptsächlich als Kritik an der Regie und Dekoration, die durch die Augsburger Umwelt und die dortigen Theaterzustände bestimmt ist. „Beim ‚Tasso' drückt er sich um die Auseinandersetzung mit dem Werk herum; der Zorn gilt bloß der Regie und Dekoration. Mit den ‚Räubern' als Stück ist er offenbar einverstanden, allerdings durchaus nicht mit der Augsburger Aufführung."[6]

Daß Brechts kritische Besprechungen bereits in der Augsburger Zeit über die lokalen und zeitbedingten Verfälschungen Schillers hinaus zu einer Kritik an Schiller selbst vordringen, die Keime eigenen produktiven Schaffens in sich enthalten, ist bisher nicht analysiert worden. – Der dialektische Bezug von Schillerkritik und eigener künstlerischer Produktivität Brechts, dessen literarhistorische Situation durch seine Selbstdarstellung als „neuer Schiller"[7] nicht prägnanter umrissen werden könnte, soll in dieser Arbeit besonders hervorgehoben werden. Wie stark Brecht die Traditionen der deutschen Klassik, besonders Schillers, in der Theaterwelt empfunden hat, geht daraus hervor, daß er glaubte, entweder nur ein unbedeutender Epigone werden zu können oder ein „neuer Schiller", das heißt bei Brecht ein „anderer Schiller". – Von hier aus lassen sich zwei methodische Fragestellungen unserer Untersuchung als progressiv auseinander hervorgehend zusammenfassen: Die Interpretation der „Schillerbearbeitungen" setzt den Vergleich Schillers und Brechts voraus: Brecht hat Schiller bearbeitet, indem er sich mit ihm verglichen hat.

Marianne Kesting behauptet, daß hinter den „geharnischten" Augsburger Klassikerrezensionen schon eine positive Konzeption Brechts vom Theater sichtbar werde. „Noch als Student übernahm er, im Jahre 1919, die Theaterkritik am ‚Augsburger Volkswillen' und begann, in kühner und gehar-

---

[5]  Brecht, Bd. 17. Schr. z. Th. 3. S. 948.
[6]  Mayer, S. 25.
[7]  In seinen „Brecht-Erinnerungen" überliefert Hans Otto Münsterer eine Fotografie, die sich heute im Besitz des Staatsministers Otto A. Bezold befindet und auf der der „Stückeschreiber" im Jahre 1917 als „neuer Schiller" in einer der Dichternischen des Augsburger Stadttheaters posiert. (Hans Otto Münsterer: Bertolt Brecht. Erinnerungen aus den Jahren 1917–1922. Zürich 1963. S. 32, Tafel 2).

nischter Sprache, mit einem erbarmungslosen Aufräumen, das sich nicht nur auf die Zustände des Provinztheaters seiner Vaterstadt richtete – sie waren ihm nur Symptom einer größeren und grundsätzlicheren Misere."[8]
Hellmut Geissner gelingt es, eine kontinuierliche Linie von jener frühen ‚Don Carlos'-Kritik bis zur ‚Heiligen Johanna der Schlachthöfe' und den ‚Sozialkritischen Sonetten' aufzudecken: Die soziale Bedingtheit von Schillers Freiheitspathos wird im ‚Don Carlos', in der ‚Heiligen Johanna' und in der „Studie über Schillers Gedicht ‚Die Glocke'" entlarvt. „Es bleibt interessant, wie früh Brecht schon dieses Doppelte in Schillers Freiheitsbegriff erkannt und kritisiert hat; wie er die Divergenz bloßlegte zwischen dem realen Freiheitsanspruch und dem absoluten Idealismus der Freiheit",[9] indem er sowohl in der ‚Don Carlos'-Besprechung als auch bei seinem ‚Johannathema' Schiller und den Sozialreformer Sinclair konfrontierte.
Dieter Schmidt weist auf den Zusammenhang von Schillerkritik und Kritik am kapitalistischen Bürgertum in der Redaktionsszene der von ihm entdeckten Urfassung des ‚Baal' hin, der für die spätere Zeit Brechts produktiv werden sollte. Der Prokurist des Verlages, bei dem ‚Baal' beschäftigt ist, „weigert sich entschieden, die Rezension Baals drucken zu lassen. Er betrachtet sie als Schmähung Schillers *und* des Theaterdirektors, der ihm ‚für 2000 M Druckaufträge gibt'. Einem solchen Argument kann sich der Chef nicht verschließen, denn von diesem Geld wird auch er bezahlt. Es kommt ihm plötzlich zum Bewußtsein, daß die Kritik ‚wirklich *sehr* schlecht geschrieben ist'".[10] Schmidt hält diese Geschichte für eine Anspielung auf eine tatsächliche Augsburger Begebenheit oder ein Erlebnis Brechts. In der 2. Fassung des ‚Baal', die Münsterer als „ungebärdiger" und „unbürgerlicher"[11] bezeichnet, hat das „asoziale Genie" seine Tätigkeit als Schillerrezensent aufgegeben und damit die letzte Verankerung in einer bürgerlichen Existenz. – Im ganzen gilt jedoch für den frühen Brecht Baals Geständnis, daß er den „verrückten seligen Menschen" „liebt", „der das Stück gemacht hat".[12]

---

8   Marianne Kesting: Bertolt Brecht. In Selbstzeugnissen und Bilddokumenten. Hamburg 1959. (Rowohlts Bildmonographien 37). S. 21f.
9   Hellmut Geissner: Schillerparodien Bertolt Brechts. Ein Epilog zum Schillerjahr. – Deutschunterricht für Ausländer 10, 1960. S. 131.
10   Dieter Schmidt: ‚Baal' und der junge Brecht. Eine textkritische Untersuchung zur Entwicklung des Frühwerks. Tübingen 1965. S. 85.
11   Münsterer, S. 107.
12   Schmidt, S. 86.

## b) Biographischer Exkurs: Augsburg als „geistiger Raum"[13]

Aus Brechts Augsburger Jahren überliefert uns sein damaliger Jugend-
freund Hans Otto Münsterer ein umfangreiches Bild der geistigen und
künstlerischen Erlebnisse und Beeinflussungen an Hand eines privaten
Tagebuches. — Er berichtet von Brechts unstillbarem Lesehunger: „bereits in sehr jungen Jahren" hatte er „so ziemlich die ganze Weltliteratur
durchgeackert".[14] „Unter den deutschen Klassikern hat Brecht nächst
Büchner, Grabbe, Kleist und natürlich Goethe vor allem Schiller geschätzt.
An Schiller bewunderte er besonders die weite, jeder Sturmflut gewach-
sene Spannung des Bogens und die rißlose Wölbung, die den Bau seiner
Dramen und Balladen auszeichnet. Vor allem ‚Don Carlos' hat er, wie er
selbst anläßlich einer Theaterkritik bekennnt, ‚weiß Gott je und je ge-
liebt'."[15] Zur Vorbereitung des IV. Deutschen Schriftstellerkongresses 1955
hat Brecht den jungen Dramatikern eine Empfehlung gegeben, die er,
wenn wir Münsterers biographischen Notizen Glauben schenken, selbst
als literarischer Neuling befolgt hat.

> Um zur großen Handlung zu kommen, sollten wir die Bauart der Klassiker
> studieren. Wir können Stückebau studieren an den großen politischen Stücken
> ‚Emilia Galotti' und ‚Wallenstein', Rhetorik bei Schiller und Goethe.[16]

Der Rat an die jungen Dramatiker mutete wie eine späte Preisgabe eigener Praktiken an.

Bei einer nicht mehr rekonstruierbaren internen Besprechung in den Münch-
ner Kammerspielen zu Beginn der zwanziger Jahre hielt er einen Vortrag
über die ‚Jungfrau von Orléans', „von dem die Zuhörer bekannten, noch
nie sei derart Schönes über Schiller gesagt worden".[17] – Münsterer berichtet
von häufigen Besuchen des Freundes im „Theater am Schießgraben", von
einem Moritatenstück um den Räuberhauptmann Fetzer,[18] das deutliche
Analogien zu Schillers ‚Räubern' aufweist und in jene breite Schicht der
Schillerepigonik gehört, die damals „Mode" war und die Brecht in einer
Theaterkritik[19] parodieren sollte. Er schildert die Vorliebe Brechts und
seines Kreises, der als „Bürgerschreck" die Gemüter wohlsituierter Augsburger beunruhigte, bekannte Lieder der Klassiker zu improvisieren, zu
parodieren und „manches Kitschige, Übertriebene, Unreale sozusagen mit

---

13 Münsterer, S. 46.
14 Münsterer, S. 48.
15 Münsterer, S. 57f.
16 Brecht, Bd. 16. Schr. z. Th. 2. S. 938f.
17 Münsterer, S. 58.
18 Münsterer, S. 61.
19 Brecht, Bd. 15. Schr. z. Th. 1. S. 27f.

Krähenfüßen"[20] zu versehen – so wie es nach Brechts Selbstzeugnissen die Arbeiterinnen der nahen Papierfabrik taten, von denen er gelernt habe. – Wiederum gibt Brecht seine Klassikerstudien in den Augsburger Jahren erst zu einem Zeitpunkt preis, als er sie in seine marxistische Literaturtheorie einzubeziehen vermag. „Den Künstlern wird jetzt, an der Schwelle einer neuen Zeit, ein großes Lernen vorgeschlagen."[21] Als lehrreich bezeichnet er „die Kunst der nationalen Klassiker",[22] d. h. für die deutsche Literatur die Kunst der Klassiker des „fortschrittlichen Bürgertums".[23] – Wenn er im folgenden aufführt, wo er selber gelernt habe, so nicht allein, um anderen zu helfen, sondern um sich selber Rechenschaft abzulegen: „Man lernt noch einmal, wenn man ausfindet, was man gelernt hat."[24] Für die Analyse sowohl stoff- und motivgeschichtlicher Bezüge als auch für die Untersuchung biographischer Fakta ergibt sich die methodische Schwierigkeit, daß Brecht häufig, erst nachdem er die Reflexion über das Gelernte vollzogen hat, nachdem er vom Lernen gelernt hat, seine Quellen nennt, unter marxistischem Gesichtswinkel „aufgehoben".

Bei Streifzügen durch die verwilderten Lechauen improvisierte man Goethes ,Rattenfänger' und einige Wedekind-Lieder, „oder man stellte sich große Männer in sehr menschlicher Lage vor, Napoleon etwa Eis essend, Christus mit Zahnweh".[25] Brechts Bruder sang das ,Lied vom alten König', eine volkshafte Ballade, die Goethes ,König in Thule' nahestand, mit dem parodistischen Refrain „s' war eben ein alter König und konnte nichts mehr tun".[26]

Die Freundschaft mit Brecht erforderte einigen Mut, da sie jedwedem bürgerlichen Ordnungssinn widersprach. Der Protest gegen das geistig sterile Kleinbürgertum paarte sich mit dem Protest gegen die ,Einschüchterung durch die Klassizität',[27] gegen die philisterhafte Verspießerung und Entgiftung des revolutionären Zuges der Klassiker. Die Keime eines Protestes an dieser deutschen Symbiose: die „verfälschten" Klassiker dienen dem

---

[20] Brecht, Bd. 19. Schr. z. Lit. u. Kunst 2. S. 504. „Die Arbeiterinnen der nahen Papierfabrik erinnerten sich nicht immer aller Verse eines Liedes und improvisierten Übergänge, wovon viel zu lernen war. Ihre Haltung gegenüber Liedern war ebenfalls lehrreich. Sie gaben sich ihnen keineswegs naiv hin. Sie sangen ganze Lieder oder einzelne Verse mit einiger Ironie und versahen manches Kitschige, Übertriebene, Unreale sozusagen mit Krähenfüßen."

[21] Brecht, Bd. 19. Schr. z. Lit. u. Kunst 2. S. 502.

[22] Brecht, Bd. 19. Schr. z. Lit. u. Kunst 2. S. 503.

[23] Brecht, Bd. 19. Schr. z. Lit. u. Kunst 2. S. 503.

[24] Brecht, Bd. 19. Schr. z. Lit. u. Kunst 2. S. 503.

[25] Münsterer, S. 113 und 159.

[26] Münsterer, S. 40.

[27] Brecht, Bd. 17. Schr. z. Th. 3. S. 1275.

gutsituierten Bürgertum als „geistiges Mobiliar"[28] – liegen bereits in der Augsburger Zeit, gipfeln aber 1929 in dem Gespräch mit dem Theaterkritiker Herbert Ihering über den ‚Klassikertod‘[29] und werden für die Konzeption des ‚Johannathemas‘ fruchtbar, indem Brecht die traditionslose Abnützung und den Mißbrauch der Klassiker, besonders Schillers, durch das kapitalistische Bürgertum einer verfremdenden Kritik aussetzt.

### c) Der ‚Primat des Apparates‘[30] über den Geist der Dichtung

Der Mann, der das Augsburger Stadttheater als zu melkende Kuh gepachtet hat, versteht heute, nach vielen Jahren, von Literatur anscheinend soviel wie ein Lokomotivführer von Geographie. Voriges Jahr hat ihm Merz einiges gesagt, heuer pfuscht er das Repertoire anscheinend selbst zusammen nach dem Prinzip: Kosten darf es nichts, ziehen muß es! Er hat einen angsterfüllten Blick in das leere Haus geworfen und schreiend die Parole ausgegeben: Jetzt die alten Pfundstücke herausgeschmissen, nacheinander! (Ziehen muß es!) – Gestern haben wir den ‚Tasso‘ gehabt, eine gute Aufführung mitten in einer Schmierendekoration (Kosten darf es nichts!)[31]

Natürlich wird der ‚Tasso‘ ein Reinfall. „Und man hatte ihm doch gesagt, daß es ein klassisches Stück ist!"[32] Der ‚Primat des Apparates‘, nämlich des Stadttheaters als ökonomischen Faktors, über die dramatische Produktion zwingt den Theaterkritiker der USPD einige Grundsätze für Klassikeraufführungen in einem offenen Brief an das Personal des Augsburger Stadttheaters kundzutun:

Prinzipielles
1. Unsere Klassiker haben ihre Werke nicht dazu geschrieben, daß der Betrieb des Augsburger Stadttheaters fortgeführt werden kann.
2. Sachlichkeit in Kunstfragen bedeutet: innerste Teilnahme, Wahrhaftigkeit, Intoleranz gegen Schädigungen.

Winke
1. Die Kritik ist gezwungen, von der Regie den Geist der Dichtung und die große Linie ihrer Struktur (eventuell in roh behauenen Blöcken) zu verlangen. (Der Stadt die ‚so gut es geht‘ aufgewärmten Leichen der Klassiker vorzuwerfen, ist eine Roheit.)[33]

Drei Entwicklungsstadien lassen sich in Brechts Tätigkeit als Theaterkritiker und Regisseur aufzeigen. 1920 vertritt er noch die „bürgerliche"

28  Brecht, Bd. 15. Schr. z. Th. 1. S. 177.
29  Herbert Ihering: Reinhardt, Jeßner, Piscator oder Klassikertod? Berlin 1929.
30  Brecht, Bd. 15. Schr. z. Th. 1. S. 135.
31  Brecht, Bd. 15. Schr. z. Th. 1. S. 19.
32  Brecht, Bd. 15. Schr. z. Th. 1. S. 20.
33  Brecht, Bd. 15. Schr. z. Th. 1. S. 31f.

Position: „der Geist der klassischen Dichtung" ist unter allen Umständen zu wahren; in der Mitte der zwanziger Jahre gelangt er zur totalen, „pseudomarxistischen" Negierung seines früheren Standpunktes: nur durch Aufpflanzen neuer ideologischer Gesichtspunkte kann „man irgendein klassisches Stück zu mehr machen als einem Schwelgen in Erinnerungen".[34] Als Leiter des Berliner Ensembles ist er scheinbar zu seiner Augsburger Position zurückgekehrt. Zu Molières ‚Don Juan' schreibt er, daß man einen klassischen Text „nicht verdrehen, verfälschen, schlau ausdeuten" darf.

> Man darf nicht spätere Gesichtspunkte über die seinen stellen und so weiter. Die marxistische Betrachtungsweise, zu der wir uns bekennen, führt bei großen Dichtwerken nicht zu einer Feststellung ihrer Schwächen, sondern ihrer Stärken.[35]

Der Glaube des Marxismus an seine Rolle als des einzig wahren Erben und Interpreten der Tradition versagt jede weitere Diskussion um die jeweils beste Realisierung des sprachlichen Kunstwerks in der geschichtlichen Entwicklung. Die Seinsweise einer Dichtung als Normensystem, dem eine gewisse „Bestimmungsstruktur"[36] eignet, die jeweils nur graduell erfüllt werden kann, sichert auch der marxistischen Interpretation nur eine relative Realisierbarkeit des letztlich Intendierten zu.

d) „Deuxière": Epische Kunstmittel zur Umgestaltung klassischer Werke

Aus der gleichen Zeit, als Brecht diese Grundsätze für Klassikeraufführungen aufstellt, findet sich ein Notizzettel:

> *Ich im Theater*
> Ich bin ein Raubtier und benehme mich auf dem Theater wie im Dschungel. Ich muß etwas kaputtmachen, ich bin nicht gewohnt, Pflanzen zu fressen.[37]

Am 1. September 1920 schreibt er:

> Wenn ich ein Theater in die Klauen kriege, engagiere ich zwei Clowns. Sie treten im Zwischenakt auf und machen Publikum. Sie tauschen ihre Ansichten über das Stück und die Zuschauer aus. Schließen Wetten ab über den Ausgang. Alle Samstag ist Deuxière im Theater. Der Schlager der Woche wird persifliert. (Auch ‚Hamlet', auch ‚Faust'.) In der Tragödie wird die Szenerie auf offener

---

[34] Brecht, Bd. 15. Schr. z. Th. 1. S. 113.
[35] Brecht, Bd. 17. Schr. z. Th. 3. S. 1257.
[36] Vgl. E. Husserl: Cartesianische Meditationen und Pariser Vorträge. Gravenhage 1950. S. 83 – Zitiert bei: René Wellek, Austin Warren: Theorie der Literatur. Berlin 1963. S. 132.
[37] Brecht, Bd. 15. Schr. z. Th. 1. S. 46f.

Bühne umgebaut. Clowns gehen über die Bühne, ordnen an: ,Er geht jetzt unter, ja. Machen Sie das Licht düsterer!' ... Die Clowns reden über die Helden wie über Privatpersonen. Lächerlichkeiten, Anekdoten, Witze ... Dadurch sollen die Dinge auf der Bühne wieder real werden. Zum Teufel, die *Dinge* sollen kritisiert werden, die Handlung, die Worte, die Gesten, nicht die Ausführung.[38]

Kritik der Aufführung oder Kritik des Inhalts – Brecht als Theaterkritiker und Brecht als Autor vertritt verschiedene Positionen. Als Rezensent geht es ihm um eine, in seinem Sinne möglichst getreue Wiedergabe der alten Stücke, als Künstler gestaltet er die klassischen Werke persiflierend um, indem er sie durch epische Spielweise der Gegenwart öffnet.[39] Aus dieser verschiedenen Aufgabe erklärt sich auch Brechts spätere Tätigkeit als Restaurator und Erhalter der klassischen Werke, als er Chefdramaturg des Berliner Ensembles war, die häufig als Einlenken in die offizielle Parteilinie der DDR verstanden wurde.

### e) Der Augsburger Spielplan 1919–1921

Bei Durchsicht der erhaltenen Augsburger Theaterzettel von 1919–1921 zeigt sich, daß, wie auch Brecht bemängelt, der Intendant den Löwenanteil seines Etats auf die Oper und Operette verwendete. Der Spielplan wurde „ohne jede Absicht, etwas wie das Abbild der geistigen Bewegungen zu geben, die das deutsche Theater beschäftigen, von Tag zu Tag systemlos zusammengepfuscht",[40] so daß nicht einmal die „nachsichtigsten Opportunisten ... die Stirn haben zu behaupten, daß das Augsburger Stadttheater ein Kulturfaktor ist".[41] Gespielt wurden hauptsächlich Wagner, italienische Opern (Aida, La Traviata, Rigoletto), viel Lehár, Offenbach, Fall, Adam und Konversationsstücke, die heute nur noch musealen Wert haben,[42] dazu ganz wenig „Moderne", Kaiser, Shaw, Heinrich Mann, Strindberg, Ibsen. Die Klassiker Goethe und Schiller bekamen die wenigsten Wiederholungen.

[38] Brecht, Bd. 15. Schr. z. Th. 1. S. 50f.
[39] Zu den Piscatorschen Experimenten schreibt Brecht: „Das klassische Reportoire bildete von Anfang an die Basis vieler Versuche. Die Kunstmittel der Verfremdung eröffneten einen breiten Zugang zu den lebendigen Werten der Dramatiken anderer Zeitläufte." (Brecht, Bd. 15. Schr. z. Th. 1. S. 304).
[40] Brecht, Bd. 15. Schr. z. Th. 1. S. 23.
[41] Brecht, Bd. 15. Schr. z. Th. 1. S. 23.
[42] Einige Beispiele mögen genügen: ,Armut' (Anton Wildgans), ,Der Graf von Gleichen' (Wilhelm Schmidtbonn), ,Die spanische Fliege' (Franz Arnold und Ernst Bach), ,Das vierte Gebot' (Ludwig Anzengruber), ,Kindertragödie' (Karl Schönherr), ,Katte' (Hermann Burte).

In der Theater-Saison 1919/20 wurde drei Mal ‚Don Carlos' und zwei Mal ‚Maria Stuart', in der Saison 1920/21 fünf Mal ‚Kabale und Liebe', vier Mal ‚Die Räuber', drei Mal ‚Maria Stuart' und sechs Mal ‚Wallenstein' gegeben. – Um so erstaunlicher ist es, daß Brecht ausgerechnet Schiller so gründlich bespricht, obgleich er nur einen Bruchteil des Augsburger Programms ausmachte. Wir nehmen es als einen Beweis dafür, daß Brecht von Anfang an hier seinen Bezugspunkt gesehen hat. – Eine Kritik von ‚Wallenstein' und ‚Maria Stuart' findet sich nicht unter den eigentlichen Theaterkritiken, wohl aber unter den persönlichen Notizen ‚Über den Untergang des alten Theaters'. Der Abschied Marias, der „alternden Kokotte",[43] symbolisiert den Abschied vom alten kokottenhaft aufgeputzten Theaterstil.

Letzter Akt
Was sie mit ihren letzten fünf Minuten anfängt. Während sie ihren seit Wochen einstudierten Abschied von den Mädchen nimmt mit einer leisen, etwas verschleierten Stimme – in der Musik ist, daß sie weinen sollen. Aber etwas entfernt und nicht bei der Sache blickt sie beinahe unentwegt auf eine weiße große Wanduhr hinten, denn es sind ihre letzten fünf Minuten.[44]

f) Die ‚Don-Carlos'-Vorstellung vom 10. April 1920

„Die Don-Carlos-Aufführung am Samstag gehört unstreitig zum Interessantesten, das in dieser Spielzeit geboten wurde, denn sie brachte, wohl zum ersten Male auf dem Augsburger Stadttheater, ein Schillerstück auf der Stilbühne. Die Wirkung dieser Art Verkündigung der Schillerschen Forderung nach freiem Weltbürgertum . . . war ganz außerordentlich. Von jeder Verbrämung und äußeren Aufmachung befreit, dringen die majestätischen Verse, die an Erhabenheit auch in den übrigen Schillerschen Werken ihresgleichen suchen, an das Ohr des Hörers und rücken ihm die Tiefe und Majestät Schillerschen Geistes scharf plastisch und hochragend vor Augen", schreibt die regionale, katholische ‚Neue Augsburger Zeitung' am 13. April. Die ‚München-Augsburger Abendzeitung' lobt, daß die Vorstellung durch konzentrierende Streichungen und Wegfall störender Dekorationen „das Wesentliche von dem Geist des Werkes lebendig werden ließ".[45] Der Rezensent der liberalen, evangelischen ‚Augsburger Neuesten Nachrichten' unterstreicht, indem er die Analogien des historischen Stoffes zur Gegenwart untersucht, den Appell des Dramas an den gegenwärtigen

---

43 Brecht, Bd. 15. Schr. z. Th. 1. S. 73.
44 Brecht, Bd. 15. Schr. z. Th. 1. S. 73f.
45 München-Augsburger Abendzeitung. 14. April 1920.

Menschen. „Im Drama Schillers wurde ein Konfliktstoff aus den Freiheitskämpfen der Niederlande... gewonnen",[46] ein politisches Thema, das auch für die Heutigen große Bedeutung habe, wie der Verfasser des Artikels mit antikisch anmutender Sprachgebärde versichert. „So bedeutete also alles, was durch Carlos und Posa Politisches (im höchsten Sinn) ausgedrückt werden sollte... auch für uns nichts? Im Gegenteil! Es sind nicht wenige und darunter die Besten aus vergangener und heutiger Zeit, die gerade dem ‚Don Carlos‘ eine größere Bedeutung und weitere Zielstrebigkeit zumessen, als manchen anderen aus der späteren Zeit."[47]

Brecht schreibt drei Tage nach dieser Veröffentlichung: „... ich kann Carlos‘ Knechtschaft nicht mehr recht ernst nehmen."[48] Mehrfache wörtliche und inhaltliche Übereinstimmungen mit den Texten der obigen Feuilletonisten verraten, daß Brechts Kritik als Antwort auf die üblichen Rezensionen und besonders auf die der ‚Augsburger Neuesten Nachrichten‘, der Zeitung, die in Brechts Elternhaus gelesen wurde, zu verstehen ist.[49]

> Ich habe den ‚Don Carlos‘, weiß Gott, je und je geliebt. Aber in diesen Tagen lese ich in Sinclairs ‚Sumpf‘ die Geschichte eines Arbeiters, der in den Schlachthöfen Chicagos zu Tod gehungert wird. Es handelt sich um einfachen Hunger, Kälte, Krankheit, die einen Mann unterkriegen, so sicher, als ob sie von Gott eingesetzt seien. Dieser Mann hat einmal eine kleine Vision von Freiheit, wird dann mit Gummiknüppeln niedergeschlagen. Seine Freiheit hat mit Carlos’ Freiheit nicht das mindeste zu tun, ich weiß es: aber ich kann Carlos’ Knechtschaft nicht mehr recht ernst nehmen. (Auch ist die Freiheit beim Schiller immer nur gefordert, in anerkannt schönen Arien, zugegeben, aber sie könnte vielleicht auch dasein, in irgendeinem Menschen...)[50]

46 Augsburger Neueste Nachrichten. 12. April 1920.
47 Augsburger Neueste Nachrichten. 12. April 1920.
48 Brecht, Bd. 15. Schr. z. Th. 1. S. 10.
49 Brechts Schillerrezensionen erscheinen gegenüber den anderen Tageszeitungen immer als letzte, er hat vermutlich seine „Gegner" vorher genau studiert. – Bei der ‚Räuber‘-Besprechung übernimmt er den Vorschlag der ‚München-Augsburger Abendzeitung‘, daß der Franz-Darsteller Hoffmann den Wallenstein spielen müsse. München-Augsburger Abendzeitung, 22. 10. 1920: „Seine Leistung hat Format und man wünschte sich, von ihm einmal den Wallenstein gespielt zu sehen." Brecht: „Hoffmann ist so gut, daß man das Schmierenhafte um ihn herum vergißt... Er muß den Wallenstein spielen." (Brecht, Bd. 15. Schr. z. Th. 1. S. 22). Wenn der Kritiker der liberalen evangelischen Zeitung, die in Brechts Elternhaus gelesen wurde, lobt: „Das war doch endlich einmal ein Schiller ohne die sprichwörtliche, aber hohle Deklamation!", wenn er die Vorstellung als „frei von jeder der beliebten, überkommenen und bequemen Schablonen" bezeichnet (Augsburger Neueste Nachrichten. 12.4.1920), so weist Brecht auf manches „Hohle und Unerlebte" hin und auf den stilistischen Zwiespalt, daß man gleichzeitig „menschlich sprechen... und auch nicht auf himmlisches Singen verzichten" wollte. (Brecht, Bd. 15. Schr. z. Th. 1. S. 10).
50 Brecht, Bd. 15. Schr. z. Th. 1. S. 9f.

Schiller, der zu allen Zeiten, wie die umfangreiche Geschichte seines „Nachruhms" lehrt, als Repräsentant der verschiedensten politischen Richtungen aufs Banner gehoben wurde, dient auch hier einer politischen Polemik. In der Schillerkritik versetzen sich Liberale und Anhänger der USPD gegenseitig heimliche, aber wohlgezielte Nadelstiche. Der Vertreter der Liberalen unterstützt in seiner Rezension den ‚Freiheitskampf des kleinen Volkes der Niederländer‘, eine historische Parallele, für die man im April 1920, ein Vierteljahr nach der Ratifizierung der Versailler Verträge und mitten im politischen Tageskampf um die Unterzeichnung der alliierten Vereinbarungen durch die deutschen Parteien, sehr hellhörig war. Der „Anwalt" einer Partei, die ebenso wesentlich zum Widerstand gegen die Fortführung des Krieges beigetragen hatte wie auch an der Durchlöcherung der Abwehrfront gegen die Unterzeichnung der Versailler Abkommen entscheidenden Anteil hatte, kann die Freiheitsforderung natürlich nicht so recht ernst nehmen. Der Schwerpunkt seines Programms liegt auf den Sozialisierungsmaßnahmen, wie sie das Betriebsrätegesetz vom 18. Januar 1920 vorsah. Darum ist es für Brecht wichtig, ein Gegenbild zu Carlos zu schaffen: Jurgis, den Helden des Sinclairschen Romans ‚Der Sumpf‘.

Der ‚Roman aus Chicagos Schlachthäusern‘[51] demonstriert am Geschick des nach Amerika eingewanderten litauischen Arbeiters Jurgis und seiner Familie die marxistische Verelendungstheorie, das zwangsläufige Absinken des Arbeiters in einer vom Geld beherrschten Welt zu Verbrechen und Prostitution. Die Darstellung des Jurgis ist nach dem Vorbild des „klassischen" Helden stilisiert: seine alle überragende Gestalt, sein glühendes, feuriges Auge, sein Stolz, Mut und seine körperliche und moralische Stärke. Aber in der erbärmlichen Situation der Schlachthäuser wird er notgedrungen zum körperlichen und seelischen Wrack, er beginnt zu stehlen und zu trinken. Die „Vision der Freiheit", die er nach Brecht mit Carlos gemeinsam hat, enthüllt allerdings eine ganz andere Vorstellung. Jurgis bekommt von einem betrunkenen Großunternehmerssohn in einer mildtätigen Anwandlung einen Hundert-Dollar-Schein geschenkt. In einem Glücks- und Freiheitsrausch glaubt der demoralisierte „Held", daß ihn dieses Geld vom Zwang zu stehlen und zu rauben für einige Zeit befreien könne, daß es ihm die Chance geben könne, aus seiner „Entfremdung" und „Uneigentlichkeit" zu sich selbst zurückzufinden. Der Traum nimmt ein jähes Ende: Polizisten knüppeln den des Diebstahls verdächtigten Jurgis nieder, be-

---

[51] Sinclair hatte selbst die Zustände in den Schlachthäusern Chicagos studiert, Gespräche mit Arbeitern, Ärzten, Kneipenwirten, Missionaren und Sozialisten geführt. Seine Enthüllungen über die fast unglaublichen Zustände, in denen die Arbeiter lebten, veranlaßte Präsident Theodore Roosevelt zum Einschreiten gegen den Beeftrust und beschleunigte geplante Sozialisierungsmaßnahmen.

rauben ihn seiner Barschaft und stoßen ihn in den alten circulus vitiosus zurück.

Jurgis lebensbedrohende Armut zwingt ihn zum Verbrechen, und einmal zum outsider der Gesellschaft gestempelt, gelingt es ihm nicht mehr, eine Arbeit für seinen Unterhalt zu erlangen. Die wahre Hoffnung auf Freiheit eröffnet ihm erst die marxistische Gesellschaftsutopie. In einem Versammlungslokal der Sozialisten, das er aufgesucht hatte, um sich zu wärmen, hört er von dem neuen System der Arbeitsverteilung, das den Menschen aus seiner warenhaften Verdinglichung zu echter Humanität befreien soll.

> Weite Ausblicke eröffneten sich plötzlich vor den Augen Jurgis', während sein vergangenes Leben wie ein Nebel verschwand.[52] Er war dem Rachen des schonungslosen Untergangs entrissen, er war befreit worden von der Knechtschaft der Verzweiflung. Die ganze Welt hatte sich für ihn verändert, – er war frei, frei ... Er würde nicht mehr länger der Spielball der Verhältnisse sein, er würde ein Mann sein, mit einem Willen, mit einem Zweck.[53]

Brecht übernimmt Sinclairs Idee, daß „all die reinen und edlen Triebe von Menschlichkeit, die Träume der Poeten"[54] angesichts des brutalen Zwanges der vom Kapitalismus geprägten Wirklichkeit ersticken, und spitzt sie als Angriff auf Schillers ,Don Carlos' zu. „Einfacher Hunger, einfache Kälte" kriegen einen Menschen unter, was ist dagegen Carlos' Knechtschaft!

### g) Die ,Don-Carlos'-Kritik als Keimzelle eines dramatischen „Gegenentwurfs"

Stofflich und thematisch führt der Weg von dieser Schillerkritik zur ,Heiligen Johanna'. Die Urfassung des ,Stückes aus Chicagos Schlachthäusern', die fast nur aus manchmal wörtlich von Sinclair übernommenen Arbeiter- und Schlachthausgeschichten besteht, verdankt ihren zentralen Impuls dem sozialreformerischen Werk von Sinclair. In der Geschichte einer mildtätigen Dame, die einer Wohlfahrtsorganisation angehört und durch „revisionistische" Hilfsaktionen das Leid der Armen bessern will, erscheint Brechts spätere Johannafigur vorweggenommen, von der es wie von der Distriktpflegerin bei Sinclair heißt, „daß sie am Rande des Höl-

---

[52] Upton Sinclair: Der Sumpf. Roman aus Chicagos Schlachthäusern. Autorisierte deutsche Ausgabe von Eduard Eugen Ritter. Hannover 1906. S. 337.
[53] Sinclair, S. 338.
[54] Sinclair, S. 330.

lenpfuhls stehe und Schneebälle hinunterwerfe, um die Temperatur zu mindern."[55]

Schon bei Sinclair fehlt es nicht an verfremdender Anwendung von Klassikerzitaten und klassischem Pathos auf unangemessene Situationen aus dem „niederen" Alltags- und Geschäftsleben.[56] Es ist die entscheidende Tat Brechts, daraus eine grundsätzliche Auseinandersetzung mit dem weltanschaulichen System der Klassik und seiner „Unbrauchbarkeit für die Gegenwart" gestaltet zu haben.

Während Brecht in der Augsburger Rezension Schiller und Sinclair noch dialektisch nebeneinander stehen läßt, das eine als Korrektur und Regulativ für das andere – „Seht euch also den ‚Don Carlos' an, ... (Aber lest auch gelegentlich Sinclairs Roman ‚Der Sumpf'.)" –,[57] hat er in der ‚Heiligen Johanna' eine Synthese vollzogen. Don Carlos und Jurgis sind auf Grund ihrer soziologischen und ideellen Verankerung zwei diametral entgegengesetzte Typen, der eine ein Held der hohen Staatstragödie mit idealistischem Freiheitsanspruch, der andere ein Held der Schlachthöfe mit realen Freiheitsforderungen. Johanna aber ist eine Heldin der Schlachthöfe, die allerdings mit Schillerschem Bewußtsein Carlos' Position vertritt. Brechts Johanna wird schuldig, „gerade weil sie ihrer idealen Freiheit treu bleibt und sich im Glauben an den Sieg des Guten dem Anspruch der um ihre reale Freiheit Ringenden entzieht. Als Johanna erkennt, daß es auch hier um reale Freiheit geht, um ‚ganz einfachen Hunger, Kälte, Krankheit', wird sie mit Schillerschen Versen niedergeschrien".[58]

Brecht hat selber den Weg beschritten, den er in der Augsburger Kritik seinen Lesern empfahl: Schiller verglichen mit Sinclair führt zur Umfunktionierung der ‚Jungfrau von Orléans' in eine Heldin der Schlachthöfe. Auch im ‚Dickicht', mit dem er die ‚Räuber' verbessern wollte, hat er Sinclair als Gegenthema zu Schiller gefunden.

Wie sehr die ‚Don-Carlos'-Aufführung Brechts schöpferische Phantasie entzündet hat, geht aus einer Notizbuchstelle von 1920 hervor:

> Versuchen einen neuen Charakter für die Mission des Posa im ‚Don Carlos' zu erfinden! Etwa einen unheilbaren Magister; breit, bucklig, schwerfällig, mit bleichem, gedunsenem Gesicht, der vor dem Spiegel steht und, wie eine Spinne Fäden, idealistische Gebilde aus seiner Brust hervorzieht. Voll tiefer Verachtung für die Menschen, nicht ohne Diplomatie, feig im Physischen, kühn im

[55] Sinclair, S. 217.
[56] Besessen von der schönen Tanzmusik, kann Jurgis' Schwägerin Marija auf der Hochzeit des Jurgis und der Ona kein Ende finden. „Ihre Seele schrie mit Faust: ‚Verweile doch, du bist so schön!' Ob es das Bier machte oder die Musik, oder die Erregung, sie meinte, es dürfe nicht sein." (Sinclair, S. 13).
[57] Brecht, Bd. 15. Schr. z. Th. 1. S. 11.
[58] Geissner, S. 131.

Geistigen, schwerfällig, aber in längerer Rede entzündbar, mit einer Neigung zu schönen Worten und Paradoxen, verführerisch für die Jugend, etwas unmännlich und mit wunden Stellen (auch zwischen den Beinen eine solche!). Großer Wahrnehmungen fähig, der Lehrer großer Männer! Objektivierte große Empfindungen, die nicht eigene sind, Posen, die er nie selbst ausführen könnte infolge der Unzulänglichkeit seiner Gliedmaßen (da die Herrschaft sich leider nicht bis auf die Extremitäten durchgesetzt hat... Die Extremitäten machen den Erfolg, Liebe!). Deshalb auch hat er ein philosophisches System zur Verfügung, das ihm gestattet, seine Schüler zu verachten, und Schüler sind für ihn alle jene, die das tun, was er je gedacht hat oder je hätte denken können![59]

Indem Brecht Mission und Darsteller kontrastiert, holt er den komischen Zug einer ursprünglich tragischen Gestalt hervor. Ob es sich bei diesem Entwurf um einen Dramenplan handelt oder bloß um eine „Deuxière", ist nicht auszumachen. Allerdings ist die Kontinuität der Brechtschen Schillerthemen schon an diesem frühen Plan festzustellen: Pätus, Verkörperung der Brechtschen Kant- und Schillerkritik in der ‚Hofmeister'-Bearbeitung von 1950, ist in dieser fiktiven Gestalt präfiguriert. Der „verfremdete" Posa der Augsburger Zeit stellt unverkennbar Schiller selbst dar: seine „Flucht ins Ideenreich" angesichts der unbefriedigenden Wirklichkeit, seine „Neigung zu schönen Worten und Paradoxen", die „verführerisch für die Jugend" sind. Die Kritik an seinen „objektivierten großen Empfindungen", ein deutlicher Hinweis auf die ‚Bürger-Rezension', hat Brecht in seinen ‚Sozialkritischen Sonetten' fortgesetzt, indem er den Prozeß Schillerschen Dichtens umkehrte und die objektivierten, gattungshaft-abstrakten Formen zu subjektiven und historisch-konkreten Bedingtheiten reduzierte. Gleichzeitig zeigt dieser Posa-Schiller die Züge der Pätus- und Läuffergestalt, ‚der bleichen menschenverachtenden Magister, die ein philosophisches System zur Verfügung haben, um ihre Schüler zu verachten'. Die moralische, und nicht soziologische Perspektive des klassischen deutschen Idealismus, die Brecht auch in seiner auf Schiller Bezug nehmenden Schrift „Ist das epische Theater etwa eine ‚moralische Anstalt'?"[60] analysiert, wird in dem Pädagogenthema als Position der gesamten bürgerlichen deutschen Klassik kritisiert.

Für unsere Untersuchung ist die Tatsache wesentlich, daß Brecht schon 1920 an eine „Bearbeitung" im Sinne einer Korrektur, eines Sichtbarmachens des dialektischen Gegenpols bei Schiller gedacht hat. Daß er dabei den Zustand der reinen Negation noch nicht überwunden hatte, belegt ein von Münsterer überliefertes Gespräch aus diesen Tagen. Münsterer sieht in dem Gespräch den Ausdruck einer tiefen Depression, die Brecht als „Nachgebore-

59  Brecht, Bd. 15. Schr. z. Th. 1. S. 52.
60  Brecht, Bd. 15. Schr. z. Th. 1. S. 270ff.

ner" empfindet. „Vor allem, meinte Brecht, fehlten uns die Wegbereiter, die in den Abgrund sprängen und den Kommenden den Übergang über ihre Leichen hinweg ermöglichten."[61]

## h) Sporttheater statt einer ‚Schaubühne als moralischer Anstalt‘

Dem Erben allzu reicher Traditionen, der in der Epoche des Übergangs lebt, bleibt als Ausweg nur der Weg zur „unliterarischen Tradition".[62] Die ‚Don-Carlos‘-Kritik steht in der schmalen Rubrik der USPD-Zeitung für Theater und Musik unter einem Artikel ‚Original Sport-Theater auf dem Plärrer‘. Der Berichterstatter lobt die Eleganz und Leichtigkeit der Kraftleistungen. „Für Freunde des Kraftsports sowie für jeden Arbeiter ist der Besuch zu empfehlen, schon weil ihm für billiges Geld kein Schwindel, sondern einzig dastehende Original-Kraftleistungen gezeigt werden."[63] Die Zufälligkeit dieses Zusammenhangs, wie sie sich im ‚Volkswillen‘ dartut, sollte für Brecht bedeutend werden, bedeutend im Sinne eines Auswegs. „Der Weg zur plebejischen Tradition begann als Bekenntnis zur unliterarischen Tradition."[64] Brecht hat diese zufällige Gegenüberstellung wieder auf seine Schillerproblematik bezogen und eine schöpferische Synthese gefunden: In seiner Schrift ‚Das Theater als sportliche Anstalt‘,[65] einer Reminiszenz an Schillers Schrift ‚Die Schaubühne als eine moralische Anstalt betrachtet‘, negiert er die Erlösungsfunktion des klassischen Dramas. Schillers Idee, daß die Bühne den Menschen wie ein Tempel empfange und ihn die Wirklichkeit vergessen lasse, daß die dramatische Dichtkunst alle ständischen Schranken beseitige,[66] ist die Folie, von der sich Brechts Theorien abheben:

> Das Theater einigt alle Klassen, Generationen und Geister dadurch, daß es jeden Ernst einfach opfert und nichts mehr berührt, was an wahrhaftigen Interessen vorhanden ist.[67]

Die Umgestaltung des Theaters in einen Tempel, der die Leute ihre „Kämpfe vom Vormittag"[68] vergessen machen sollte, hat das Theater der Langeweile oder Lächerlichkeit preisgegeben.

[61] Münsterer, S. 164.
[62] Mayer, S. 30ff.
[63] Der Volkswille. Tageszeitung der USP für Schwaben und Neuburg. 15. 4. 1920.
[64] Mayer, S. 31.
[65] Brecht, Bd. 15. Schr. z. Th. 1. S. 4ff.
[66] SA, Bd. 11. S. 100.
[67] Brecht, Bd. 15. Schr. z. Th. 1. S. 90.
[68] Brecht, Bd. 15. Schr. z. Th. 1. S. 49.

Also, ich schlage vor, ihr seht es ein und druckt neue Plakate! Ihr ladet die Leute in den Zirkus ein! Und da dürfen sie in Hemdärmeln dasitzen und Wetten abschließen. Und sie müssen nicht auf seelische Erschütterungen lauern.[69]

## i) Die ‚Räuber'-Vorstellung vom 20. Oktober 1920

Im November 1954 erschien in der Monatsschrift ‚Aufbau' Brechts Artikel ‚Bei Durchsicht meiner ersten Stücke':

> Wenn auch nicht sehr deutlich, so erinnere ich mich doch an das Schreiben des Stückes ‚Im Dickicht der Städte', jedenfalls erinnere ich mich an Wünsche und Vorstellungen, die mich erfüllten. Eine gewisse Rolle spielte, daß ich ‚Die Räuber' auf dem Theater gesehen hatte, und zwar in einer jener schlechten Aufführungen, die durch ihre Ärmlichkeit die großen Linien eines guten Stücks hervortreten lassen, so daß die guten Wünsche des Dichters dadurch zutage treten, daß sie nicht erfüllt werden. In diesem Stück wird um bürgerliches Erbe mit teilweise unbürgerlichen Mitteln ein äußerster, wildester, zerreißender Kampf geführt. Es war die Wildheit, die mich an diesem Kampf interessierte, und da in diesen Jahren (nach 1920) der Sport, besonders der Boxsport mir Spaß bereitete, als eine der ‚großen mythischen Vergnügungen der Riesenstädte von jenseits des großen Teiches', sollte in meinem neuen Stück ein ‚Kampf an sich', ein Kampf ohne andere Ursache als den Spaß am Kampf, mit keinem anderen Ziel als der Festlegung des ‚besseren Mannes' ausgefochten werden.[70]

‚Dickicht' ist das erste Stück, das als Verbesserung eines Schillerdramas gestaltet wurde. Die Gegenüberstellung von Schiller und Sportheater in der Tageszeitung der USPD ist hier zu einer komplexen Thematik verarbeitet. – Es ist mit Sicherheit anzunehmen, daß die „zündende" ‚Räuber'-Aufführung in die Augsburger Zeit fällt. Um die Mitte der zwanziger Jahre, als er nach seinen eigenen Bekenntnissen noch „sehr schwankt, sich der Literatur zu verschreiben", bekennt er in seinen persönlichen Notizen, daß er „mit ‚Dickicht' die ‚Räuber' verbessern wollte."[71] Tatsächlich finden sich zwei Theaterkritiken Brechts aus jenem Winter, in dem er an ‚Dickicht' schrieb, und in denen er wie 1954 die Groblinigkeit der Aufführung verurteilt.

Die Augsburger Zeitungen urteilen nahezu einheitlich mit Brecht: „eine typische Provinzaufführung", „groblinig und eindeutig".[72] Einheitlich wird auch der Aktualitätsbezug des ‚Räuber'-Dramas von den Augsburger Rezensenten aufgegriffen. Die ‚Schwäbische Volkszeitung' vergleicht Schil-

---

[69]  Brecht, Bd. 15. Schr. z. Th. 1. S. 49.
[70]  Brecht, Bd. 17. Schr. z. Th. 3. S. 948.
[71]  Brecht, Bd. 15. Schr. z. Th. 1. S. 69.
[72]  Augsburger Neueste Nachrichten. 21. 10. 1920.

lers Helden mit „unseren modernen Aktivisten". „Was der blasse, kaum zwanzigjährige Jüngling hinter dem Rücken von Lehrern und Aufsehern in fliegender Hast nächtlicherweise aufs Papier warf – klingt und schwingt das nicht als lebendiges Echo des fiebergepeitschten Herzschlags unserer eigenen, aus den Fugen gerissenen Zeit? Und Karl, Franz, Maximilian Moor, Spiegelberg, Schweizer, Kosinsky, diese echten Kinder der Geniezeit, wachsen sie uns nicht zu ergreifender Symbolik empor, schreiten sie nicht gleich apokalyptischen Gestalten über die Bühnen des heutigen Deutschlands?"[73] – Die ‚Augsburger Neuesten Nachrichten‘ (vom 21. 10. 1920) urteilen dagegen über die ‚Räuber‘, daß „wir kein eigentliches Verhältnis mehr zu ihrem Inhalt haben".

Die Lösung des Problems, die Rettung Schillers für die Gegenwart, sollte von Brecht in einer besonderen Weise gebracht werden. Während die Kritik der ‚Schwäbischen Volkszeitung‘ und die der ‚München-Augsburger Abendzeitung‘ die Tendenz des Stückes durch Analogieschlüsse in die Gegenwart retten will (ein Versuch, der vieles von Piscators ‚Räuber‘-Inszenierung, an der Brecht teilgenommen hatte, vorwegnimmt), rettet Brecht den Stoff.

Die erste Besprechung der ‚Räuber‘ bemüht sich zunächst um die lokal und zeitlich bedingten Schwächen der Augsburger Aufführung. Sie ist Kritik an der Regie, der Dekoration, den Schauspielern.

> Die Geschmacklosigkeiten der ‚Tasso‘-Dekoration wiederholten sich in den ‚Räubern‘, bekamen aber diesmal einen deutlichen Stich ins Skandalöse. Man scheint sich, was die dekorative Inszenierung betrifft, auf das Schmierenniveau endgültig festlegen zu wollen. Wieder wackeln Pappendeckelwälder, gemaltes Gebälk, unser liebes altes Sofa, Abendrosa und Geffers. Ich protestiere dagegen, daß Schiller unserer Jugend so übermittelt wird.[74]

Die zweite Besprechung geht zum Inhalt der ‚Räuber‘ selbst über:

> Schillers Jugendwerk zeigt in bunten, wilden Bildern die rührende Leidensgeschichte eines hoffnungsvollen Jünglings, der durch die verbrecherischen Machenschaften seines eigenen Bruders Franz, einer schurkischen Kanaille, bei seinem armen alten Vater verdächtigt, aus wildem Trotz auf die schiefe Ebene gerät, als Räuberhauptmann in die böhmischen Wälder zieht, dort edle Taten begeht, einmal in seine Heimat zurückkehrt, seinen Vater im Hungerturm findet (nachdem ihn seine edle Geliebte beziehungsweise Braut Amalia nicht

---

73 Schwäbische Volkszeitung. 26. 10. 1920.
74 Brecht, Bd. 15. Schr. z. Th. 1. S. 22. Ähnlich urteilen auch die von Brecht gelesenen ‚Augsburger Neuesten Nachrichten‘ vom 21. 10. 1920: „Die Regie ließ sich vom Material (Dichtwerk, Schauspieler, Dekoration) erdrücken . . . . . Durch grobe Geschmacklosigkeit verletzte die Gartenszene (Amalie im schwarzen Kleid auf imitierter Gartenbank); sie erweckte Erinnerungen an die beliebten Ansichtspostkarten im ‚Böcklin-Stil‘".

einmal erkannt hat),[75] ihn befreit und als Rächer seinen Bruder erschlagen läßt, worauf er sich der Polizei stellt.[76]

Brecht holt die Fabel heraus, das heißt zugleich ein Bewußtmachen des „fabelhaften" Elementes. ‚Rührende Leidensgeschichte eines hoffnungsvollen Jünglings', ‚verbrecherische Machenschaften des eigenen Bruders', ‚armer alter Vater', ‚aus wildem Trotz auf die schiefe Ebene geraten' – deutlich wird hier die Transposition des Schillerschen Dramas auf eine andere Ebene, in einen anderen Stil erreicht: den Stil der Moritat.

Verbrechen, Brudermord, Vatermord, familiäre Katastrophen werden in larmoyantem und zugleich moralisierendem Gestus vorgetragen. Der Kontrast des Schauerlichen und Rührseligen in sensationsheischender Übersteigerung und die zugleich moralisierende Haltung parodieren Schwächen des Schillerschen Erstlings, so die sentimentalen Züge der Amalia-Gestalt und des Räuberbundes und die lehrhafte Absicht, die dem Werk nach Schillers Zeugnis zugrunde liegt. – In der Vorrede zu seiner ersten Auflage hat Schiller als Zweck seines Dramas bezeichnet: „das Laster zu stürzen, und Religion, Moral und bürgerliche Geseze an ihren Feinden zu rächen."[77] Neben der Übertragung Schillerscher Themen auf das „Sporttheater" wird hier eine zweite Möglichkeit von Brecht angedeutet, die allerdings schon vor ihm genutzt wurde: Transposition der „hohen Gattung" aufs Niveau der Moritatensänger oder des Schmierentheaters.

Mit der der Moritat eigenen Begrenzung des Themas auf den familiären Bereich ist eine inhaltliche Umdeutung geboten. Brechts Karl gerät ‚aus wildem Trotz auf die schiefe Ebene'. Vergleichen wir dagegen die Motivierung Karls bei Schiller; Moor hat den „brüderlichen" Brief erhalten, in dem ihm der Vater jede Verzeihung versagt:

> Menschen – Menschen! heuchlerische Krokodilbrut! ... Löwen und Leoparden füttern ihre Jungen, Raben tischen ihren Kleinen auf dem Aas, und Er, Er – Bosheit hab ich dulden gelernt, kann dazu lächeln, wenn mein erboster Feind mir mein eigen Herzblut zutrinkt – aber wenn Blutliebe zur Verrätherin, wenn Vaterliebe zur Megäre wird; o so fange Feuer, männliche Gelassenheit, verwilde zum Tyger, ...[78]

Es ist doch eigentümlich, daß Karl einen Brief von seinem Vater erhält und darob ein Pamphlet gegen die Menschheit erhebt. Bei Schiller steht

---

[75] Benno von Wiese hat auf die Schwäche der Schillerschen Motivierung ebenfalls hingewiesen: „Der Dichter des IV. Aktes ist in seine Lyrismen so verliebt, daß er noch einmal eine Karl-Amalia-Szene einschiebt, in der dem Zuschauer zugemutet wird, daran zu glauben, daß die schwärmende Geliebte immer noch nicht dahinter kommt, wen sie eigentlich vor sich stehen hat." (Benno von Wiese: Friedrich Schiller. Stuttgart 1963. S. 157).

[76] Brecht, Bd. 15. Schr. z. Th. 1. S. 27f.

[77] NA, Bd. 3. S. 5. Z. 27–29.

die Familie für die Menschheit schlechthin. „Wenn Karl der menschlichen Gesellschaft nunmehr den Krieg ansagt, so ist das nicht so sehr ein freier Entschluß ... es ist vielmehr eine erzwungene Reaktion auf die in Unordnung geratene Gemeinschaft der Familie, die für ihn die Urform allen Zusammenlebens überhaupt bedeutete." Für Brecht, der naturalistisch psychologisierend motiviert, ist Karls ‚Empörung gegen das menschliche Gesetz‘ nur noch ein „Auf-die-schiefe-Ebene-Geraten", geboren aus familiären Zwistigkeiten. Indem dieser ideale Beweggrund fehlt, daß nämlich Karls Protest gegen die Familie stellvertretend für einen Protest gegen die Menschheit schlechthin gilt, wird der Held enthistorisiert.

> Moor: Menschen haben Menschheit vor mir verborgen, da ich an Menschheit appellierte, weg dann von mir Sympathie und menschliche Schonung! – Ich habe keinen Vater mehr, ich habe keine Liebe mehr, und Blut und Tod soll mich vergessen lehren, daß mir jemals etwas theuer war![80]

Karls Abstreifen der heiligen Bindungen wird bei Brecht zu einer Befreiung von bürgerlichen Bindungen. Karls Protest gegen das soziale Gefüge, von der marxistischen Interpretation als die „positive Tradition" gewertet, ist gleichzeitig ein Aufbegehren gegen die „ewige Ordnung", deshalb muß er durch das Opfer seines Lebens am Ende die sittliche Ordnung wiederherstellen.

> ... da steh ich am Rand eines entsetzlichen Lebens, und erfahre nun mit Zähnklappern und Heulen, daß *zwey Menschen wie ich den ganzen Bau der sittlichen Welt zu Grund richten würden.*[81]

Brechts Karl stellt sich der Polizei. Der symbolische Vorgang ist aufgehoben, Brecht holt allein die Fabel heraus und streift dabei alle weltanschaulichen und ethischen Motivierungen ab. – Als Karl erfährt, daß die angebliche Verstoßung durch den Vater niemals erfolgt ist, fällt das ganze bisherige Fundament seiner Taten zusammen. Er sieht sich um sein ganzes Leben, um alles Glück durch *„spitzbübische Künste"*[82] betrogen. Sein Dasein als Räuber und Mörder, das ihn schon längst in Verzweiflung stürzte, hat nunmehr jede mögliche Begründung verloren. Bei Schiller ist Karls Schuld dialektisch: er wollte Gerechtigkeit verbreiten durch ungerechte Mittel; bei Brecht ist es ein eindeutiges, vordergründiges Versagen.

---

[78] NA, Bd. 3. S. 31. Z. 1–8.
[79] von Wiese, S. 148.
[80] NA, Bd. 3. S. 32. Z. 24–28.
[81] NA, Bd. 3. S. 135. Z. 2–5.
[82] NA, Bd. 3. S. 99. Z. 8.

## Zusammenfassung

Wir haben versucht zu zeigen, inwieweit in den Augsburger Schiller-rezensionen nicht allein Kritik an den lokal und zeitlich bedingten Schwä-chen der Aufführung geübt wird, sondern wie Brecht gegenüber den Feuil-letonisten der anderen Zeitungen zu einer Kritik an Schiller selbst vor-dringt, hinter der sich eine positive künstlerische Gegenkonzeption ver-birgt. Brecht hat seinen literarhistorischen Bezugspunkt zu Anfang seiner Dichterlaufbahn selbst umschrieben, indem er als „neuer Schiller" in einer der Dichternischen des Augsburger Stadttheaters posierte.

Von den Augsburger Schillerrezensionen lassen sich Verbindungsfäden zu „originalen" Werken Brechts bloßlegen, die eine Schilleraufführung als Initialimpuls für einen „Gegenentwurf" erkennen lassen. In dem gleichen Augenblick, da er sich entschließt, sich endgültig der Literatur zu ver-schreiben, denkt er, da er Tradition bekommen will, an eine Bearbeitung oder Verbesserung der Klassiker. Die Kritiken und Entwürfe enthalten in nuce alle Methoden der Transposition eines Schillerthemas in eine andere Gattung: in die der Moritat oder „Deuxière", oder in die unliterarische Gattung der Revue, des Sporttheaters.

Die „verrotteten" Augsburger Schilleraufführungen sind zudem die theo-retische Basis Brechts noch für seine Restaurierungen klassischer Werke in den fünfziger Jahren. – Methodisch ergibt sich bei dem Nachweis von Schillerabhängigkeiten die Schwierigkeit, daß der Stückeschreiber seine Schillerstudien, erst nachdem er sie in seine marxistische Literaturtheorie einzubeziehen vermag, preisgegeben hat, als Rat an die jungen Schriftstel-ler seiner Generation. Brecht hat in der Augsburger Zeit, wie Textstellen, die implizit den Affront gegen Schiller enthalten, beweisen, von Schiller gelernt – und nicht nur Rhetorik und Stückebau, wie er selber angibt. Er hat den Ansatzpunkt für viele seiner theoretischen und künstlerischen Gegenentwürfe bei Schiller gesehen.

## II.

## DIE KLASSIKEREXPERIMENTE
## DER ZWANZIGER JAHRE:
## VON DER TRADITIONSLOSEN VARIANTE
## ZUR REVOLUTIONÄREN FORTFÜHRUNG
## DER TRADITION

a) Das zeitgenössische Paradoxon: Aktualisierung der klassischen
Dramen durch Mittel des „epischen Theaters" –
„Historisierung" der modernen Stücke durch den Stil des alten Theaters

Die Umfunktionierung (Aufhebung) der Klassiker hat sich auf zwei Ebenen
vollzogen: in der Kritik des Inhalts und in der Kritik des Aufführungs-
stils. – Die ersten Versuche, die Klassiker für die Gegenwart zu retten,
wurden von seiten der Regisseure Engel, Jeßner, Ziegel, Piscator unter-
nommen, über die Brecht anläßlich seiner ‚Urfaust'-Inszenierung urteilt:
Gegen die sich allmählich über die klassischen Werke ausbreitende Langeweile hätten sich „die Bestrebungen oft talentierter Regisseure..." ge-
richtet, „neue, bisher nicht gesehene, sensationelle Effekte auszudenken,
die jedoch rein formalistischer Art sind, das heißt dem Werk, seinem Inhalt und seiner Tendenz aufgesetzt und aufgedrängt werden... hierbei
wird Inhalt und Tendenz des klassischen Werks nicht nur verdunkelt oder
verflacht, sondern direkt verfälscht... Das schlecht konservierte Fleisch
wird sozusagen nur durch scharfe Gewürze und Saucen wieder schmackhaft gemacht."[1]
Die formalen und inhaltlichen Elemente des „epischen Theaters" wurden
zuerst dem klassischen Drama aufoktroyiert. Umgekehrt protestiert Brecht
dagegen, daß die neuen Stücke im alten Stil aufgeführt würden.[2]

[1] Brecht, Bd. 17. Schr. z. Th. 3. S. 1275f.
[2] „Nach wie vor ... beurteilt der Kritiker die neuen Dramen nach ihrer Eig-
nung für das zeitgenössische Theater, schüttelt den Charakterkopf über alles, womit ein überalterter, ausgepumpter und phantasieloser Bühnenstil nicht fertig
wird, und nimmt im besten Fall an, der Dramatik fehle es an wirklich geistiger
Tendenz, sie kenne nicht ihre Aufgabe." (Brecht, Bd. 15. Schr. z. Th. 1. S. 136).
„Was wir gegenwärtig an Regie haben, ist wahrscheinlich zu gut, als daß wir
richtige Aufführungen der guten alten Stücke bekommen könnten. Aber bestimmt

Ich glaube nicht, daß die Behauptung einiger neuerer Regisseure, sie nähmen gewisse Veränderungen an klassischen Stücken auf Wunsch des Publikums vor, sich aufrechterhalten lasse angesichts der Tatsache, daß das Publikum durchaus Wert darauf legt, *neuere Stücke* in möglichst *alter Form* zu sehen. Trotzdem hat der Regisseur im Verfolg seiner Verpflichtung das Publikum, das er als wunschlos erkannt hat, nicht weiter zu beachten, die weitere Verpflichtung, die alten Werke des alten Theaters rein als Material zu behandeln, ihre Stile zu ignorieren, ihre Verfasser vergessen zu machen und allen diesen für andere Epochen gemachten Werken den Stil unserer Epoche aufzudrücken. . . . Diesen Stil hat der Regisseur . . . *aus der dramatischen Produktion dieser Zeit zu gewinnen.*[3]

Das Paradoxe der Theatersituation von 1917–1927: die Aktualisierung der „alten" Stücke durch den „neuen" Stil und die „Verfremdung" der „neuen" Stücke durch „diese heruntergewirtschaftete, ihrer Magie beraubte[n] alte Schindmährenmanege"[4] hat Brecht in der ‚Heiligen Johanna' parodistisch beleuchtet. – Schweinepreisnotierungen erscheinen im Blankvers heimliche Wirtschaftsinformationen werden in das Gewand des Intrigenstücks der hohen Staatstragödie gekleidet, das „schillerisierende" opernhafte Finale („Die Szene ist von einem rosigen Schein beleuchtet"[5]) übertüncht die kruden Manipulationen der Fleischfabrikanten – in der ‚Heiligen Johanna' konvergieren die Theaterprobleme der zwanziger Jahre.


b) Ursachen des ‚Klassikertodes'

Die Jahre nach dem Ersten Weltkrieg stehen im Zeichen der Krise des klassischen Dramas. Der pomphafte Theaterstil der wilheminischen Ära, der uns noch aus Brechts Augsburger Schillerkritiken entgegenkommt, hatte einem nüchternen, gegenwartsbezogenen Publikum die Klassiker „einfach ungenießbar gemacht".[6]

> Die herrlich erfundenen Handlungen wurden nur dazu benutzt, zu effektvollen Deklamationen zu kommen, das heißt, sie wurden völlig vernachlässigt. An Stelle des echten Pathos der großen bürgerlichen Humanisten trat das falsche Pathos der Hohenzollern, an Stelle des Ideals die Idealisierung, an Stelle

reicht sie nicht aus, die neuen Stücke aufzuführen. Es wäre natürlich ihre Aufgabe, die alten Stücke so herauszustellen, als ob sie neu wären, tatsächlich aber läßt es das Theater heute bei der Mühe bewenden, unsere neuen Stücke so zu bringen, als ob sie alt wären." (Brecht, Bd. 15. Schr. z. Th. 1. S. 141).

3 Brecht, Bd. 15. Schr. z. Th. 1. S. 126.
4 Brecht, Bd. 15. Schr. z. Th. 1. S. 130.
5 Brecht, Bd. 2. Stücke 2. S. 785.
6 Brecht, Bd. 15. Schr. z. Th. 1. S. 112.

des Schwungs ... das Reißerische, an Stelle der Feierlichkeit das Salbungs-
volle ... Es entstand eine falsche Größe, die nur öde war.[7]

Wie sehr diese 1954 verfaßte Passage, eine Legitimierung seiner ‚Urfaust‘-
Inszenierung, eigentlich auf das Klassikerproblem der frühen zwanziger
Jahre Bezug nimmt, zeigen die Schillerkritiken der Augsburger Zeit.
Schillers Dramen wurden in den Dienst einer theatralisch aufgeputschten
Stimmungskunst gestellt, auf effektvolle Schauleistungen hin ausgebeutet.
Es ist der Stil der Reinhardt-Bühne, der die Theater beherrscht. Zur miß-
lungenen Augsburger ‚Tasso‘-Inszenierung schreibt die ‚Schwäbische Volkszeitung‘ (12. 10. 1920): „Das Inszenierungsproblem war im Reinhardt-
schen Sinne gelöst: stärkste Betonung der üppigen, festlich glänzenden
Umwelt.“ Die Anwendung schablonenhafter Dekorationen, die keinen
inneren Zusammenhang mit dem aufgeführten Werk besitzen, erdrückte
den „Geist“ des Werkes.
Die 1929 erschienene Schrift des Berliner Theaterkritikers Ihering ‚Reinhardt, Jeßner, Piscator oder Klassikertod?‘, mit der sich Brecht in einem
fingierten Gespräch (‚Über Klassiker‘[8]) auseinandersetzt, sieht die Gründe
für die Mißerfolge bei Klassikerinszenierungen in den vorhergehenden
Jahren in folgenden Punkten:
1. In der inhaltlichen Abnutzung durch Trivialisierung, durch Anwendung
von Klassikerzitaten auf den alltäglichen Lebensbereich.
„Im Bildungszeitalter, im neunzehnten Jahrhundert, galten die Klassiker
als geistiges Mobiliar des gutsituierten Bürgertums. Sie waren Schmuck
seiner guten Stube, gehörten zu ihm wie die Plüschmöbel, waren anwendbar und zur Hand in allen Lebenslagen ... Mit klassischen Versen verlobte
man sich, erzog man seine Kinder, kannegießerte und kegelte man.“[9]
2. In der Verfälschung der ursprünglichen Ideologie des Stückes.
„... man brachte es fertig, revolutionäre Werke wie ‚Räuber‘ und ‚Kabale
und Liebe‘ in eine ungefährliche Ideologie umzulügen ... der Spießer ent-
giftete alle rebellischen Gedanken, indem er sich mit ihnen identifizierte.
Der Banause usurpierte die Revolution und konnte deshalb im Leben um
so selbstzufriedener auf sie verzichten.“[10]
3. In der Isolierung der Klassiker von der Wechselwirkung mit der Zeit.
„Fast das ganze 19. Jahrhundert war auf ein geistiges Besitzgefühl ein-
gestellt. ... Jeder sprach von Barbarei, wenn die Klassiker nicht so aufgeführt wurden, wie er es sich gedacht hatte. ... Sie wurden als literarischer Naturschutzpark gepflegt. Jede Berührung war verboten; jede Grenz-

7  Brecht, Bd. 17. Schr. z. Th. 3. S. 1276.
8  Brecht, Bd. 15. Schr. z. Th. 1. S. 176.
9  Ihering, Klassikertod? S. 5f.
10  Ihering, Klassikertod? S. 6.

regulierung verpönt; jede Umpflanzung wurde bestraft. Was Goethe und Schiller *sagen* wollten, was in Shakespeares Stücken *vor sich ging*, man wußte es kaum noch, weil man es zu gut wußte, weil man kritiklos nachplärrte, was seit Jahrzehnten gelehrt wurde."[11]

4. In dem fehlenden Publikumsbezug der klassischen Dramaturgie.

„Der Riß zwischen Bühne und Masse" ist nach Ihering auf die Überbetonung der privaten Erlebniskunst zurückzuführen, die ihren Urheber in Goethe habe, dem „privatesten aller deutschen Dichter". Daß aber Goethes „einmalige Kunst als beispielgebend galt, daß eine Ästhetik daraus abgeleitet und kritische Maßstäbe daraus gewonnen wurden, das warf Theater und Kritik um ein Jahrzehnt zurück". „Es wurde immer noch Goethes diskretesten Geheimnissen nachgeforscht, als längst eine industrielle Zeit eine andere Betrachtungsweise und eine andere Weltanschauung heraufgeführt hatte, ... vor denen jedes persönliche Schicksal, jede Betonung des Privaten lächerlich wurde."[12]

5. In der Einschnürung des Vorgangs durch Übermacht der theatralischen Reproduktion.

„Das klassische Theater um 1900 – man betrachte die Rollenbilder, die Haartrachten, die Masken, die Dekoration, diese Lockenfülle und Bartpracht, diese beteuernd ans Herz gelegten Hände,diese Lauben und Girlanden, Prunksäbel, Purpurmäntel und Ballustraden: empfindsame Pose war alles, dekorative Attitüde, Postkartenromantik."[13] Die Fabel versinkt, der Stil bleibt übrig. Was ursprünglich Dienst am Drama war, der Theaterapparat, hatte längst das dichterische Werk verschlungen.

### c) Klassikerrenovierungen vor Piscator und Brecht: formal-ästhetische Experimente

Während an den Provinztheatern dieser Darstellungsstil noch weit in die dreißiger Jahre fortwirkt, breitet sich von Berlin und Hamburg eine Renaissance der Klassikerinszenierungen aus, die einem nüchternen, gegenwartsbezogenen Publikum Goethe, Schiller und Shakespeare wieder „genießbar" machen wollte.

Ihering schreibt zum Molière-Abend im „Deutschen Theater" (am 22. Januar 1922), bei dem Tartüffe in zeitgemäßem Kostüm erschien, die Vorgänge in die Gegenwart verlagert und Molières präzise Verse mit saloppen Konversationsgesten untermalt wurden: „Das Zeitlose einer dra-

---

11 Ihering, Klassikertod? S. 7f.
12 Ihering, Klassikertod? S. 15f.
13 Ihering, Klassikertod? S. 7f.

matischen Dichtung liegt nicht im Inhalt, sondern in der Form. Es ist also Unsinn, das Zeitlose in Molière heute, dreihundert Jahre nach seinem Geburtstage, dadurch beweisen zu wollen, daß man die Vorgänge des ‚Tartuffe‘ in die Gegenwart verlegt. Zur Form des Stückes gehört in der Aufführung das Kostüm seiner Darsteller. Es braucht nicht das Kostüm der Entstehungszeit zu sein, aber es muß ein Kostüm sein, das dem Schauspieler den Bewegungsrhythmus erlaubt, dem der Sprachrhythmus entspricht."[14] Indem man die Distanz der historischen Form fallenließ, machte man auf die Distanz, das Unzeitgemäße des Inhalts aufmerksam.

Erich Ziegel überraschte in den Hamburger Kammerspielen mit den ‚Räubern‘ in Gegenwartskleidung und einem „Monokel-Franz Moor". Fritz Holl „renovierte" den ‚Faust‘, indem er ihm steifen Hut und Chapeauclaque gab und ihn Straßendeutsch improvisieren ließ.

Diese ersten, rein artistischen Experimente kommen aber über einen momentanen Theater-Effekt nicht hinaus. Sie fassen das Problem der Verbindlichkeit der Klassiker für die Generation nach dem Ersten Weltkrieg als eine Kostüm- und Modeangelegenheit auf. – Brecht hat diese Versuche in seiner Schrift ‚Über experimentelles Theater‘ als Folge einer traditionslosen Abnützung der Klassiker verurteilt:

> Weitgehende Experimente wurden mit den alten, klassischen Repertoire angestellt ... Man hat den Klassikern schon so viele Seiten abgewonnen, daß sie beinahe keine mehr zurückbehalten haben. Man hat Hamlet im Smoking, Cäsar in Uniform erlebt, und zumindest Smoking und Uniform haben davon profitiert und an Respektabilität gewonnen.[15]

Das Resultat dieser Experimente bei denen „man ... durchaus im Rahmen des Kostümstücks" bleibt, ist allein eine „Hebung der Amüsierkraft des Theaters".[16]

Eine Änderung klassischer Werke ist in dem Moment abzulehnen, wo sie aus äußerlich-technischen, rein artistischen Gesichtspunkten erfolgt. Wenn die inhaltlichen und geistigen Probleme nicht zur Diskussion gestellt werden, sondern nur Stilnuancen, „traditionslose Varianten", geschaffen werden, ist jede Änderung und Bearbeitung ein Sakrileg. Am 25. Dezember 1926 stellte der ‚Berliner Börsencourier‘ eine Umfrage an führende Persönlichkeiten des Theaters und Schrifttums: „Wie erscheint Ihnen die Darstellung des klassischen Repertoires auf dem gegenwärtigen Theater möglich? Auf welcher Grundlage dürfen ältere Werke geändert werden? Wo

[14] Herbert Ihering: Von Reinhardt bis Brecht. Vier Jahrzehnte Theater und Film. 3 Bde. Berlin 1958. Bd. 1, S. 246.
[15] Brecht, Bd. 15. Schr. z. Th. 1. S. 287.
[16] Brecht, Bd. 15. Schr. z. Th. 1. S. 287.

beginnt die Willkür? Welche Rolle spielt dabei die Umschichtung des Publikums bei der Durchführung oder Umgestaltung des Repertoires?"[17] Brechts Antwort bezieht sich auf die oben erwähnten formal experimentierenden Klassikeraufführungen. Die Unsicherheit des klassischen Theaters, die sich in einem ganz sinnlosen Experimentieren, einem Erfinden auf „absteigenden Ästen",[18] Luft gemacht hätte, sieht er wieder im Zusammenhang mit dem Aufkommen seiner ganz neuen dramatischen Form.

> Wir halten uns für an diesem Untergang in prominenter Weise beteiligt. Ganze Stoffkomplexe des vorrevolutionären Theaters, dazu eine ganze fertige Psychologie und beinahe alles Weltanschauliche wurden einem großen Teil der Schauspieler und einem kleineren des Publikums einfach ungenießbar gemacht. (Nach seiner ‚Räuber'-Inszenierung sagte mir Piscator, er habe erreichen wollen, daß die Leute, die das Theater verließen, gemerkt hätten, daß 150 Jahre keine Kleinigkeit seien.) ... Jede Aufführung eines doch ganz alten und also schon seit endloser Zeit ... nie mehr durchgefallenen Stückes war ein unter atemloser Spannung des Publikums inszenierter Todessprung. Bei alledem hat sich das alte klassische Repertoire, abgesehen von dem, was man mit ihm trieb, um es ein wenig aufzufrischen, wodurch man es vollends verdarb, doch als hinreichend brüchig und vermottet herausgestellt ... Wirklich brauchen davon konnte man nur mehr den Stoff ... Was man zur Anordnung und zum Wirksammachen dieses Stoffes dann aber brauchte, das waren neue Gesichtspunkte.[19]

### d) Klassikerinszenierungen mit Piscator und Brecht: Ideologisierung

Brecht, seit 1924 endgültig in Berlin, hat nach eigenen Aussagen an einigen Klassikeraufführungen mitgewirkt, so in Zusammenarbeit mit Erwin Piscator an der ‚Räuber'-Inszenierung vom September 1926, und als Dramaturg unter Erich Engel am „Deutschen Theater".
Ende der zwanziger Jahre, zu einem Zeitpunkt, als er selbst die dichterische Neuschöpfung eines klassischen Themas vollzogen hatte, hat er „die Bemühungen [um Klassikeraufführungen] ... aufgegeben".[20]

> Wir haben noch einmal, als Erich Engel den ‚Coriolan' inszenierte, bei einem der großartigsten Werke Shakespeares, den Versuch gemacht ... Und im letzten Winter haben Piscator, der Soziologe Sternberg und ich das Projekt, den ‚Julius Cäsar' aufzuführen, abgebrochen. – Wir hatten immer wieder versucht, aus diesen Werken, die wir als reine Materialgrube benützten, das herauszuholen, was wir den gestischen Gehalt nennen.[21]

[17] Brecht, Bd. 15. Schr. z. Th. 1. Anmerkungen S. 4.
[18] Brecht, Bd. 15. Schr. z. Th. 1. S. 112.
[19] Brecht, Bd. 15. Schr. z. Th. 1. S. 112f.
[20] Brecht, Bd. 15. Schr. z. Th. 1. S. 181.

Der Grund der Liquidation ist Brechts pseudomarxistische Einschätzung der Klassik als feudale Ideologie im Dienst der Ausbeuterklasse. – Nach den biographischen Aussagen Zuckmayers[22] und Brechts Selbstzeugnissen wurde der spätere Brecht-Stil von Engel und Piscator an klassischen Dramen szenisch vorbereitet und in der Zusammenarbeit mit Brecht erhärtet. Die dialektische Zuspitzung der Entwicklung: das „epische Theater" entwickelt sich im Gegensatz zum „verrotteten Stil" der Klassikeraufführungen Mitte der zwanziger Jahre, dem klassischen Drama soll „neues Leben auf Ruinen"[23] blühen durch Anwendung der neu erprobten szenischen Mittel des „epischen Theaters" – wird an den Klassikerexperimenten besonders deutlich.

Engel hat das ‚Coriolan'-Drama enthistorisiert und zugleich aktualisiert. Der Bühnenbildner Caspar Neher schuf durch Symbole der Zeitlosigkeit ein Rom, das jede Erinnerung an das antike Rom vermied, dafür aber der Phantasie ermöglichte, es mit dem Berlin der Gegenwart zu assoziieren, wobei die Darsteller des Volkes in Kleidung und Gebaren ihre Zugehörigkeit zur KPD demonstrierten. – Engel formte die „Tragödie des Stolzes", die „Tragödie des selbstherrlichen Individuums" in ein Stück um, welches das *Verhältnis* zwischen dem Aristokraten Coriolan und dem Volk zum Angelpunkt der Auseinandersetzung machte. Kortner, der Darsteller des Coriolan, von vielen Kritikern als „unheldisch" abgelehnt, wurde entsprechend vermenschlicht, entharnischt, verhäßlicht, „verjeßnert". Es fehlte ihm alles, was die Vorstellung des antidemokratischen Diktators der Römerrepublik suggerieren könnte – alles was den Kontrast zum niederen Volk manifestierte. Sein Tod, den neuen ideologischen Gesichtspunkten entsprechend, denen das persönliche Schicksal wesenlos erscheint, ist nicht mehr Apotheose, Lösung der Tragödie. „Seltsam die Schlußszene des Werkes, die den Mord als Nadelstich einer steif-stummen Widersachergruppe entpathetisierte – eine äußerste Form der Diskretion, die an Komik grenzte."[24]

Die Änderung des dramaturgischen Kerns bringt eine Verschiebung der Gattung mit sich, die auf das „epische Theater" zustrebt. Fast jede Szene erhielt mit der stärkeren Betonung des Vorgangs statt des persönlichen Schicksals ihr Eigengewicht im Drama. Im ganzen wird die Entheroisierung des Stückes nicht nur an der Hauptgestalt durchgeführt. Die

21  Brecht, Bd. 15. Schr. z. Th. 1. S. 181.
22  Carl Zuckmayer: Als wär's ein Stück von mir. Horen der Freundschaft. Wien 1966. S. 387.
23  Bernhard Diebold: Tod der Klassiker. – Zitiert bei: Erwin Piscator: Das politische Theater. Hamburg 1963. (Rowohlt Paperback 11). S. 91.
24  Emil Faktor im ‚Berliner Börsencourier' vom 28. 2. 1925.

konservativen Kritiken lassen den „heroischen Glutstrom vermissen", den „Kontrast des typisch Heroischen mit dem typischen Masseninstinkt", nennen Kortner, der der Illusion des Aristokraten keine Zugeständnisse machte, eine Fehlbesetzung, „Rom ein schmutziges Nest", „ohne Hauch von antiker Kultur".

Engel, der die Übermacht des Pathos und der Theatralik über den Vorgang brechen will, verläßt sich dabei auf indirekte Formen der Darstellung, auf Umschreibungen des Heroischen und künstliche Senkung des Tones. Er verlegt eine Volksrede hinter die Kulissen und zeigt nur die Zuhörer, er läßt gern den Redner hinter seinem Publikum verschwinden. Fast scheint Brechts ‚Neue Technik der Schauspielkunst' vorweggenommen zu sein, in der er eine solche Distanz des Schauspielers von seiner Rolle fordert, daß der Akteur sie nur noch zu demonstrieren, nicht mehr zu verkörpern scheint, wenn Kortner anstrebte, daß man mehr ihn sah als jenen antiken Feldherrn.


### e) Leopold Jeßners „Vandalismus"

In der Gruppe der experimentierenden Regisseure, mit denen Brecht sich bezüglich des Klassikerproblems auseinandersetzt, gewinnt Leopold Jeßner für den neuen Werkbegriff Brechts große Bedeutung. Brechts Ausführungen über den „Vandalismus", die respektlose Verwertung von Kunstwerken einfach ihrem Materialwert nach, sind auf den Berliner Regisseur bezogen.

Von den alten Vandalen heiße es in der römischen Geschichtsschreibung, schreibt Brecht, sie hätten „gegen Kunst im allgemeinen eine unüberwindliche Abneigung verspürt. ... Teilweise ... nahmen sie die alten Dinge hauptsächlich als Material. Holz zum Beispiel gibt Feuer; für das Geschnitzte daran hatten sie keine Augen".[25] Diese vandalische „Schnoddrigkeit" gegenüber den alten Kulturgütern, die es ermöglicht, zum Materialwert einer Sache vorzudringen, scheint Brecht 1926 die einzige Möglichkeit, die klassischen Werke vor ihrem Untergang zu bewahren.

> Meine Schnoddrigkeit kam von ... meiner positiven Einstellung. ... Das Stück ‚Wallenstein' zum Beispiel ... enthält neben seiner Brauchbarkeit für Museumszwecke auch noch einen nicht geringen Materialwert; die historische Handlung ist nicht übel eingestellt, der Text auf ganze Strecken hinaus, richtig zusammengestrichen und mit anderem Sinn versehen, schließlich verwendbar. Ähnlich ist es mit ‚Faust'. Wie soll man denn ein Repertoire aufbauen können, wenn man diese Sachen durch Argumente zerstört und als Ganzes ablehnt?

[25] Brecht, Bd. 15. Schr. z. Th. 1. S. 105.

Andrerseits, wie kommen wir dazu, diese für andere Theater geschriebenen und mit uns unbekannten Argumenten verteidigbaren, aber sicher talentvollen Monumente vergangener Kunstanschauungen, jede Verantwortung vor unseren Zeitgenossen schlicht ablehnend, einfach wie Katzen in Säcken zu übernehmen?[26]

Jeßner, einem neuen kollektivistischen Besitzgriff huldigend, ist der „von der Presse gefeierte Anführer des derzeitigen Vandalentums auf dem Theater . . .“.

Durch wohlüberlegte Amputationen und effektvolle Kombinationen mehrerer Szenen gibt er klassischen Werken oder wenigstens Teilen, deren alten Sinn das Theater nicht mehr herausbringt, einen neuen Sinn. Er hält sich dabei also an den Materialwert der Stücke.[27]

Was die Frage der Urheberschaft betrifft, nach Brecht eine durch die bourgeoisen, vor-marxistischen Besitzverhältnisse bedingte und zu vernachlässigende Frage des Privateigentums, so wird Goethes ‚Faust‘ durch den genitivus possessivus zu Jeßners ‚Faust‘, „in moralischer Hinsicht“ ein „literarisches Plagiat“.

Denn wenn man schon nicht wahrhaben will, daß zu den Inszenierungen unserer besten deutschen Bühne in der Art eines Plagiats Stellen aus unseren Klassikern verwendet werden, so ist natürlich auch das Heraushacken von organischen Teilen aus Dichtungen, bürgerlich betrachtet, ein Raub, [ganz gleich,] ob die herausgehackten oder die übriggebliebenen Teile verwendet werden.[28]

In diesem dialektischen Zusammenhang sind die Klassikerzitate, als organische Teile aus der Gesamtdichtung, zu sehen: Jeßner, Engel, Piscator lassen das Korpus des klassischen Werkes bestehen und füllen es mit ihrer Ideologie, Brecht schafft in der ‚Heiligen Johanna‘, in ‚Richard III.‘, in den ‚Rundköpfen und Spitzköpfen‘ beispielsweise das neue Korpus, übernimmt aber organische Teile des alten. Gemessen an bürgerlichen Besitzbegriffen ist beides ein Plagiat, gemessen am marxistisch-kollektivistischen Eigentumsbegriff das erste eine „Variante“, die den bürgerlichen Horizont nicht verläßt, das zweite die revolutionäre Fortführung der Tradition durch eine neue Klasse.

In seinem Konzept eines neuen zeitgenössischen Theaters beurteilt er die Experimente der bürgerlichen Regisseure mit Hilfe seiner neugewonnenen marxistischen Einsichten. Vom Bürgertum als der bisherigen kulturbestimmenden Klasse heißt es:

Entsprechend ihrem wirtschaftlichen System der Varianten sind ihr auch im Oberbau nur mehr Varianten willkommen. Dadurch hat ‚das Neue‘ ein ganz

[26] Brecht, Bd. 15. Schr. z. Th. 1. S. 106f.
[27] Brecht, Bd. 15. Schr. z. Th. 1. S. 107.
[28] Brecht, Bd. 15. Schr. z. Th. 1. S. 107.

eigentümliches und zweifellos höchst bedenkliches Charakteristikum bekommen. Als neu werden schon bloße Varianten aufgefaßt und, was schlimmer ist, nur mehr Varianten. Diese Auffassung ermöglicht es am besten, ohne weiteres zur Tagesordnung überzugehen.[29] In der Sphäre der Varianten [aber] gibt es keine Tradition, gibt er nur Aktion und Reaktion, das heißt gibt es nur Reaktionen.[30]

Das Bürgertum hat sich als Erben der klassischen Kultur, wie die für Brecht fehlgeschlagenen Experimente beweisen, selbst liquidiert.

Handelt es sich jedoch um wirkliche, revolutionäre Fortführung, so ist Tradition nötig. Klassen und Richtungen, die auf dem Marsch sind, müssen versuchen, ihre Geschichte in Ordnung zu bringen; sie haben nichts zu erwarten von Differenzierungen, sie werden gefährdet durch jenen trügerischen Reichtum von Nuancen, den sich die herrschenden Klassen und Richtungen leisten können.[31]

Diese Zeilen stammen aus einer Zeit, als Brecht die Bemühungen um Klassikeraufführungen aufgegeben hat, aber gleichzeitig ein eigenes klassisches Thema, das der der ‚Jungfrau von Orléans‘, neugedichtet hat als revolutionäre Fortführung der literarischen Tradition. Die von Brecht aufgegebenen Bemühungen sind als positive Tradition in seinen späteren Klassiker-Bearbeitungen und -Inszenierungen „aufgehoben“.


## f) Jeßners ‚Hamlet‘-Inszenierung

Ein ‚Hamlet‘ ohne Hamlet. Der Held, vom „unheldischen“ Kortner gespielt, verschwand mit seinem Konflikt hinter dem Gepränge der höfischen Umwelt, in die er hineinversetzt war. – Jeßner „verkleinert“ die tragischen Helden als unheroische Durchschnittsmenschen und spielt die Vorgänge. Zugleich holt er damit die Fabel, das Material im Brechtschen Sinne, stärker heraus. Caspar Neher gestaltete eine Bühnendekoration, die durch Mitspielen des Hintergrunds die „Macht der Verhältnisse“ demonstrierte. Jeßner deckte die innere Handlung zu und zeigte mehr das Gesellschaftskolorit. Der shakespearsche Sinn der ‚Schauspielerszene‘: eine Mörderseele soll aus dem Schlupfwinkel ihres schlechten Gewissens geholt werden, wurde hinweggespielt. Statt dessen, getreu den Lehren Hamlets an die Schauspieler, daß die Bühnenkunst der Zeit ihren Spiegel vorhalten solle, klagte Jeßner die monarchistische Reaktion gewisser Kreise in der „Weimarer Republik“ an. Er baute aus der Szene eine Parodie auf mit

---

29 Brecht, Bd. 15. Schr. z. Th. 1. S. 200.
30 Brecht, Bd. 15. Schr. z. Th. 1. S. 201.
31 Brecht, Bd. 15. Schr. z. Th. 1. S. 201.

Hofschranzen, maniriertem Hofgetue, rastlos zusammengeklappten Absätzen, Ordensgebammel usw. Die Reise Hamlets nach England auf dem Segelboot trat durch Hervorhebung aller szenischen Effekte so in den Vordergrund, daß der Monolog zur Nebensache wurde. Die Schlußszene mit Fortinbras war Parade, Truppenrevue.

Jeßner spielte ‚Hamlet‘ als reines Tatsachenstück, reduziert auf die Handlung des bestraften Brudermordes – literar-historisch ein Rückgriff auf die vorklassische Tradition der Moritaten des sechzehnten Jahrhunderts, eine Befreiung des Stoffes von ideenmäßiger Überfrachtung.

Der Rückgriff auf die reine Handlung ermöglicht eine Transposition des Stoffes in die „unliterarische Gattung“ der Revue. Das führende Motiv Jeßners ist, die tragischen Gewichte des ‚Hamlet‘-Dramas durch komödiantische auszugleichen. Die Erscheinung eines Geistes „ohne alle Gespensterei“ am hellen Mittag (eines Geistes, der zudem noch in versiertem Plauderton über die Unannehmlichkeiten berichtet, die ihn aus dem Leben drängten) verschiebt die Gewichte des Dramas von der Gattung der „hohen Staatstragödie“ in den Bereich der Parodie. Verfremdungs-Effekte – einer der Wächter raucht zur Unterhaltung eine Zigarette, bevor der Geist des Gemordeten erscheint – entmythologisieren das Geschehen. Die Geistererscheinung wird als historisch bedingte Theaterfarce bewußt gemacht und dadurch ihrem Sinn nach aufgehoben.

Die konservative Pressekritik, die in Jeßners kühner Inszenierung in erster Linie Originalitätssucht des Regisseurs sah und eine Neuerung nur aus dem Geist der Vorlage erlaubte, verkennt, daß Jeßner den ‚Hamlet‘ aus einer erstarrenden Konvention herausgerissen hat. „Die sogenannten klassischen Gestalten unserer Bühne (Götz, Ferdinand, Tell, Wallenstein, Gretchen und so weiter)“, schreibt Brecht in seiner ‚Neuen Technik der Schauspielkunst‘, „verdanken wir einer Folge von Nachahmungen, das heißt, die Gestaltungen durch die verschiedenen Generationen von Schauspielern waren Nachahmungen. Selbst die eigenwilligsten Schauspieler übernahmen Kopfhaltungen, Tonfälle, Gehweisen und so weiter.“[32] Eine Bühnenfigur stellt somit eine Synthese dar aus theatralischer Tradition und Beobachtungen des Schauspielers aus dem Leben, wobei ein Überwiegen der theatralischen Konzepte die Figur zum Klischee erstarren läßt. Die Rücksicht auf die Vertrautheit des Zuschauers mit einem traditionell fixierten Hamletbild schreckte Jeßner nicht ab, sich zu emanzipieren und die ‚Hamlet‘-Dichtung zum Experimentierfeld zu erklären.

---

[32] Brecht, Bd. 16. Schr. z. Th. 2. S. 741f.

## g) Piscators ‚Räuber‘-Inszenierung

Piscator hält die „Verlebendigung, das Näherrücken der klassischen Dichtung" nur dann für möglich, „wenn man sie in dieselbe Beziehung setzt zu unserer Generation, die sie einst zur eigenen Generation gehabt hat."[33] Den ursprünglich revolutionären Gehalt, den ‚Die Räuber‘ für das Bürgertum ihrer Zeit gehabt haben, galt es neu herauszubringen. – Brecht sieht in der gedankenlos übernommenen Tradition der Aufführung eine Schädigung des Erbes. „Hauptsächlich verlorengeht dabei die ursprüngliche Frische der klassischen Werke, ihr damalig Überraschendes, Neues, Produktives."[34] Die „geschichtliche Situation zur Entstehungszeit des Werkes"[35] gilt es zu studieren, um das Werk neu sehen zu lernen.

Das Kunstwerk realisiert sich, indem es nicht als von der historischen Entwicklung emanzipiertes, autonomes Gebilde aufgefaßt wird, als „Produkt" einer Wechselwirkung zwischen dichterischem Text und Publikum. Der marxistisch interpretierende Regisseur, der nicht ein bloß „museales" Verhältnis zum Werk hat, muß einen festen ideologischen Standpunkt, einen Standpunkt, den er mit entscheidenden, das Wesen der Epoche formenden Kräften gemeinsam hat, finden, um das Werk für die Gegenwart neu zu deuten. Da nach Brechtscher und Piscatorscher Diktion ein dramatisches Werk nicht etwas „Starres und Endgültiges ist, sondern, einmal in die Welt gesetzt, mit der Zeit verwächst, Patina ansetzt und neue Bewußtseinsinhalte assimiliert",[36] hat der Regisseur die Aufgabe, einen Visierpunkt zu finden, von dem aus er das Bühnenwerk in die Vorstellungswelt der jeweiligen Publikumsgeneration rücken kann.

Als willkürlich abzutun sind formale Spielereien, ist die Spekulation aufs Geschäft, auf die Anerkennung, ist die Umarbeitung aus Originalitätssucht. Brecht lehnt diese rein kulinarische Erneuerung klassischer Werke, die statt "Substanz" dem Theater nur „ästhetische Finessen"[37] bringt, als bürgerliche Fluchtidee ab.

> Die formalistische ‚Erneuerung‘ der klassischen Werke ist die Antwort auf die traditionsgebundene, und es ist die falsche Antwort. Das schlecht konservierte Fleisch wird sozusagen nur durch scharfe Gewürze und Saucen wieder schmackhaft gemacht.[38]

---

33 Piscator, Das politische Theater. S. 90.
34 Brecht, Bd. 17. Schr. z. Th. 3. S. 1275.
35 Brecht, Bd. 17. Schr. z. Th. 3. S. 1276.
36 Piscator, Das politische Theater. S. 90.
37 Brecht, Bd. 15. Schr. z. Th. 1. S. 180.
38 Brecht, Bd. 17. Schr. z. Th. 3. S. 1275f.

Jede Epoche hat nach Piscator aus der vergangenen Epoche die ihr kongruenten Bestandteile herauszufinden und ans Licht zu ziehen. „Das Theater aller Kulturepochen stand und fiel mit seiner ‚Aktualität'."[39] Der ideologische Visierpunkt Piscators war das Proletariat und die soziale Revolution, „der Verbindungsmann vom Gestern zum Heute"[40] Spiegelberg. Das Privatschicksal Karl Moors wird zurückgedrängt und mehr die Revolution einer Masse gezeigt. Er „schwächte in den beiden ersten Akten der ‚Räuber' den Revolutionär aus privatem Sentiment, Karl Moor, zugunsten des systematischen Revolutionärs, des Revolutionärs aus Gesinnung, Spiegelberg",[41] ab. Piscators Aktualisierung der ‚Räuber' bedient sich zwar des zeitgemäßen Kostüms, geht aber über eine rein artistische Spielerei hinaus und ordnet das klassische Werk in seine Welterkenntnis ein, die an privatem Geschehen, an Seelentragödien weniger interessiert ist als an „objektivem", kollektivem Geschehen.

1. Die Verlagerung des dramatischen Kerns:
Von der privaten Tragödie Karl Moors zur Tragödie der Masse und ihres Exponenten

„Wenn der Vorhang aufgeht, vernimmt man nicht: ‚Aber ist Euch auch wohl, Vater?'; wenn er niedergeht, nicht: ‚Dem Mann kann geholfen werden!' Alles Private ist in dieser Aufführung gestrichen. Alles Politisch-Dokumentarische betont."[42] Piscator hat die erste Szene auf die reine Exposition der Handlung zusammengestrichen. Ein verleumderischer Brief zwingt den alten Moor, seinen Liebling Karl zu enterben. Alle persönlichen Motivierungen Karls, die dicTragödie als „Gemälde einer verirrten großen Seele"[43] anlegen, sind der Zensur zum Opfer gefallen. Gestrichen ist die sentimental-pathetische Reaktion des Vaters auf den fingierten Brief von Franz, als historisch bedingte Zutat der „empfindsamen Epoche". Getilgt sind andererseits alle Stellen, die auf den Geniegedanken Bezug nehmen. Karl ist nicht mehr die idealisierte Gestalt, die heldenhafte Typisierungen der Geschichte und des Mythos verkörpert.
Ein Vergleich des Dramenschlusses bei Schiller und bei Piscator zeigt die Verschiebung des weltanschaulichen Hintergrundes. Bei Schiller kauft der Tod Amalias, der Tod einer Heiligen, den bereuenden Moor von der Ver-

39 Piscator, Das politische Theater. S. 93.
40 Piscator, Das politische Theater. S. 88.
41 Ihering, Klassikertod? S. 27f.
42 Ihering, Theaterkritiken. Bd. 2, S. 223.
43 NA, Bd. 22. S. 88. Z. 4.

pflichtung frei, weiterhin Hauptmann der Bande zu bleiben. Der Gedanke, daß das Opfer eines „Engels" das Opfer des Lebens der Räuber ums Vielfache aufwiegt, wäre bei der moralischen Hebung der Charaktere der Räuber bei Piscator unmöglich. Auf die Forderung der Bande: „*Opfer um Opfer, Amalia für die Bande*"[44] antwortet Moor:

> Ihr opfertet mir ein Leben auf, ein Leben, das schon nicht mehr euer war, ein Leben voll Abscheulichkeit und Schande – ich hab euch einen Engel geschlachtet... Grimm: Du hast deine Schuld mit Wucher bezahlt... Moor: ... Nicht wahr, das Leben einer Heiligen um das Leben der Schelmen, es ist ungleicher Tausch?[45]

Bei Piscator muß die Geliebte preisgegeben werden, weil sie für Karl der Grund gewesen wäre, auf sein Schloß in ein rein privates Leben zurückzukehren. Eine handschriftliche Notiz Piscators in dem ‚Räuber'-Manuskript von 1926 interpretiert: „Die Gemeinschaft, das Kollektiv verlangt Tribut, die Pflicht, K. Imperativ!"[46] Der religiöse Opfergedanke bei Schiller; eine Heilige erlöst durch ihren Tod den Sünder, erscheint in den kollektivistischen Gedanken umfunktioniert, daß das Kollektiv die Hingabe des Liebsten, d. h. des Persönlichsten, vom einzelnen verlangt.

Bei Schiller stellt sich Karl als Sühne für sein gesetzloses Leben dem irdischen Richter, um die „beleidigte Geseze [zu] versöhnen, und die mißhandelte Ordnung wiederum [zu] heilen".[47] Die freiwillige Preisgabe an den irdischen Richter stellt einen sinnbildlichen Akt dar für die Wiederherstellung eines Ordnungsgefüges, dessen irdische Manifestation gleichnishaftes Abbild einer ewigen „moralischen Weltordnung" ist, deren Zerstörung von dem Herausforderer gesühnt werden muß. Der Schluß ist Absage an jedes Empörertum.

Piscators politisches Testament im Munde Moors ignoriert die persönliche Schuld und Sühne des Helden, fordert aber von der Gesamtheit der Revolutionäre ein Opfer für den „Staat, der für die Rechte der Menschheit streitet". Nicht der einzelne mehr findet Erlösung und Sühne in der Hingabe seiner Person für die sittliche Ordnung der Welt, repräsentiert durch den irdischen Staat, sondern es geht um das Programm eines richtigen kollektiven Verhaltens. Karl Moor:

---

[44] NA, Bd. 3. S. 133. Z. 3–4.
[45] NA, Bd. 3. S. 134. Z. 9–16.
[46] Erwin Piscator: ‚Räuber'-Manuskript. Zwischenblatt zu S. 134. Das Piscatorsche ‚Räuber'-Manuskript befindet sich in der Akademie der Künste in Berlin. Piscator hat seine Streichungen und Zusätze in eine Reclam-Ausgabe der Schillerschen ‚Räuber' angebracht. Für die Umarbeitung ganzer Szenen hat er Zwischenblätter eingelegt. Der Text der Reclam-Ausgabe folgt der zitierten Säkularausgabe.
[47] NA, Bd. 3. S. 135. Z. 11–12.

Hört das Testament eures sterbenden Hauptmanns: Ihr seid treu an mir gehangen, hätt' euch die Tugend so fest verbrüdert als die Sünde, Ihr wäret Helden geworden und die Menschheit spräche eure Namen mit Wonne. Geht hin und opfert eure Gaben *dem* Staate, der für die Rechte der Menschheit streitet.[48]

Von der Anlage des Schillerschen Dramas her, das eine Privattragödie gestaltet, wäre dieser Schluß ein exzentrischer Gesichtspunkt. Piscator dagegen versucht die Fabel und die Motive des ‚Räuber'-Dramas zu einem tatsächlichen Revolutionsereignis, zu einem politischen Dokumentationsstück umzubiegen. Er gibt die ‚Räuber' nicht so, als ob sie eine erdichtete Handlung hätten, sondern suggeriert dem Publikum, daß es einem primären Vorgang, einem tatsächlichen Revolutionsereignis, beiwohne. Aktualisierung bedeutet hier zugleich Ideologisierung und Aufgabe der dichterischen Fiktion.

### 2. Spiegelberg als „Verbindungsmann vom Heute zum Gestern"

Spiegelberg, eine Randfigur in Schillers Jugendwerk, hebt Piscator zum gleichwertigen Gegenspieler Moors und zum Exponenten der Masse empor. Er, der keinen reichen Vater auf einem herrschaftlichen Schloß als Zuflucht hat, muß seinen Weg mit unerbittlicher Konsequenz gehen. Piscator eliminierte alle humoristischen Arabesken und „Sturm-und-Drang-Bramarbaserien" und entwickelte aus der Episodenfigur den Verkünder der tragenden sozial-revolutionären Ideen. Alle Stellen, die Spiegelberg und die Räuber als Gauner, Feiglinge, Verbrecher charakterisieren, sind ausgemerzt, ebenso alle Zutaten, die nur dem Räuberkolorit gelten.
Während der Schillersche Spiegelberg die Anhänger Moors unter seiner Führung in eine mordende und sengende Bande zusammenschmieden will, erreicht Piscator durch geschickte Streichungen, daß aus diesem schurkischen Plan eine politische Freiheitsidee hervorleuchtet. – Nachdem Karl den brüderlichen Brief gelesen hat, versucht Spiegelberg die Kumpanen zu gewinnen:
„Wir wollen uns in den böhmischen Wäldern niederlassen, dort eine /Räuber/bande zusammenziehen."[49] Spiegelbergs „kommunistischer" Plan: „Reichen Filzen ein Drittheil ihrer Sorgen vom Hals schaffen, ... das stockende Geld in Umlauf bringen, das Gleichgewicht der Güter wieder herstellen",[50] von Schiller durch den ergänzenden Satz: „mit einem Wort,

---

48 Piscator, ‚Räuber'-Manuskript. Zwischenblatt zu S. 136.
49 Piscator, ‚Räuber'-Manuskript. S. 23. Die senkrechten Striche geben Piscators Streichungen im Schillertext wieder.
50 NA, Bd. 3. S. 28. Z. 32–35.

das goldene Alter wieder zurückrufen, dem lieben Gott von manchem lästigen Kostgänger helfen, ihm Krieg, Pestilenz, theure Zeit und *Dokters* ersparen..."[51] als leichtfertige Räuberposse, als „Sturm-und-Drang-Kraftmeierei" dargetan, erhält durch die Streichung des Zusatzes und durch Textergänzung bei Piscator einen ganz anderen Sinn.

Spiegelberg, sonst nur Arabeskenfigur, wird zum dramatischen Gegenspieler Karls, scheitert jedoch an der geschichtlich unreifen Situation. Piscator gestaltet Spiegelbergs Schlußwort zu einer Pointe um, die den Sinn der ganzen Szene (I, 2) ändert. Die Räuber hatten sich bei Schiller Karl zugewendet, der aus persönlicher Enttäuschung Rache an der ungerechten Welt üben will. Bei Schiller heißt es, nachdem die Räuber unter der Parole „Mord und Brand" mit Moor abgezogen sind:

> Spiegelberg (ihnen nachsehend, nach einer Pause): Dein Register hat ein Loch. Du hast das Gift weggelassen. (Ab)[52]

Dazu Piscators gestische Untermalung:

> Spiegelberg (ihnen nachsehend, nach einer Pause): Dein Register hat ein Loch. (\*Spiegelberg allein in Mitte ... deutet auf den Kopf sachlich und bedauernd\*).[53]

Durch die veränderte Stellung Spiegelbergs und durch gestische Zutat wird eine verfremdende Umgestaltung der ganzen Szene erreicht.

„Spiegelberg", schreibt Piscator, „war der Mann, der mir in den ‚Räubern' den Film ersetzte, die Weltkugel und das laufende Band, das war mein dramaturgischer Trick, mein Regulativ, mein Barometer. An diesem Männchen hatte ich die ‚Frechheit', zu prüfen, ob Karl Moor nicht doch vielleicht ein romantischer Narr und die ihn umgebende Räuberbande keine Kommunisten, sondern eben nur Räuber in des Wortes wahrster Bedeutung sind... Er wurde ... der Verbindungsmann vom Heute zum Gestern. Er entlarvt das Schillersche Pathos, er entlarvt den schwachen ideologischen Hintergrund."[54]

Piscator plante nachträglich, die distanzierende Rolle Spiegelbergs gegenüber den klassischen Motivierungen auch optisch zu demonstrieren und ihn allein in zeitgemäßem Kostüm: Cut, Melone, Chaplinstöckchen – durch das Stück gehen zu lassen. Wir werden Piscators Methode, eine Randfigur als neuen Helden in den Mittelpunkt zu stellen und ihm eine episch-distanzierende Funktion gegenüber dem traditionellen ideologischen Hori-

---

51 NA, Bd. 3. S. 28. Z. 35–38.
52 NA, Bd. 3. S. 33. Z. 13–14.
53 Piscator, ‚Räuber'-Manuskript. S. 29.
54 Piscator, Das politische Theater. S. 88.

zont zu erteilen, bei Brechts ‚Johanna' wiederfinden. Brecht nennt es, den potentiellen Gehalt eines klassischen Werkes freilegen.

So erhält auch Spiegelbergs Tod eine tragische Bedeutung: Der einzige, der eine neue politische Konzeption hat, wird in dem Augenblick, als er sich zur Macht aufschwingen will, hinterrücks ermordet. Statt eines heimtückischen Mordes an Moor aus dem Gefühl persönlichen Zurückgesetztseins strebt Piscators Spiegelberg die Verwirklichung objektiver historischer Ziele an, nämlich die Ingangsetzung der sozialen Revolution. Piscator löscht Spiegelbergs Passage aus: „Ich hab mir's gemerkt, wo er hinschlich – Komm! Zwey Pistolen fehlen selten, und dann – so sind wir die erste, die den Säugling erdrosseln . . ."[55] und interpoliert stattdessen (nach der Passage: „Es /soll/ *muß* anders werden."[56]): „*Ich sehe es deutlich vor mir, wie alles werden muß*."[57] Spiegelberg stirbt nicht den Tod einer verachtlichen Memme oder eines Meuchelmörders, sondern den tragischen Tod des zu früh gekommenen Helden, der sterbend seine politische Idee verkündet. Piscator notiert dazu:

> (*Tod Spiegelbergs: Phantastischer Tod – tanzt – die Räuber singen – die ganze groteske Tragik, die Schiller in ihn gelegt, in diesen Tanz. Spiegelberg auf der Vorderbühne grotesk mit dem Messer in der Brust. In die Pause des Sterbens fern ein Blitz – Die Internationale.) Spiegelberg: Leibeigene eines Sklaven! Säuglinge, politische! – (Glocke der Freiheit*).[58]

### 3. Die sittliche Hebung der Räuberbande

Der Niveaukontrast zwischen Karl Moor und den übrigen Räubern ist aufgehoben: In der großen ‚Räuberszene' (II, 3) sind alle Gauner- und Verbrechergeschichten gestrichen (die Schandtaten bei der Einäscherung Wittenbergs, Plünderung, Kirchenraub, Mord an Kindern, Greisen und Kindbetterinnen), ebenso wie die possenhaften Züge der Räuber.

Spiegelberg schildert, wie er seine Mannschaft zusammengebracht hat, bei Schiller eine Truppe von Kraftmeiern, bei Piscator eine Gruppe sozial Verzweifelter. In der Regieanweisung heißt es: „*Über allen schwere Bedrückung. Geächtete – Ausgestoßene der Gesellschaft*."[59] Statt des komödiantischen Zuges holt Piscator das Tragische ihrer Situation heraus. Die Szene II, 3 beruht auf der Gegenüberstellung der Motive, die Karl zum Verbrecher werden ließen und der der Räuber. Razmanns Passage: „Er

55 NA, Bd. 3. S. 105. Z. 35–38.
56 NA, Bd. 3. S. 105. Z. 28.
57 Piscator, ‚Räuber'-Manuskript. Zwischenblatt zu S. 104.
58 Piscator, ‚Räuber'-Manuskript. Zwischenblatt zu S. 104 und 105.
59 Piscator, ‚Räuber'-Manuskript. Zwischenblatt zu S. 21.

mordet nicht um des Raubes willen wie wir"[60] ändert Piscator: „Er mordet nicht um des Raubes willen."[61]

Moor ist bei Schiller der „edle Verbrecher", der Empörer aus Erschütterung über die soziale Ungerechtigkeit, wie die von Piscator gestrichene Geschichte der vier Ringe demonstriert. Der Held decouvriert in seiner Erzählung vom Raub der Juwelen die üblen Machenschaften ihrer Besitzer und klagt damit die Gesellschaftsordnung des höfischen Absolutismus an. – Auch Moors moralische Verdammung der Räuber fällt Piscators Zensur zum Opfer:

> Höre sie nicht, Rächer, im Himmel! – Was kann ich dafür? . . . – O pfui über den Kindermord! den Weibermord – den Krankenmord! Wie beugt mich diese That! Sie hat meine schönsten Werke vergiftet . . . geh, geh! du bist der Mann nicht, das Rachschwerdt der obern Tribunale zu regieren, du erlagst bey dem ersten Griff – Hier entsag ich dem frechen Plan, gehe, mich in irgend eine Kluft der Erde zu verkriechen, wo der Tag vor meiner Schande zurüktrit.[62]

Diese Textstelle als Angelpunkt der Schillerschen Thematik (der Rächer muß erkennen, daß die Realisierung hoher Ideale sich notwendig übler Werkzeuge bedient und somit der Eingriff des einzelnen in die irdische Ordnung zu einem Zusammenbruch des moralischen Systems führt) fehlt bei Piscator gemäß der exzentrischen Verlagerung des Themas. Seine Räuber, sozialistische Helden, sind die Vollstrecker einer vorwärtsführenden geschichtlichen Idee und somit von einer sozialistischen Gerechtigkeit her freigesprochen.

Gestrichen ist ebenso Moors Versuch, die Bande zu überreden, durch Preisgabe ihres Hauptmanns Amnestie zu erlangen.

> . . . schmeichelt ihr euch wohl gar, als Helden zu fallen, weil ihr saht, daß ich mich aufs Getümmel freute? – Oh glaubt das nicht! Ihr seyd nicht *Moor*! – Ihr seyd heillose Diebe, elende Werkzeuge meiner grösseren Plane . . .[63]

Bei Piscator sind die Räuber nicht „Werkzeuge grösserer Plane" eines überragenden Individuums; das Übergewicht Moors ist aufgehoben, die persönliche Problematik weicht der Frage nach echtem kollektivem Verhalten. Statt dessen zeigt der Einsatz der Räuber für Moor – gleichgesetzt dem Einsatz aller für Roller – das Beispiel sozialen Verhaltens, des Einsatzes des einen für den anderen in der Not.

Geblieben sind alle sozialkritischen Passagen Schillers, befreit von verharmlosenden Räuberbramarbaserien.

---

[60] NA, Bd. 3. S. 58. Z. 3.
[61] Piscator, ‚Räuber'-Manuskript. S. 55.
[62] NA, Bd. 3. S. 65. Z. 7, 12–14, 17–21.
[63] NA, Bd. 3. S. 72. Z. 23–26.

Da donnern sie Sanftmuth und Duldung aus ihren Wolken, und bringen dem Gott der Liebe Menschenopfer wie einem feuerarmigen Moloch – predigen Liebe des Nächsten, und fluchen den achtzigjährigen Blinden von ihren Thüren hinweg; stürmen wider den Geiz und haben Peru um goldener Spangen willen entvölkert.[64]

Bei Schiller hat diese Szene die thematische Funktion, die verschiedenartigen Beweggründe Moors und seiner Kumpane zu offenbaren und den großen moralischen Niveauunterschied zu manifestieren. Die Räuber als „Werkzeuge grösserer Plane", deren Idee sie nicht verstehen, bewegen sich auf der Ebene des niedersten Materialismus, sie denken wie Wallensteins Soldaten nur an die Vorteile des Lebens unter dem Signum der Fortuna.

Inhaltlich dient die Szene der engen kausalen Verknüpfung der Handlung: Moor, der angesichts der Schandtaten der Genossen umkehren will, wird unwiderruflich an sie geknüpft, da sie ihn mit ihrem Leben, ‚ihrem Herzblut'[65] erkauft haben. Als Moor nach Amalias Verzeihung erneut „umkehren" will, mahnt ihn ein alter Räuber:

> Denk' an die böhmischen Wälder! ... Treuloser, wo sind deine Schwüre? Vergißt man Wunden so bald? da wir Glück, Ehre und Leben in die Schanze schlugen für dich? Da wir standen wie Mauren, ... hubst du da nicht deine Hand zum eisernen Eid auf, schwurest, *uns nie zu verlassen,* wie wir dich nicht verlassen haben? ... Die Räuber (durcheinander, reissen ihre Kleider auf): Schau' her, schau! Kennst du diese Narben? du bist unser! Mit unserem Herzblut haben wir dich zum Leibeigenen angekauft ... *Opfer um Opfer! Amalia für die Bande!*[66]

Bei Piscator geht es nicht um die moralische Rechtfertigung eines großen Individuums, sondern um die Analyse eines politischen Geschehens. Spiegelberg hat eine sozial-revolutionäre Truppe Ausgestoßener um sich gesammelt, die es gegen alle Gefährdungen und individualistischen Zersprengungsversuche zusammenzuhalten gilt.


## 4. Der Verlust des historischen Kolorits und des Schillerschen Weltgehaltes


Picators politischer Standpunkt auf seiten des Proletariats und der Weltrevolution versagte der historischen Funktion des Adels seine Rechtfertigung. So sind die Stellen, die von der guten patriarchalischen Herrschaft des Adels und seiner Aufgabe als des ersten Dieners des Staatsganzen sprechen, getilgt.

[64] NA, Bd. 3. S. 70. Z. 25–30.
[65] NA, Bd. 3. S. 132. Z. 1.
[66] NA, Bd. 3. S. 132. Z. 24, 26–29, 37, 38. S. 133. Z. 1, 3, 4.

Franz: Mein Vater überzuckerte seine Forderungen, schuf sein Gebiet zu einem Familienzirkel um, sas liebreich lächelnd am Thor, und grüßte sie Brüder und Kinder.[67]

Daß sich Daniel, der alte Bedienstete, mit Wehmut von seiner Herrschaft trennt, würde Piscators ideologische Basis der Umdichtung vernichten und ist deshalb eliminiert worden.

> Lebewohl, theures Mutterhauß – Hab so manch guts und liebs in dir genossen, da der Herr seeliger noch lebete – es war das Obdach der Waysen und der Port der Verlassenen ...[68]

Ebenso ist der metaphysische Hintergrund des Dramas aufgehoben. Piscator kann als ausgleichende Gerechtigkeit für die irdischen Mißstände keine jenseitige, bessere Welt anerkennen, damit würde der kategorische Imperativ: Ändert die Welt! relativiert.

> Amalia: ... Sagt man nicht, es gebe eine bessere Welt, wo die Traurigen sich freuen und die Liebenden sich wiedererkennen? Moor: Ja, eine Welt, wo die Schleyer hinwegfallen.[69]

Die „bessere Welt" ist ins Diesseits als ferne Zukunft projiziert. „Ich sehe es deutlich vor mir, wie alles werden muß", phantasiert Spiegelberg kurz vor seiner Ermordung. Dann erklingt die „Internationale" als Signal Piscators, welche utopische Konzeption der Revolutionär meint.

Die innerweltliche Problematik Piscators muß notwendig die Adresse Karls und Franzens an eine jenseitige Gerechtigkeit vernichten. Der skrupulöse Monolog Franzens, ob es einen „Rächer ... über den Sternen gäbe",[70] ist so gekürzt, daß nur die Negation Gottes stehen bleibt. Mosers Beweis der Existenz Gottes und der Unsterblichkeit der Seele ist als unzeitgemäße Zutat gestrichen.


### 5. Die Aufgabe des elegisch-dynamischen Tons der Dichtung zugunsten einer reißenden Handlung

Piscators Absicht zufolge, nicht das „Gemälde einer verirrten großen Seele" zu geben, sondern ein tatsächliches Revolutionsereignis zu fingieren, ein Revolutionsschauspiel *nach* den ‚Räubern', sind alle jene Stellen der „Innerlichkeit", der „Stimmung" gestrichen, die den Akzent von der Handlung auf die persönliche Innenwelt der Helden verschieben.

Der eigentliche Ton des Stückes, die Spannung des Elegischen und des Dynamischen, ist zerstört. Amalia, der Vater, Karl Moor sind härter,

---

[67] NA, Bd. 3. S. 52. Z. 31–34.  
[68] NA, Bd. 3. S. 116. Z. 28–30.  
[69] NA, Bd. 3. S. 102. Z. 23–26.  
[70] NA, Bd. 3. S. 120. Z. 26.

dynamischer gezeichnet; sie treiben die Handlung ohne retardierende Züge stärker voran. (Statt „der alte Moor weint bitterlich"[71] steht an der selben Stelle in Piscators Regieanweisung: „*laut mit der Reitpeitsche auf den Tisch*"[72]). Eine Analyse der ersten Szene zeigt, daß alles historische Kolorit ebenso wie die geistesgeschichtliche Tiefendimension geschwunden ist. Der literarhistorische Hintergrund des Werkes, das zwischen „Aufklärung", „Sturm und Drang" und „Empfindsamkeit" anzusiedeln ist, ist ausgemerzt. Die Szene ist reine Fabel geworden, Exposition für das Folgende. Indem die erste Szene als Szene mit überwiegend privater, innerlicher Thematik geschrumpft ist, erhält die zweite, die Versammlung der Räuber zu einer Bande, mehr Gewicht.

Die Verführungsszene zwischen Franz und Amalia, bei Schiller ein Spiel in der Phantasie, ist hier in realistisch derbe Gestik umgesetzt. Nach Franzens Vergewaltigungsversuch (I, 3) proklamiert Moors Geliebte unmittelbar ihre sozialkritische Anklage über das Podium hinweg als direkte Adresse ad spectatores, den funktionellen Zusammenhang von Reichtum und Laster anklagend.

> Seyd verdammt, Gold und Silber und Juwelen zu tragen, ihr Grosen und Reichen! Seyd verdammt, an üppigen Maalen zu zechen! Verdammt, euren Gliedern wohl zu thun auf weichen Polstern der Wollust![73]

Durch diese kürzende Zusammenstellung und durch den dramaturgischen Trick der direkten Adresse ans Publikum erhält die Szene einen anderen Sinn. Aus der weltabgewandten Träumerin, die in Klostermauern ihres Karls harren will, ist die politisch bewußte Aktivistin geworden, die statt „Weltabsage" zu änderndem Eingreifen provozieren will.

Die zweite Szene des dritten Aktes und die ersten vier Szenen des vierten Aktes sind, da sie retardierende Elemente im elegischen Ton sind, bis auf spärliche Relikte zusammengestrichen. Karl, in seine Heimat zurückgekehrt um Abschied zu nehmen, verliert sich in träumerischen Rückblicken auf seine Kindheit und Jugend, die so reich an hoffnungsvollen Plänen war. Im Gesamtablauf des Dramas hat diese Episode eine verzögernde Funktion, gleichzeitig bereitet sie aber die Spannung des nächsten Aktes vor. Moor möchte in seine Kindheit und damit zu seiner Unschuld zurückfinden, bindet sich aber im selben Augenblick durch einen Schwur *„bey den Gebeinen [seines] Rollers"*[74] auf ewig an die Bande.

Gestrichen sind ferner: die Begegnungsszene zwischen Amalia und Karl in der Gemäldegalerie, in der Amalia ziemlich unwahrscheinlich den Ge-

---

[71] NA, Bd. 3. S. 13. Z. 16.
[72] Piscator, ‚Räuber'-Manuskript. Zwischenblatt zu S. 7.
[73] NA, Bd. 3. S. 38. Z. 5–8.    [74] NA, Bd. 3. S. 81. Z. 12–13.

liebten nicht erkennt, – die Erpressung Daniels, des alten Mannes, der die Unschuld eines Kindes ganz im Gegensatz zu Karl bis ins hohe Alter bewahrt hat, – die rührselige Erkennungsszene zwischen Karl und Daniel, in der Moor von Franzens Betrug erfährt, – und die Gartenszene mit dem Liebesduett zwischen Amalia und Karl, in der beide die Schleier ihrer Existenz nicht lüften.

Das achte Bild bei Piscator beginnt nach der Streichung der ‚Gemälde-galerieszene‘:

> Franz (*Hereingeschossen, ungeheuer aufgeregtes Tempo!*): Es ist *Karl*! ja! itzt werden mir alle Züge wieder lebendig – Er ist's! trutz seiner Larve![75]

Statt Daniel soll Hermann den Bruder umbringen – Hermann, der bisher zu der „Ermordung" des alten Grafen von Moor seine Hand gereicht hatte. Das läßt die Handlungsführung konsequenter erscheinen, bedeutet aber Verlust des Gehaltes. Daniel ist neben Kosinsky eine der Figuren, mit denen Schiller Moors Schuld von allen Seiten beleuchtet und so ein Prisma der möglichen Motivierungen schafft. Ebenso ist nach Franzens Selbstmord das retardierende Gespräch zwischen Vater und Sohn ausgemerzt: das folgende Bild beginnt damit, daß die Räuber den toten Franz bringen.

### 6. Szenenmontage als Mittel zeitgemäßer Interpretation und positiven Weiterdichtens eines klassischen Werkes

Als „Verfremdungsdialog" sind der Monolog Franzens, der in rationalistischer Analyse die Heiligkeit der menschlichen Zeugung und Existenz leugnet und damit das Recht zum Mord begründet, die Erkennungsszene zwischen Daniel und Karl und Karls Monolog, in der er nach Erkenntnis des brüderlichen Betruges sich um sein Glück, sein ganzes Leben durch spitzbübische Künste betrogen sieht, ineinandergeschoben. Piscator spielt manche Szenen nicht nacheinander, sondern neben- und übereinander.

> Karl: – aber Amalia erkannte mich nicht! Was macht meine Amalia?
> Daniel: O, die wird's nicht überleben vor Freude.
> Karl: Sie hat mich nicht vergessen?
> Daniel: Vergessen? Wie schwatzt Ihr wieder?
> Franz: Verflucht sei unsere Fantasie, die –
> Daniel: Euch vergessen?
> Franz: Grässliche Bilder in unser weiches Gehirn drückt.
> Daniel: Da hättet ihr sollen dabei sein, hättet sollen mit ansehen, wie er sich gebärdete
> Franz: Unwillkürliche Schauder – unsere kühnste Entschlossenheit sperrt –

[75] Piscator, ‚Räuber'-Manuskript. Zwischenblatt zu S. 89.

46

Daniel: Als die Zeitung kam, Ihr wäret gestorben, die der gnädigste Herr aus-
streuen ließ

Karl: Was sagst Du? Mein Bruder?

Daniel: Ja, euer Bruder, der gnädigste Herr.

Franz: Unsere erwachende Vernunft –

Daniel: Wie sauber sie ihn abkappte –

Franz: – an Ketten abergläubischer Finsternis legt –

Daniel: – wenn er seinen Antrag machte – oh, ich muß hin.

Karl: Halt. Niemand darfs wissen, auch mein Bruder nicht!

Daniel: Euer Bruder?

Franz: *Mord!*

Daniel: Nein, beileibe nicht, der darfs nicht wissen, der gar nicht. Wenn er
schon nicht mehr weiss, als er wissen darf. Oh, ich sage euch, es gibt garstige
Menschen. Garstige Brüder, garstige Herren. Aber ich möchte um alles Geld
meines Herrn willen kein garstiger Knecht sein – der gnädige Herr hielt
euch tot – Und wenn man freilich so ungebeten aufersteht – euer Bruder war
des Herrn selig einziger Erbe.

Karl: Alter, rede deutlicher!

Daniel: Aber ich will lieber meine alten Knochen abnagen vor Hunger, als
wohlleben. Die Fülle verdienen mit einem Totschlag. (ab)

Franz: *Mord!* wie eine ganze Hölle von Furien um dieses Wort flattert.

Karl: betrogen, betrogen

Franz: Die Natur vergass, einen Mann mehr zu machen.

Karl: Da fährt es durch die Seele wie der Blitz – *spitzbübische Künste*, nicht
du Vater, *spitzbübische Künste* –

Franz: Die Nabelschnur ist nicht unterbunden worden, der Vater hat in der
Hochzeitsnacht glatten Leib bekommen.

Karl: Angeschwärzt von ihm, verfälscht, unterdrückt meine Briefe.

Franz: Und die ganze Schattenspielerei ist verschwunden.

Karl: Sein Vaterherz voll Liebe, o, ich Tor, voll Liebe sein Vaterherz, ich hätte
glücklich sein können, o, das Glück meines Lebens hinweg, betrogen. Büberei.

Franz: Es ist nichts und wird nichts.

Karl: O, Bösewicht, unbegreiflicher, schleichender, abscheulicher Bösewicht –

Franz: Heisst das nicht ebensoviel als: es war nichts und wird nichts und um
nichts wird kein Wort mehr gewechselt.

Kosinsky: Nun, Hauptmann, willst du noch länger hierbleiben?

Karl: Auf, sattle die Pferde. Wir müssen vor Sonnenuntergang über der
Grenze sein.

Kosinsky: Du spassest.

Karl: Hurtig, hurtig, und dass kein Auge dich gewahr wird.

Kosinsky (ab)

Amalia (tritt von rechts in die Laube): Er sprach mit einer Stimme – mir wars,
als ob die Natur sich verjüngte – die genossenen Lenze der Liebe aufdäm-
merten mit dieser Stimme: *Du weinst, Amalia.*

Karl: Ich fliehe aus diesen Mauern, der geringste Verzug könnte mich wütend
machen, und er ist meines Vaters Sohn.

Franz: Der Mensch entsteht aus Morast und watet eine Weile im Morast und
macht Morast und gährt wieder zusammen in Morast, bis er zuletzt an den
Schuhsohlen seines Urenkels unflätig anklebt.

Karl: Bruder, Bruder, du hast mich zum Elendsten auf Erden gemacht. Ich habe dich niemals beleidigt. Es war nicht brüderlich gehandelt.
Franz: Das ist das Ende vom Lied. Der morastige Zirkel der menschlichen Bestimmung – und somit glückliche Reise, Herr Bruder.
Karl: Ernte die Früchte deiner Untat in Ruhe. Meine Gegenwart soll dir den Genuss nicht länger vergällen.[76]

Piscators Montagetechnik schweißt die isolierten Monologe im Hinblick auf ihre zu assoziierende Thematik zusammen. Die Monologe Franzens, Karls, Amalias antworten einander. Obgleich jeder seine eigene Perspektive hat, berühren sich ihre Gedanken durch die Äquivozität und Ambivalenz der Vorstellungen. Amalie erinnert sich an die Begegnung mit dem fremden Grafen, der ihrem Karl so ähnelt: „Er sprach mit einer Stimme – mir war's, als ob die Natur sich verjüngte ...". Karls „Antwort": „Ich fliehe aus diesen Mauern" bezieht sich inhaltlich auf Franzens Verrat, und dennoch paßt sie gleichzeitig zu Amalias Meditationen. Beide Szenen werden von einer sich ergänzenden Spannung getragen.

Franz spinnt seinen Rechtfertigungen über Brudermord nach – Karl erkennt, daß der ideelle Grunde seiner Empörung in nichts zusammenfällt, als er erfährt, daß der Vater ihn nicht verdammt habe. Zwei verschiedene Perspektiven werden in der Dialogführung Piscators in ihrer tieferen Zusammengehörigkeit verdeutlicht. Die Wahrheit des Piscatorschen „Verfremdungsgespräches" liegt jenseits der Gesprächsteile, der Zuschauer hat sie durch dialektische Zusammenschau zu finden. Das wechselseitige Nebeneinander zweier Gesprächsebenen ist zugleich Interpretation und Kritik des Regisseurs. Es relativiert den Horizont des klassischen Dramas und nimmt als positives Weiterdichten des Schillerschen Werkes die Reflexion des Zuschauers mit in das Werk auf. Die schuldlosen Träumer ermöglichen den hellwachen Bösewicht, wie die Montage der ersten und zweiten Szene des zweiten Aktes deutlich expliziert: Die Szene mit dem Mordplan Hermanns und Franzens spielt ineinander mit der träumerischen Szene im Schlafgemach des Grafen von Moor, in der der Alte und Amalia von Karl schwärmen.

### 7. Die Auflösung der dramatischen Bauform und die Umgestaltung der ‚Räuber' in „episches Theater"

Piscator hat die straffe Funktionalität der dramatischen Bauform in epische Formen aufgelöst, wobei ihm der starke epische Zug von Schillers „Erstling" entgegenkam. Die Einteilung in fünf Akte hat der Aufgliederung

---

[76] Piscator, ‚Räuber'-Manuskript. Zwischenblätter zu S. 93ff.

der Dramenform in elf Bilder Platz gemacht. Dabei mußte Piscator, da die Kurve der Handlung bei ihm anders akzentuiert ist, die Einschnitte oft mitten in die Schillersche Akteinteilung verlegen. Durch Betonung der Bildwirkung jeder Szene streben die Einzelteile trotz der konsequenten Fabelführung stärker nach Autonomie als bei Schiller. Der Zeitdruck des klassischen Dramas, die teleologische Spannung auf das Ende hin, ist aufgehoben. Nicht aus der formal-ästhetisch empfundenen Spannung will Piscator Sensationen gewinnen, sondern die Ereignisse selber sollen den Zuschauer fesseln.

Piscator hat zwar das historische Kolorit und die stimmungshaften Elemente als integrierte Bestandteile der Dialoge ausgetilgt, dafür aber der Dekoration, die im „epischen Theater" mitgespielt, die Aufgabe zugewiesen, Stimmung und Kolorit zu geben. Durch Trennung dieser integrierten Elemente vermögen Rede und Hintergrund sich gegenseitig zu verfremden und zu erläutern. – Die Regieanweisung zu der schaurigen Selbstmordszene des Franz läßt alle Theatereffekte wirksam werden, um die Atmosphäre für Moors Todesangst zu geben. „*Es schlägt rasselnd 2 h nachts --- Turm – mal heller mal dunkler – Knarrende Turmfahne – Geräusche*."[77] Franz lehnt den Gottesbeweis Mosers ab, auch in der Todesangst will er nicht bereuen.

> Franz: Pöbelweisheit, Pöbelfurcht! – Es ist ja noch nicht ausgemacht, ob das Vergangene nicht vergangen ist, oder ein Auge findet über den Sternen. (*Am Turm --- Geräusch --- eine dünne Glocke läutet sehr hastig. Das ganze Schloß ist wach. Dienerschaft sammelt sich im Hof. Die Frau steht mit brennenden Augen am Tor. Bewaffnete besetzen die Versenkung.*) Franz: Wenn's aber doch etwas mehr wäre … *Sterben*! warum packt mich das Wort so?[78]

Franzens Skrupel werden nicht allein durch psychologische Vorgänge wachgerufen, der Monolog ist umgestaltet zu einem Zwiegespräch zwischen Franz und der Umgebung.

Die thematische Verschiebung von der innerpersönlichen Motivierung zur Darstellung der Logik äußerer Ereignisse erfordert den Ausbau gestischer Elemente. Der Verführungsversuch an Amalia findet in Schillers Jugendwerk bei äußerster Sparsamkeit der Gestik nur in der Rede, im Bereich der Phantasie statt. Piscator hat aus dieser Episode eine handlungspralle Szene mit drastischen Zügen gestaltete. Bei Schiller heißt es in der Regieanweisung nur, nachdem Franz Amalia angedroht hat, sie zu seiner Mätresse zu machen: „(will sie fortreissen.) Amalia (fällt ihm um den Hals): Verzeih mir Franz! (Wie er sie umarmen will, reißt sie ihm den Degen von der

---

[77] Piscator, ‚Räuber'-Manuskript. Zwischenblatt zu S. 116.
[78] Piscator, ‚Räuber'-Manuskript. S. 120 und Zwischenblatt zu S. 120.

Seite und tritt hastig zurück.)"[79] Piscator streicht den Text der verführerischen Rede und setzt einen Vergewaltigungsversuch in Szene, der mit den reißerischen Effekten des „Kintopps" der zwanziger Jahre arbeitet. Während Schiller selbst in seinem „Sturm-und-Drang"-Werk alle sinnlichdynamische Aktion in den Hintergrund drängt und sie, ihrer stofflichen Sensation beraubt, in der medialen Form des Berichtes oder in einer Scheinwelt der Phantasie wiedergibt, ist bei Piscator gerade das Handlungsmäßige hervorgeholt. Drama bedeutet bei Schiller in erster Linie Ideendrama. Die Übermacht der Idee bewirkt, daß das Drama der „geschlossenen Form"[80] alle gewaltsamen Taten in die „verdeckte Handlung"[81] drängt und sie nur durch Abstand, „entstofflicht", in die Szene einläßt. Von der distanzierenden Form her wird bei Schiller Dämpfung erreicht, während sie bei Piscator Provokation bedeutet.

Die Räubereinlagen, bei Schiller einerseits Kontrastmittel zur Begründung von Moors Handlung, andererseits theatralisch effektvolle Szenen mit viel Zeitkolorit, liefern bei Piscator die eigentliche Fabel. „Man hat hier im Grunde nicht die Inszenierung eines Klassikers, kein Regieproblem vor sich, sondern die Aufführung eines neuen Revolutionsschauspiels nach den ‚Räubern', weil moderne Revolutionsstücke fehlen. Die Aufführung weist nicht Wege der Schiller-Regie, sondern Wege einer möglichen Dramengattung: des dokumentarischen Zeitstücks".[82]

Piscator entwickelt seine originale Regieleistung in der Massenchoreographie, in der Dramatisierung des räumlichen Hintergrundes, der bei Schiller neutraler oder symbolisch verweisender Raum ist.

Die Verzeihung Amalias, die Reue Moors und der endgültige Abschied der Liebenden wird bei Piscator durch die stärkere Akzentuierung der Räuberhandlung mehr und mehr eine „abhängige" Handlung.

> Ein alter Räuber: Denk' an die böhmischen Wälder! (*Kleine Gruppe von Chor mit scharfer Bewegung auf Karl nach rechts*) Hörst du, (*andere ebenso noch einmal*), zagst du? (*verstärkt*) – an die böhmischen Wälder sollst du denken! (*in starkem steigendem Tempo allein*) Treuloser, schwurest *uns nie zu verlassen,* wie wir dich nicht verlassen haben! (*1. Gruppe im Rhythmus unterstützen durch Musik*) Ehrloser! (*2. Gruppe im Rhythmus unterstützen durch Musik*) Treuvergessener! Und du willst abfallen, wenn eine Metze greint?
> Ein dritter Räuber (*Die Räuber kommen in Bewegung und ziehen in 2 Trupps um Karl und Amalia herum*): Pfui, über den Meineid! Der Geist des geopferten *Rollers,* den du zum Zeugen aus dem Totenreich zwangest, wird erröten über deine Feigheit.

[79] NA, Bd. 3. S. 76. Z. 11–14.
[80] Heinrich Wölfflin: Kunstgeschichtliche Grundbegriffe. München 1915. S. 145.
[81] Robert Petsch: Wesen und Formen des Dramas. Halle 1945. S. 159.
[82] Ihering, Theaterkritiken. Bd. 2, S. 223.

Die Räuber (durcheinander, reißen ihre Kleider auf) (*1. Gruppe*): Schau'
her, schau'! (*2. Gruppe*) Kennst du diese Narben? (*1 und 2 zusammen*)
Du bist unser (*ein Räuber hell*), unser bist du ... (*2. Gruppe*) Marsch mit
uns, (*1. Gruppe*) *Opfer um Opfer!* (*Alle*) *Amalia für die Bande!*
Räuber Moor (*In der Mitte auf Praktikabel*):[83] Es ist aus! – Ich wollte umkehren und zu meinem Vater gehn, aber der im Himmel sprach, es soll nicht
sein. (*Die Einzelsprecher kommen – vor den Schleier ...*)[84]

Das Verhältnis des einzelnen zum Kollektiv wird gestisch demonstriert.
Dem Wort ist dabei der tragende dramatische Impuls genommen, es ist
zum zweitrangigen Mittel degradiert. – Robert Petsch nimmt das mimisch-
szenische Spiel als die eine, den Dialog, das Streitgespräch als die andere
Wurzel des Dramas an.[85] Schillers Drama beruht nahezu einzig auf der
Wechselrede, Piscators „Neudichtung" ist mit ihrer Vorliebe für Pantomime
und theatralische Wirkungen eine Neubelebung jenes anderen Elementes.


Zusammenfassung


Die Klassikerexperimente der Engel, Jeßner, Ziegel – von Brecht als „traditionslose Varianten" einer kulturell erschöpften Bourgeoisie gewürdigt –
hatten die Notwendigkeit offenbart, zu einer „revolutionären Fortführung
der Tradition" zu kommen, die eine Auseinandersetzung mit der Bedeutung der Klassiker in der Gegenwart in sich enthielt. Piscators ‚Räuber'-
Inszenierung, die den Abstand Schillers von den Problemen des gegenwärtigen Menschen eklatant werden ließ, forderte zu einer Untersuchung des
herrschenden geistigen Systems und der historischen Darstellungsweise der
klassischen Stoffe heraus, nicht in einer aktualisierenden Klassikerinszenierung, sondern in einem originalen Werk, in der ‚Heiligen Johanna der
Schlachthöfe'. Schiller galt dabei sowohl als Exponent der klassischen
Dramaturgie als auch der idealistischen Weltanschauung.
„Ein entheldeter Karl Moor bietet nicht dem Schiller ein neues Leben auf
eigenen Ruinen, sondern mit Spiegelberg als moralischem Heros ist Schiller dem Klassikertod endgültig und ohne jedes Fragezeichen ausgeliefert ...
Ein Spiegelbergdrama ist nicht aus Schiller abzuleiten, sondern muß von –
sagen wir von Brecht – neu gedichtet werden."[86] Den zeitgeschichtlichen

[83] Das Praktikabel ist die Grundform der Piscator-Bühne. Es ist terrassenähnlich
angelegt mit einer Neigung zu einer Seite und Treppen zur anderen. Die ganze
Konstruktion befindet sich auf der Drehbühne.
[84] Piscator, ‚Räuber'-Manuskript. S. 133f.
[85] Petsch, S. 9–17.
[86] Bernhard Diebold: Tod der Klassiker. – Zitiert bei: Piscator, Das politische
Theater. S. 91.

Zusammenhang der Klassikerexperimente und des ‚Johanna'-Dramas hat Brecht selbst betont, indem er es unter dem Gesichtswinkel des neuen kollektivistischen Besitzbegriffes als gleichwertig empfindet, ob man wie in der ‚Heiligen Johanna' herausgehackte organische Teile aus den Klassikern verwendet, oder durch originale Regieleistung ein klassisches Werk in ein modernes Revolutionsstück umwandelt und Schillers ‚Räuber' in Piscators ‚Räuber' umbenennt.

Die „fruchtlosen" Klassikerinszenierungen haben nicht nur ein originales Werk wie die ‚Heilige Johanna' provoziert, sie stellten zudem die Basis für viele Versuche dar, den epischen Stil zur Verlebendigung der „Dramatiken anderer Zeitläufte" zu erarbeiten.

# III.

## ZUR SEINSWEISE UND REALISIERUNG DES DRAMATISCHEN KUNSTWERKS: „BÜRGERLICHER" UND MARXISTISCHER STANDPUNKT

Vom Standpunkt der „bürgerlichen" Kunstbetrachtung ist Piscators Aufführung nicht mehr die theatralische Realisierung der Schillerschen ‚Räuber', jenes unverwechselbaren sprachlichen Kunstwerkes. Es ist höchsten-
falls eine literarische Reminiszenz an Schiller, die subtile Verfremdungs-
effekte aus der Gegenüberstellung eines traditionellen und eines neuen
Bewußtseinshorizontes zieht. Nach Günther Müllers Kunsttheorie[1] realisiert sich das Sein eines literarischen Werkes in seinem sprachlichen Gefüge,
nicht in einem Bewußtseinsakt des Lesers oder Publikums, das jeweils eine
andere Warte beziehen kann, so daß das eigentliche Werk etwas Un-
fixiertes, Unstatisches darstellen würde. Das normative Element liegt bei
der Historisierung des sprachlichen Kunstwerks in dem geschichtlich richtigen
Standpunkt, das heißt in dem Standpunkt, der identisch ist mit den auf die
soziale Revolution zutreibenden politischen Kräften. Die Arbeiterklasse,
als „Erbin der Kultur", hält demnach das Vergangene lebendig, indem sie
ihm Neues aus einem geschichtlich weiterentwickelten Bewußtsein hinzu-
fügt. Sie hebt nach marxistischer Diktion „die wertvollen Traditionen auf
eine höhere Stufe ...", weil sie sie mit Elementen bereichert, die sich aus der
neuen Entwicklungsstufe der Gesellschaft ergeben".[2]
Die Methode der marxistischen Kunstbetrachtung vermag so in Piscators
‚Räubern' und in Schillers ‚Räubern' eine dialektische Einheit zu sehen,
indem sie nicht den Sprachkörper als eigentliches Kunstwerk ansieht, sondern das Verhältnis, das zwischen sprachlichem Gefüge und Leser historisch variierbar entsteht, als Seinsgrund annimmt. – Müller dagegen argu-
mentiert: „Zu der Seinsweise eines literarischen Werkes gehört der Be-
stand seines sprachlichen Gefüges. Sobald dieses Gefüge, dieser Zusammen-

---

[1]  Günther Müller: Über die Seinsweise von Dichtung. – DVjs. 17, 1939. S. 137–
153.
[2]  Inge Koppen: Die Auffassung J. R. Bechers von der untrennbaren Einheit von
Tradition und Neuerertum. – WB 9, 1963. S. 229f.

hang sprachlicher Form aufgelöst wird, ist das Werk ausgelöscht."[3] Die Nachricht eines Berichterstatters, dem es um die Wiedergabe eines transliterarischen Seins geht, ist mit anderen Worten mitteilbar. Nicht so bei der Dichtung, deren Absicht nicht darin bestehen kann, bestimmte reale Dinge und Vorgänge zu treffen, sondern die den tieferen Sinn der Wirklichkeit *gestalten* will. „Die Bedeutungsgefüge sind ... die Form, in der die Wirklichkeit der Dichtung sich darstellt."[4] Mit einer Änderung des sprachlichen Gefüges träte alsbald eine Wandlung der Dichtung selbst ein.

Die Auffassung, daß das Kunstwerk ein gesellschaftliches oder kollektives Erlebnis sei, öffnet es einer unendlichen Zahl an historisch veränderlichen Gesichtspunkten, deren normativer Charakter bestritten werden kann. In jeder zeitbedingten Aktualisierung kann nur ein Teil als dem wahren Kunstwerk entsprechend angesehen werden. „Daher muß das wirkliche Gedicht als eine Struktur von Normen verstanden werden",[5] die den „Charakter einer Pflicht" hat, „die wir erfüllen müssen".[6] Trotz verschiedener Perspektiven, mit denen wir immer nur irgendeine „Bestimmungsstruktur" erfassen, eignet dem Kunstwerk eine Identität; von seiner Normenstruktur her sind die verschiedenen Perspektiven einzuordnen und zu werten. Die Kritik des Verständnisses dieser Normen faßt die verschiedenen Realisierungen unter dem Begriff der größtmöglichen Annäherung an das Normensystem zusammen. Sie klärt das Verhältnis von Geschichtlichkeit des Kunstwerks und Identität des sprachlichen Gefüges.

Diese Synthese aus „Absolutismus" (Günther Müller) und Perspektivismus löst die Frage, wie ein Kunstwerk eine Entwicklung durchmachen und doch eine grundsätzlich stabile Struktur bewahren kann. Sie sieht die Realisierung des Kunstwerks sowohl in seinem sprachlichen Gefüge als auch in der bewußtseinsmäßigen Adaption an dieses Normensystem gewährleistet, während die marxistische Theorie allein die Perspektive, das Bewußtsein des Lesers als Seinsgrund des Kunstwerkes anerkennt.

Der Philosoph im ‚Messingkauf', der Brechts Positionen verkörpert, rät dem Dramaturgen und den Schauspielern, die „Vorfälle" eines schon gedichteten Werkes möglichst ernst [zu] nehmen und ihre Verwertung durch den Stückeschreiber möglichst leicht. Ihr könnt seine Interpretationen ja zum Teil wegstreichen, Neues einfügen, kurz, die Stücke als Rohmaterial verwenden".[7] Ein Schauspieler wendet vom Standpunkt der bürgerlichen Kunsttheorie ein:

---

[3] Günther Müller, S. 138.    [4] Günther Müller, S. 147.
[5] René Wellek, Austin Warren: Theorie der Literatur. Berlin, Frankfurt 1963. S. 129.
[6] Wellek, Warren, S. 131.    [7] Brecht, Bd. 16. Schr. z. Th. 2. S. 533.

Und der Sinn der Dichtung, das geheiligte Wort des Dichters, der Stil, die Atmosphäre? – Der Philosoph: Oh, die Absicht des Dichters scheint nur so weit von öffentlichem Interesse, als sie dem öffentlichen Interesse dient. Sein Wort sei geheiligt, wo es die richtige Antwort auf die Frage des Volkes ist, der Stil hängt sowieso von eurem Geschmack ab, und die Atmosphäre soll eine saubere sein, durch oder gegen den Dichter. Hat er sich an die Interessen und die Wahrheit gehalten, so folgt ihm, wenn nicht, so verbessert ihn![8]

Die Normenstruktur ist dabei ein System, das sich aus mehreren Schichten zusammensetzt: Der Schicht der Laute, der Schicht der Bedeutungseinheiten, der Schicht der dargestellten Gegenständlichkeit oder Welt, der Schicht der Gattung und nach Ingarden auch der Schicht der metaphysischen Qualitäten, wie des „Erhabenen", des „Tragischen", des „Heiligen".[9] Mit der Aufhebung einer dieser Schichten – etwa durch Umgestaltung eines tragischen in eine komisches Werk – ist das Sein des Kunstwerks zerstört.

Von seiten der bürgerlichen Kritik wird Piscators Aufführung deshalb auch nicht als Klassikerinszenierung angesehen. „Als Piscator die ‚Räuber' aufführte, konnte man das Ereignis als Klassikerinszenierung ablehnen. Die Vorstellung war dennoch eine der fruchtbarsten, die das Theater in den letzten zehn Jahren angeregt haben. Fruchtbar weil sie über die Regie hinaus Wege zu einem neuen Drama zeigte."[10]

Die ontologische Grenze des Kunstwerks ist sein sprachliches Gefüge. Es kann von noch so leidenschaftlichem Wirklichkeitsdrang bewegt sein, es ist von der Realität eines dokumentarischen Berichts verschieden, und auch bei größter Annäherung wird der „Abgrund der Seinsweisen"[11] nicht übersprungen. – Für Piscator war die höchste Form des Dramas das dokumentarische Zeittheater, in dem die Verbindung zwischen der Bühnenhandlung und den großen historischen Kräften geschaffen wurde. Piscators Absicht, auf der Bühne ein tatsächliches Revolutionsereignis abzubilden und das Publikum zu direkter Aktion aufzufordern, unterliegt dem Trugschluß zwischen Bühnenwirklichkeit und geschichtlicher Wirklichkeit keine Grenze zu ziehen. Die Gefahr der „direkten Literatur" liegt darin, daß die Bühne als Ersatz für die revolutionäre Aktion in der politischen Wirklichkeit genommen wird. „Die Bühne wird wie im bürgerlichen Theater zum Ort, wo der in der Wirklichkeit empfundene Mangel verschwindet."[12] Der Materialist Piscator erfüllt so die Forderungen des Idealisten Schiller.

8  Brecht, Bd. 16. Schr. z. Th. 2. S. 533.
9  Roman Ingarden: Das literarische Kunstwerk. Halle 1931.
10  Ihering, Theaterkritiken. Bd. 2, S. 301.
11  Günther Müller, S. 143.
12  Ernst Schumacher: Die dramatischen Versuche Bertolt Brechts 1918–1933. Berlin 1955. (Neue Beiträge zur Literaturwissenschaft). S. 129.

Die undialektische Gleichsetzung zweier Realitätsebenen bei Piscator hat die marxistische Kritik herausgefordert, die der Literatur zwar eine gewisse Funktion in der Umwälzung des Unterbaus zuschiebt, aber nicht auf direktem Wege. Dieser undialektische Materialismus, der paradoxerweise in Idealismus umschlagen kann, findet sich auch in folgender Formulierung: „Wir können weder ideale, ethische noch moralische Impulse in die Szene einbrechen lassen, wenn ihre wirklichen Triebfedern politisch, ökonomisch und sozial sind."[13] Piscator, der die materialistisch-dialektische Methode nur schematisch anwendete, versäumte es so, in das Wesen geschichtlicher Prozesse einzudringen.

Brecht hat zu Piscators ‚Räuber'-Experiment eine sehr wechselhafte Einstellung vertreten. In seiner theoretischen Fundierung der ‚Nichtaristotelischen Dramatik' – einer Dramatik, die den psychologischen Akt der Einfühlung vermeidet – hat er die Klassikerinszenierungen einer abschließenden Beurteilung im Hinblick auf sein „episches Theater" unterworfen. Die künstlerischen Mittel des „epischen Theaters" ermöglichen es, die „Welt" des klassischen Dramas als veränderlich darzustellen.

> Die Kunstmittel der Verfremdung eröffneten einen breiten Zugang zu den lebendigen Werten der Dramatiken anderer Zeitläufte. Es wird durch sie möglich, ohne zerstörende Aktualisierungen und ohne Museumsverfahren die wertvollen alten Stücke unterhaltend und belehrend aufzuführen.[14]

„*Das klassische Repertoire* bildete", so schreibt Brecht 1939, „von Anfang an die Basis vieler der Versuche."[15] Die Kunstmittel der Verfremdung dienen bei den klassischen Werken der Historisierung ewiger, allgemein menschlicher Anschauungen.

> Verfremden heißt also Historisieren, heißt Vorgänge und Personen als historisch, also als vergänglich darstellen.[16]

Brecht erkennt den Piscatorischen Versuch nur insoweit an, als er diese Historisierung erreicht hat, als „die Leute, die das Theater verließen, gemerkt hätten, daß 150 Jahre keine Kleinigkeit seien."[17] Die Aufführung eines klassischen Werkes ist nur dann gerechtfertigt, wenn sie zu einer Kritik am „Erbe" wird.

> Die Hauptsache ist eben, diese alten Werke historisch zu spielen, und das heißt, sie in kräftigen Gegensatz zu unserer Zeit setzen.[18]

[13]  Piscator, Das politische Theater. S. 134.
[14]  Brecht, Bd. 15. Schr. z. Th. 1. S. 304.
[15]  Brecht, Bd. 15. Schr. z. Th. 1. S. 304.
[16]  Brecht, Bd. 15. Schr. z. Th. 1. S. 302.
[17]  Brecht, Bd. 15. Schr. z. Th. 1. S. 112.
[18]  Brecht, Bd. 16. Schr. z. Th. 2. S. 593.

Der Philosoph im ‚Messingkauf‘ gibt für die marxistische Methode der Anschauung alter Werke ein anschauliches Beispiel:

> Nehmen wir das Stück ‚Wallenstein‘ von dem Deutschen Schiller. Da begeht ein General Verrat an seinem Monarchen. Es wird nicht bewiesen in diesem Stück durch die Folge der Vorfälle, daß dieser Verrat zur moralischen und physischen Zerstörung des Verräters führen muß, sondern es wird vorausgesetzt. Die Welt kann nicht bestehen auf der Basis von Verrat, meint Schiller, er beweist es aber nicht ... [Ein Marxist] würde den Fall als historischen Fall darstellen, mit Ursachen aus der Epoche und Folgen in der Epoche. ... Die moralische Frage würde er ebenfalls als eine historische Frage behandeln. Er würde den Nutzen eines bestimmten moralischen Systems innerhalb einer bestimmten Gesellschaftsordnung, sein Funktionieren beobachten und durch seine Anordnung der Vorfälle klarlegen.[19]

Der ursprüngliche Sinn der Dichtung, das „geheiligte Wort des Dichters", der Stil, die Atmosphäre sind für den Philosophen, der die Brechtsche Position vertritt, nur insoweit von Interesse, als sie den zeitbedingten Fragen dienen.

Gegenüber der These der frühen zwanziger Jahre, daß allein der Materialwert die Überlebenschance eines alten Stückes garantiere, ist Brecht als Leiter des Berliner Ensembles zu einer wesentlich positiveren Einschätzung der Klassiker gelangt. Die Änderung, bisher nach „vandalistischen" Gesichtspunkten vorgenommen, soll jetzt „mit historischem Gefühl und viel Kunst" vollzogen werden. Über die ‚Räuber‘-Inszenierung von 1926 schreibt er:

> Das Theater fand, daß Schiller einen der Räuber, Spiegelberg, als Radikalisten für das Publikum ungerechterweise unsympathisch gemacht habe. Er wurde also sympathisch gespielt, und das Stück fiel buchstäblich um. Denn weder Handlung noch Dialog gaben Anhaltspunkte für Spiegelbergs Benehmen, die es als ein sympathisches erscheinen ließen. Das Stück wirkte reaktionär ..., und Spiegelbergs Tiraden wirkten nicht revolutionär.[20]

Gegenüber der „bürgerlich-reaktionären" Art, die klassischen Dramen „durch einen wilden Modenwechsel in der äußeren Form schmackhaft zu machen",[21] gegenüber diesen formalistischen Erneuerungsversuchen,[22] die dem Werk, seinem Inhalt, seiner Tendenz aufgesetzt werden, stellt er seine positive Konzeption: „Man muß vom Alten lernen, Neues zu machen".[23]

---

[19] Brecht, Bd. 16. Schr. z. Th. 2. S. 531f.
[20] Brecht, Bd. 16. Schr. z. Th. 2. S. 605.
[21] Brecht, Bd. 16. Schr. z. Th. 2. S. 835.
[22] Ihering berichtet von einer nationalsozialistischen ‚Räuber‘-Umfunktionierung, in der alle „schlechten" Menschen mit schwarzen Haaren gegeben wurden und Spiegelberg und Schufterle ausgesprochen als Juden, als Pottasch und Perlmutter, charakterisiert wurden. (Ihering, Theaterkritiken. Bd. 3, S. 104).
[23] Brecht, Bd. 16. Schr. z. Th. 2. S. 835.

In den zwanziger Jahren glaubt Brecht, nur die Fabel, den Stoff übernehmen zu können, wie wir in der folgenden Untersuchung über das Stück ‚Im Dickicht der Städte' zeigen werden.

In einem 1953 abgehaltenen Inszenierungsgespräch mit Peter Palitzsch über Schrittmatters ‚Katzgraben-Notate' berichtet er rückblickend:

> Diese rein formalistischen Bestrebungen, Formspielereien ohne Sinn, haben bei unseren besten Kritikern dazu geführt, daß sie das Studium der klassischen Stücke forderten. Und tatsächlich kann man von ihnen vieles lernen. Die Erfindung gesellschaftlich bedeutsamer Fabeln; die Kunst, sie dramatisch zu erzählen; die Gestaltung interessanter Menschen; die Pflege der Sprache; das Angebot großer Ideen und die Parteinahme für das gesellschaftlich Fortschrittliche.[24]

Brecht, in erster Linie Dichter, geht es nicht so sehr um die richtige Inszenierung der Klassiker, sondern um originale, zeitgemäße Schöpfungen, bei denen der Dichter von den Alten gelernt hat. „Es genügt nicht, einen Karl Moor ... mit sozialistischem Bewußtsein ... zu schaffen, oder einen Wilhelm Tell ... als kommunistischen Funktionär", sondern er will die „Helden von heute"[25] erdichten.

## Zusammenfassung

Während sich nach der sogenannten bürgerlichen Kunsttheorie das Sein eines literarischen Kunstwerks in seinem sprachlichen Gefüge realisiert und mit der Zerstörung dieser Bedeutungseinheiten aufhören würde zu existieren, lebt für die marxistische Theorie das literarische Werk gerade dann noch weiter, wenn es durch ein auf höherer Gesellschaftsstufe stehendes Bewußtsein „weitergedichtet" wird. Lebendig ist es nur, indem es sich wandelt und den neuen Bewußtseinsformen anpaßt. Insofern besteht zwischen Schillers ‚Räubern' und Piscators ‚Räubern' eine dialektische Einheit, indem nicht der Sprachkörper als das eigentliche Kunstwerk angesehen wird, sondern das Verhältnis, das zwischen sprachlichem Gefüge und Leser historisch variierbar entsteht, als Seinsgrund gilt. – Brecht hat den Piscatorschen Versuch 1926 als Historisierung eines klassischen Werkes gewürdigt. Die „Welt" des Schillerschen Dramas wurde als zeitbedingt und nicht als ewig und unveränderlich gezeigt. Als Leiter des Berliner Ensembles hat Brecht das ‚Räuber'-Experiment Piscators in die formalistischen Erneuerungsversuche eingereiht, die dem Werk fremde Elemente aufoktroyiert hätten, ihn aber als Dichter dazu provoziert hätten, Neues zu schaffen, nämlich die „Helden von heute" und nicht ‚Karl Moore mit sozialistischem Bewußtsein'.

[24] Brecht, Bd. 16. Schr. z. Th. 2. S. 835.
[25] Brecht, Bd. 19. Schr. z. Lit. u. Kunst 2. S. 553.

# IV.

## DIE STIFTUNG DER NEUEN TRADITION:
## „MAN MUSS VOM ALTEN LERNEN,
## NEUES ZU MACHEN"

a) ‚Im Dickicht der Städte' als Korrektur von Schillers ‚Räubern'

Das erste Stück, das als Korrektur eines Schillerdramas gedacht war, ist das 1921 begonnene Stück ‚Im Dickicht der Städte'.

> Mit ‚Dickicht' wollte ich die ‚Räuber' verbessern (und beweisen, daß Kampf unmöglich sei wegen der Unzulänglichkeit der Sprache).[1]

Brecht äußert dies im Zusammenhang mit der Überlegung, „[sich] der Literatur zu verschreiben." Was er bisher mit der „linken Hand gemacht" hatte, „wenn [ihm] etwas einfiel oder wenn die Langeweile zu stark wurde", mußte nun einem konsequenten Plan Platz machen, „um Tradition zu bekommen."[2]

Brecht stellt eine Übersicht an Stückentwürfen auf, die seine Laufbahn als Stückeschreiber sichern sollte:

> Was den Stoff betrifft, so habe ich genug, um die vierzig zulässigen und nötigen Stücke zu schreiben, die den Spielplan eines Theaters für eine Generation bestreiten ... (Die amerikanischen Historien allein ergeben im Minimum acht Stücke, der Weltkrieg ebensoviel, und was für ein Stoff und Ideenreservoir für Lustspiele ist die Produktion der deutschen Klassiker von ‚Faust' bis ‚Nibelungen'! Aber welche Fülle des Stoffes bietet überhaupt die Bearbeitung, ermöglicht durch die neuen Gesichtspunkte!)[3]

Es ist von entscheidender Bedeutung, daß Brecht sich in dem Augenblick, wo er sich endgültig für die „Dichterlaufbahn" entschließt, in die Tradition einreiht und sich ganz besonders Schiller gegenüberstellt.

> Es gibt Neues, aber es entsteht im Kampf mit dem Alten, nicht ohne es, nicht in der freien Luft.[4]

---

1  Brecht, Bd. 15. Schr. z. Th. 1. S. 69.
2  Brecht, Bd. 15. Schr. z. Th. 1. S. 69.
3  Brecht, Bd. 15. Schr. z. Th. 1. S. 70.
4  Brecht, Bd. 19. Schr. z. Lit. u. Kunst 2. S. 314.

Das Neue muß das Alte überwinden, aber es muß das Alte überwunden in sich haben, es „aufheben". Die „Verbesserung" wird beim ‚Dickicht' noch nicht vom marxistischen Standpunkt als Umarbeitung nach neuen historischen Gesichtspunkten, die sich aus der höheren Entwicklungsstufe der Gesellschaft ergeben, gesehen – auch nicht als Teil des Klassenkampfes, der sich in der Literatur abspielt und den Abstieg der bürgerlichen Kunst und den Aufstieg der proletarischen als zwei kongruente Erscheinungen wertet. „Brecht verhält sich zur Tradition bei aller Dialektik der Aufhebung als einer, der zu lernen gedenkt, da er lehren will. Aus der Tradition soll gelernt werden, da es gilt, Tradition zu begründen. Brechts Verhältnis zur Tradition ist gleichzeitig aufgehobene und gestiftete Tradition."[5]

### b) Die Augsburger ‚Räuber'-Aufführung als Initialimpuls zum ‚Dickicht der Städte'

Wenn auch nicht sehr deutlich, so erinnere ich mich doch an das Schreiben des Stückes ‚Im Dickicht der Städte'... Eine gewisse Rolle spielte, daß ich ‚Die Räuber' auf dem Theater gesehen hatte, und zwar in einer jener schlechten Aufführungen, die durch ihre Ärmlichkeit die großen Linien eines guten Stückes hervortreten lassen, so daß die guten Wünsche des Dichters dadurch zutage treten, daß sie nicht erfüllt werden.[6]

Tatsächlich finden sich thematische Anklänge zwischen der Theaterkritik vom 23. Oktober 1920 über die ‚Räuber'-Aufführung im Augsburger Stadttheater und Stellen im ‚Dickicht'. Von dem Franz-Darsteller Hoffmann, der viele Züge mit Shlink teilt, heißt es: „Ich liebe den Mann schon: er hat ein Gesicht."[7] „Die Vitalität dieser Gestalt" und „die leibhafte Menschlichkeit", seine „Anmut der Wildheit" scheinen Brecht zur Gestalt des Chinesen inspiriert zu haben. Das Motiv „ein Gesicht haben" oder „ein Gesicht verlieren" hat Brecht in dem Chicagostück vielfach variiert.

Manky: Kommen Sie mit, ich habe vierhundert Pfund, das ist ein Dach im Winter, und es gibt keine Gesichte, nur in den Schauhäusern.[8]
Garga: ... Jetzt ist dein Gesicht auseinandergeschleckt wie ein Zitroneneis.[9]
Garga: ... Der Mensch bleibt, was er ist, auch wenn sein Gesicht zerfällt.[10]

Es geht uns zunächst nicht darum, die Weiterführung des Stoffes in dem neuen Stück zu zeigen, sondern um den Beweis, daß die Augsburger Aufführung den schöpferischen Initialimpuls bewirkte.

[5]   Mayer, S. 14.
[6]   Brecht, Bd. 17. Schr. z. Th. 3. S. 948.
[7]   Brecht, Bd. 15. Schr. z. Th. 1. S. 22.          [8]   Brecht, Bd. 1. Stücke 1. S. 162.
[9]   Brecht, Bd. 1. Stücke 1. S. 163.                   [10]   Brecht, Bd. 1. Stücke 1. S. 182.

## c) Das Quellenproblem

Brecht nennt als weitere Eindrücke, die ihn zur Abfassung des Dramas anregten: Rimbauds ‚Sommer in der Hölle‘, J. V. Jensens Chicagoroman ‚Das Rad‘, ferner die Lektüre einer Briefsammlung, deren Titel er vergessen habe. „Die Briefe hatten einen kalten, endgültigen Ton, fast den eines Testaments."[11] – Reinhold Grimm gelang es, eine in Brechts Bibliothek befindliche „Briefsammlung" (Charlotte Westermann: Knabenbriefe. Der fünfzehnjährige Astorre Manfredi an den siebzehnjährigen Francesco Gonzaga) auf Grund der handschriftlichen Eintragung *marianne bert* in die Zeit des Verlöbnisses zwischen Brecht und Marianne Zoff, d. h. in die Abfassungszeit des ‚Dickichts‘, zu datieren.[12] Grimm nennt außerdem Sinclairs ‚Sumpf‘ als Quelle für das 1921 begonnene Stück.[13]

### 1. Arthur Rimbaud: ‚Ein Sommer in der Hölle‘[14]

Rimbauds Roman beherrschen die assoziativ aneinandergereihten Themen: Verbrechen, Verdammnis und folgende Vereinsamung, Vertierung des Menschen, Kampfesmüdigkeit, die auch im ‚Dickicht‘ wiederkehren.
„Ach, ich bin so verlassen...",[15] „...nicht einmal einen Gefährten hatte ich",[16] klagt Rimbauds Einsamer.
Außer diesen bei Brecht anklingenden Themen gibt es nur eine fast wörtliche Übernahme, die Brecht allerdings in Zitatzeichen setzt:

> ‚Ich bin ein Tier, ein Neger, aber vielleicht bin ich gerettet. Ihr seid falsche Neger, Wahnsinnige, Wilde, Geizige! Kaufmann, du bist Neger, General, du bist Neger. Kaiser, du alter Aussatz, du bist Neger, hast von nicht besteuertem Likör getrunken aus Satans Fabrik. Dies Volk, von Fieber und Krebs begeistert!‘[17]

Ein thematisches Plagiat ist der Gedanke, den er in der Vorbesprechung zu ‚Dickicht‘ äußert:

> Als heroische Landschaft habe ich die Stadt, ... als Situation den Einzug der Menschheit in die großen Städte zu Beginn des dritten Jahrtausends.[18]

[11] Brecht, Bd. 17. Schr. z. Th. 3. S. 949f.
[12] Reinhold Grimm: Zwei Brecht-Miszellen. – GRM, N. F. 10, 1960. S. 448–453.
[13] Reinhold Grimm: Bertolt Brecht und die Weltliteratur. Nürnberg 1961. S. 11.
[14] Wir haben für unsere Quellenanalyse die von Brecht benutzte Ammersche Übertragung Rimbauds benutzt. (Arthur Rimbaud: Leben und Dichtung. Übertragen von K. L. Ammer, eingeleitet von Stefan Zweig. Leipzig 1921).
[15] Rimbaud, S. 196.
[16] Rimbaud, S. 197.
[17] Brecht, Bd. 1. Stücke 1. S. 134.
[18] Brecht, Bd. 15. Schr. z. Th. 1. S. 70.

Rimbauds Einwanderer monologisiert:

> Laßt uns alle den Einfluß der Kraft und wirklichen Zärtlichkeit in uns auf-
> nehmen, und beim Morgenrot, gewaffnet mit glühender Geduld, werden wir
> in die glänzenden Städte eintreten.[19]

Bei Rimbaud und Brecht handelt es sich um den Einzug in die amerikani-
schen Städte.

## 2. Charlotte Westermann: ‚Knabenbriefe‘[20]

Während Grimm Übereinstimmungen zwischen den ‚Knabenbriefen‘ und
‚Dickicht‘ nur im Ton und im Atmosphärischen sieht, möchten wir auf die
Gemeinsamkeit des Themas hinweisen und auf die genaue Übernahme einzelner Züge.
Es ist wichtig zu bemerken, daß alle Quellen, die Brecht angibt, ein ge-
meinsames Grundthema variieren: Die geheimnisvolle Verbindung von
Liebe und Kampf, die auch bei Schiller in dem Motiv der feindlichen Brüder integriert erscheint. „Wie wir uns lieben, messen wir uns zugleich",[21]
schreibt Gonzaga an Astorre. Während der Kampf im ‚Dickicht‘ und in
Jensens ‚Rad‘ aus der homoerotischen Abhängigkeit erwächst, ist es hier
das agonale Prinzip der Griechen, das Gonzaga verherrlicht:

> Nichts steht mir höher als jene Welt, darin ein beständiger Agon unsern Wert
> verdoppelte und unser Können verdreifachte.[22]

Die gleichgeschlechtliche Liebe dient dem pädagogischen Impuls, durch An-
betung eines Ideals der Jugend und Schönheit ein Leitbild zu schaffen, das
zu höchster Leistung anspornt. Im Tod des jungen Helden wird das „un-
vollendete Ideal" verehrt:

> Wir liebten seine junge Schönheit wie die eines holden Mädchens, und die
> Kraft seiner herben Knabenseele. Wir neigten uns vor seiner Stirn, die der
> Ruhm einst mit dem Lorbeer krönen sollte. Vielleicht wäre Don Astorre der
> Mann geworden, den der große Dante unserm Vaterland verheißen.[23]

Brechts ‚Dickicht‘ schafft zu diesem Renaissanceideal ein Gegenbild: „Die
unendliche Vereinzelung des Menschen macht eine Feindschaft zum uner-
reichbaren Ziel."[24] In den Anmerkungen berichtet Brecht über seinen ur-

---

[19] Rimbaud, S. 225.
[20] Charlotte Westermann: Knabenbriefe. Der fünfzehnjährige Astorre Manfredi
an den siebzehnjährigen Francesco Gonzaga. München und Leipzig 1908.
[21] Westermann, S. 95.
[22] Westermann, S. 95.
[23] Westermann, S. 117.
[24] Brecht, Bd. 1. Stücke 1. S. 187.

sprünglichen Plan, in diesem Stück einen „Kampf an sich", einen „Kampf ohne andere Ursache als den Spaß am Kampf, mit keinem anderen Ziel als der Festlegung des ‚besseren Mannes'"[25] auszufechten. Schon während des Entwurfes merkte er, „daß es eigentümlich schwierig war, einen sinnvollen Kampf ... aufrechtzuerhalten. Mehr und mehr wurde es ein Stück über die Schwierigkeit, einen solchen Kampf herbeizuführen ... Am Ende entpuppte sich tatsächlich der Kampf den Kämpfern als pures Schattenboxen; sie konnten auch als Feinde nicht zusammenkommen."[26] So gibt es am Ende des Stückes auch keinen Sieger, keinen „besseren Mann", sondern: „Es ist ganz platt ... der jüngere Mann gewinnt die Partie",[27] gemäß der „natürliche[n] Ausscheidung des Veralteten."[28]

Mit diesem Ausgang ist eine Absage an die Dramaturgie des klassischen Dramas und ihre Theorie des Tragischen verbunden. Das klassische Drama zeigt die Welt als Amphibolie, als Kampf zweier gleichstarker Mächte. Das Motiv der feindlichen Königinnen, der zwei Ranghöchsten mit gleichem Anspruch auf Legitimität (etwa in der ‚Maria Stuart'), ist Sinnbild für die grundsätzlich tragische Auffassung der Welt. Der tragische Konflikt als Zusammenstoß zweier gleichberechtigter Normen wird verkörpert in dem Kampf zweier Königinnen, von denen nur eine siegen kann, die Siegerin aber, die vor einem höheren Forum Gerichtete, die Unterliegende dialektisch die „wahre Siegerin" ist, weil sie ihren „edlern Teil", ihre moralische Person, retten konnte.

Sieg und Niederlage bei Brecht werden nicht von einem höheren Forum nach ethischen Kategorien bewertet, sondern der Kampf endet mit der „natürlichen Ausscheidung des Veralteten". Er erweist sich nachträglich als Prozeß, der der biologischen Entwicklung unterliegt und bei dem der Mensch nur scheinbar der aktive Teil ist.

Das Gerüst der Handlung ist bei Brecht, Schiller, Westermann und Sinclair der Untergang einer Familie.

> Astorre: Seit ich nun mündig über Faenza herrsche, haben schwere Unruhen den Frieden meines Familienlebens erschüttert.[29]

Der Vater starb den Schlachtentod, der Bruder verschwand in einem unbekannten Kerker, die Schwester schied.

> Sie hätte gelebt, um zu verderben – was hätte ich zögern sollen, den jungen Baum in der Wurzel auszureißen, ehe sein Mark faulte.[30]

[25] Brecht, Bd. 17. Schr. z. Th. 3. S. 948.
[26] Brecht, Bd. 17. Schr. z. Th. 3. S. 949.
[27] Brecht, Bd. 1. Stücke 1. S. 188.
[28] Brecht, Bd. 1. Stücke 1. S. 189.
[29] Westermann, S. 82.      [30] Westermann, S. 82.

Der Oheim fällt von Mörderhand, wie auch Astorre selber. – Im ‚Dickicht‘ vollzieht sich die Liquidierung der Familie in folgenden Etappen: Garga gerät in ein verbrecherisches Abhängigkeitsverhältnis zu einem Chinesen, seine Schwester Marie begeht Selbstmord, die Mutter Gargas verschwindet auf geheimnisvolle Weise, der Vater John ist „am Ende [seines] Lebens dazu verdammt, arm zu sein und den Speichel [seiner] Kinder zu lekken."[31] Gargas Braut Jane verkauft sich an den „Pavian", den Mittelsmann Shlinks. Die Vernichtung der Familie erfolgt bei Westermann und Brecht aus dem Hinterhalt, bei völliger Ahnungslosigkeit der Beteiligten.

Aus Westermanns ‚Knabenbriefen‘ scheint Brecht auch jene Episode im Haus der Donna Vittoria da Mari, einem Treffpunkt der römischen Gesellschaft, übernommen und umgedeutet zu haben, wo „der edle spanische Botschafter einem Bedienten ins Gesicht gespien, da er keine geeignetere Stelle für dies Bedürfnis ausfindig machte."[32] – Garga schenkt einem jungen Mann von der Heilsarmee Shlinks „Eigentum unter der Bedingung, daß [er] sich für die Waisen und Säufer, denen es zum Obdach dient, in [seine] unerträgliche Visage spucken [läßt]."[33] Angesichts der materiellen Notlage der Armen („Es schneit auf die Waisen. Die Trinker verkommen in Haufen."[34]) ist es unwesentlich, ‚sein Gesicht zu behüten‘.[35]


3. Upton Sinclair: ‚Der Sumpf‘

Sinclairs ‚Roman aus Chicagos Schlachthäusern‘ bot sowohl bei der ‚Don-Carlos‘-Kritik und der ‚Heiligen Johanna‘ als auch bei der Korrektur der ‚Räuber‘ den dialektischen Gegenpol zu Schiller. In die unliterarische Thematik der zwanziger Jahre (Sport, Technik, Kriminalgeschichten) gehört die von der bisherigen Tradition wenig gebilligte, „unliterarische" Landschaft Chicago. Die internationale, nüchterne Atmosphäre des „kalten Chicago" sollte das allzu teutonisch-sentimentale und nationalistische Kolorit der ‚Räuber‘ ablösen. Jensens Gedanke, daß Chicago, die kultur- und traditionslose Stadt, die Erbin der „Alten Welt" würde, ist von Brecht übernommen und auf die Klassiker zugespitzt worden.[36]

Nur ein konkreter Einzelzug beweist das literarische Vorbild des ‚Sumpfes‘ für ‚Dickicht‘. Es ist die Geschichte von Marijas Prostitution, auf die auch

31 Brecht, Bd. 1. Stücke 1. S. 174.
32 Westermann, S. 39.
33 Brecht, Bd. 1. Stücke 1. S. 143.
34 Brecht, Bd. 1. Stücke 1. S. 143.
35 Brecht, Bd. 1. Stücke 1. S. 143.
36 Johannes V. Jensen: Das Rad. Autorisierte Übertragung aus dem Dänischen von Mens. 1908. S. 26 und 64.

Grimm verweist. Grimm betont zudem die Gleichheit des Titels ‚The Jungle‘ (das ist in der deutschen Übertragung ‚Der Sumpf‘) und ‚Dickicht‘, worin wir aber auch eine Reminiszenz an die „böhmischen Wälder" sehen können, wenn Brecht den Gedanken der Transposition und des Gegenentwurfes konsequent durchgeführt hat.


## 4. Johannes V. Jensens: ‚Das Rad‘

Jensens Roman, der ebenfalls in Chicago spielt, steht dem ‚Dickicht‘ thematisch und in der konkreten Ausführung der übernommenen Motive und ihrer Einzelzüge am nächsten.

Evanston, Priester einer Sekte und Mörder, versucht den Schriftsteller Lee durch Verführung zur Homosexualität für seine sozial-politischen Zwecke hörig zu machen. Hauptanliegen des Autors ist die Darstellung des Nervenkrieges zwischen Lee und Evanston um die gegenseitige psychische Vernichtung. Lee, der Jüngere, ermordet Evanston, den Älteren. Ein Geheimpolizist, Mason, Zeuge des Mordes, will den Schriftsteller dazu bringen, sich den Gerichten zu stellen, um sich so wieder in die Gesellschaft einzuordnen. Lee entzieht sich der Strafe durch eine Reise nach Japan.

Die Einzelzüge der Fabel finden sich im ‚Chicagostück‘ Brechts anders verknüpft wieder. Das Hauptmotiv des Buches ist von Brecht aufgegriffen: Der Kampf zweier Männer, sich gegenseitig in homosexuelle Abhängigkeit zu bringen, wobei der Jüngere schließlich siegt. „Ja, und das war das Ende. Es reduzierte ihn zu dem, was er war, zu einem alten Mann."[37]

Die Schilderung des Nervenkrieges, die gegenseitige „Ansteckung der Seele",[38] stimmt bei Brecht und Jensen überein. Von dem Priester heißt es:

> Er hatte sich auf Lees Nervensystem vorwärtsnavigiert, wie ein Boot auf den Wellen; er hatte von Lees Herzen den Takt abgelesen . . . Sein Blick war nicht von Lees Augen gewichen . . .[39]

Shlink bietet Garga an:

> Von heute ab bin ich Ihre Kreatur. Jeder Blick Ihrer Augen wird mich beunruhigen. Jeder ihrer Wünsche . . . wird mich willfährig finden. Ihre Sorge ist meine Sorge, meine Kraft wird die Ihre sein. Meine Gefühle werden nur Ihnen gewidmet, und Sie werden böse sein.[40]
> Evanston hatte eine sehr merkwürdige Fähigkeit, sich in das Gespräch und die Ansicht eines andern einzuschleichen, sehr oft durch Widersprechen, um dann nach Verlauf einer Weile mit dieser Ansicht herauszurücken und sie sich als seine eigene bestätigen zu lassen.[41]

[37] Jensen, S. 300.    [38] Jensen, S. 221.    [39] Jensen, S. 101.
[40] Brecht, Bd. 1. Stücke 1. S. 138.    [41] Jensen, S. 246.

Gargas Abhängigkeitsverhältnis beginnt damit, daß er Shlink seine Ansichten verkauft. Shlink bietet Garga an, „sein Mann zu werden", nachdem Maynes, der Arbeitgeber, ihn entlassen hat.

> Shlink: Ihre wirtschaftliche Existenz! Beachten Sie Ihre Plattform! Sie schwankt![42]
> Evanston: Wollen Sie also mein Mann sein, wollen Sie, Lee? ... (Evanston sah in großer und echter Erregung auf Lee und streckte seine Hand hin. Und in diesem Augenblick balancierte die Situation).[43]

Der Stil des Kampfes, wild und hinterhältig, der Herausforderer provozierend und von kriecherischer Demut zugleich — Brecht hat von Jensen diesen unheldischen Zug des Kampfes als Gegenentwurf zu Schiller und Westermann aufgegriffen. Das Ringen der Gegner kleidet sich in Metaphern aus der „niederen" Tierwelt: Kampf der Schlangen, Affen, Paviane.

> Evanston [hatte] auf dem Bauch sich ihm genähert, gerüstet mit allen schleichenden Naturinstinkten, bettelnd um eine Gelegenheit zum Biß.[44]

Die Abhängigkeit der Kämpfer beginnt mit der gegenseitigen Demütigung. Evanston provoziert Lee dadurch, „daß er ihm körperlich zu nahe trat" und „mit der unflätigen Hitze seiner Triebe auch über seine Seele"[45] herfiel. Lee verfällt in ein, seine Persönlichkeit vernichtendes Abhängigkeitsverhältnis zu dem Priester, „weil dieser an ihm zehrte und der einzige war, von dem er sich selbst wiederzubekommen hoffte ... Lee mußte täglich Genugtuung suchen, da, wo er täglich beeinträchtigt und ihm täglich zu nahe getreten wurde".[46]

Bei Brecht beruht die Hörigkeit ebenfalls in der gegenseitigen Demütigung, aus der Garga sich befreien will:

> Ich habe mehr im Leben zu suchen, als an Ihnen meine Stiefel krumm zu treten ... Ich gebe ... auf. Ich streike. Ich werfe das Handtuch. Habe ich mich denn in Sie so verbissen?[47]

Geistige Einsamkeit ist bei den Älteren, bei Evanston und Shlink, das Motiv die Feindschaft zu suchen, um so wenigstens ihre „unendliche Vereinzelung"[48] zu überwinden.

Die Übernahme konkreter Einzelzüge ermöglicht zudem den Beweis quellenmäßiger Abhängigkeit. Von Evanston heißt es: „Was war mit einem Menschen aufzustellen, dessen Nerven kaum noch an die Haut reichten?"[49] — Shlinks Haut ist durch unendliche Qualen und Demütigungen so dick geworden, daß es kaum möglich ist, an seine Nerven vorzudringen.

---

42 Brecht, Bd. 1. Stücke 1. S. 134.     43 Jensen, S. 203.
44 Jensen, S. 270.     45 Jensen, S. 179.     46 Jensen, S. 246.
47 Brecht, Bd. 1. Stücke 1. S. 159.     48 Brecht, Bd. 1. Stücke 1. S. 187.

Die Menschenhaut im natürlichen Zustand ist zu dünn für diese Welt, deshalb
sorgt der Mensch dafür, daß sie dicker wird. Die Methode wäre unanfechtbar,
wenn man das Wachstum stoppen könnte.[50]

Brecht hat das Bild der dicken oder dünnen Haut im ‚Dickicht' verwandt,
um die Beziehungen des Ichs zur Umwelt metaphorisch zu umschreiben.
Die „Haut" bedeutet das soziale Ich des Helden. Als Garga seine Meinung
verkauft, seine Stellung verläßt und Kreatur des Shlink wird, frohlockt
Skinny: „Endlich ist er aus der Haut gefahren. Nehmen wir sie mit."[51]
Die eigenwillige Charakterisierung Evanstons als „Wurm" oder „Pavian"
hat Brecht zur Konzeption eigener Dramenfiguren angeregt: zu Shlinks
Unterhändlern Finnay, genannt der Wurm, und Couch, genannt der Pavian. Evanston, der Shlink entspricht, erscheint bei Jensen als Chinese
verkleidet.

### 5. Friedrich Schiller: ‚Die Räuber'

Obwohl die ‚Räuber'-Aufführung des Augsburger Stadttheaters vom
20. Oktober 1920 als erster schöpferischer Impuls für die Abfassung des
Stückes ‚Im Dickicht der Städte' gelten kann und auch als solche von
Brecht genannt wird, ist ihre Bedeutung für das frühe Schaffen Brechts
bisher nicht berücksichtigt worden.
Grimm gibt als frühesten Termin der Abfassung den Winter 1920/21 an,
als literarische Quellen, Vorbilder, Anregungen: Verlaine, Rimbaud, Jen-
sen, Sinclair und Westermann.[52] Die von Brecht benutzte Rimbaud-Aus-
gabe stammt von 1921, die Widmung in Westermanns ‚Knabenbriefen'
verweist die Quelle in die Zeit der Verlobung Brechts mit Marianne Zoff
(Ende 1921) – beide Quellen liegen also zeitlich später als die besagte
Schiller-Inszenierung. Ob allerdings der für die Fabelführung und einzelne
Motive so wichtige Roman von Jensen zeitliche Priorität vor der ‚Räuber'-
Aufführung beanspruchen darf, ließe sich erst dann mit Sicherheit aus-
machen, wenn die bisher verlorenen Handschriften und Typoskripte zum
‚Dickicht' zugänglich wären. Von thematischen Erwägungen her läge es
jedoch nahe, Jensen erst für die letzte Fassung verantwortlich zu machen.
Wir entscheiden uns auf Grund der thematischen Analyse für folgende
These: Die „Provokation"zu ‚Dickicht' und die rudimentären Fabelatome,
sowie einige dramaturgische Techniken stammen von jener schlechten

[49] Jensen, S. 162.      [50] Brecht, Bd. 1. Stücke 1. S. 153f.
[51] Brecht, Bd. 1. Stücke 1. S. 135.
[52] Reinhold Grimm: Bertolt Brecht. Stuttgart 1961. (Metzler, Realienbücher für
Germanisten. Abt. D. Literaturgeschichte). S. 20.

‚Räuber'-Aufführung, die die „großen Linien" des Stückes sichtbar machte. ‚Im Dickicht der Städte' wurde als „Korrektur" der ‚Räuber' geplant. Die Lektüre der übrigen Quellen hat die schon aus Schillers „Erstling" herauskristallisierte Thematik fixiert und verdichtet. Brecht hat das allen gemeinsame Thema, die Verbindung von Liebe und Kampf, und das Handlungsgerüst, den Untergang einer Familie, in seinem Werk neu gestaltet.

Es fällt besonders schwer, die Zuordnung der Themen, Motive und Fabelelemente zu einzelnen Quellen zu gewährleisten, da Brechts Prinzip, aus den verschiedenen Texten das allen Gemeinsame durch eine gewisse „Laxheit" und „vandalistische Schnoddrigkeit" gegenüber dem bereits Geformten zu abstrahieren, die konkreten Details, die zur Identifizierung nötig sind, bis zur Unkenntlichkeit gemischt und umgearbeitet hat.

Für unsere Untersuchung sind methodisch drei Gesichtspunkte zu beachten:

Brecht hat die ‚Räuber' in einer grobstrichigen Aufführung gesehen; und gerade diese großen Linien haben die Fabel für eine Neuverwertung freigelegt.

Nach eigenen Aussagen schrieb er „das Stück größtenteils im Freien, im Gehen",[53] das heißt, er schrieb aus der ungenauen Erinnerung und nicht mit dem Schillerexemplar in der Hand.

Brecht bekennt sich zudem bei seinen Bearbeitungen zu einem künstlerischen Vandalismus: Nur durch eine gewisse Schnoddrigkeit kann man zum Materialwert eines alten Werkes gelangen.

Brecht desintegriert das dramatische Kernmotiv – den Streit der feindlichen Brüder – in seine kontradiktorischen Einzelteile. Kampf ist eine andere Form der Liebe, ist die einzig mögliche Form, die Vereinsamung des Menschen zu überbrücken. Die große Linie der Fabel, der Untergang einer Familie, ist anders motiviert bei Brecht. Karl stellt sich dem Gericht, der Vater gibt seinen Geist auf, als er erfährt, daß sein Sohn Haupt einer Räuberbande ist, Amalia zieht einem entehrten Leben den freiwilligen Tod vor – das Ende ist jedesmal der Tod als Sühne für ein nichtig gewordenes Leben. Bei Brecht bleibt der Mensch, was er ist, „auch wenn sein Gesicht zerfällt".[54] Der Tod ist ein Akt der Freiheit, eine moralische Handlung im Sinne des Schillerschen „Erhabenen", die die absolute geistige Independenz gegenüber dem physischen Zwang konstituiert. Bei Brecht dagegen hat der Mensch in deutlicher Antithese zu Schillers Begriff des „Erhabenen" „nicht einmal die Freiheit unterzugehen".[55]

Schiller sieht gerade in der Möglichkeit des Menschen, sich durch einen selbstgewählten Untergang des Zwanges der physischen Welt zu entziehen,

---

[53] Brecht, Bd. 17. Schr. z. Th. 3. S. 950.  [54] Brecht, Bd. 1. Stücke 1. S. 182.
[55] Brecht, Bd. 1. Stücke 1. S. 147.

den letzten Beweis seiner Freiheit. „Alle andere Dinge müssen; der Mensch ist das Wesen, welches will." Auch gegenüber dem Tod gibt es kein absolutes Müssen des Menschen.

> Fälle können eintreten, wo das Schicksal alle Aussenwerke ersteigt, auf die er seine Sicherheit gründete, und ihm nichts weiter übrig bleibt, als sich in die heilige Freyheit der Geister zu flüchten – wo es kein andres Mittel gibt, den Lebenstrieb zu beruhigen, als es zu wollen – und kein andres Mittel, der Macht der Natur zu widerstehen, als ihr zuvorzukommen, und durch eine freye Aufhebung alles sinnlichen Interesse, ehe noch eine physische Macht es thut, sich moralisch zu entleiben.[57]

Bei Brecht zerfällt die Familie einfach.Das Stück endet nicht mit dem Tod der Helden, denn „der Mensch ist zu haltbar. Das ist sein Hauptfehler. Er kann zuviel mit sich anfangen. Er geht zu schwer kaputt".[58]

Brecht, der die Bauart der klassischen Stücke als Anschauungsmaterial für den jungen Stückeschreiber in seinen späteren Jahren empfohlen hat, ist selbst bei Schiller in die Lehre gegangen. Er hat die berühmte Schlußszene der ‚Räuber‘, ihre überraschende Lösung des dramatischen Knotens, zum Wendepunkt seiner eigenen Fabel gemacht. – Karl Moor will, nachdem er seinen Vater aus dem Hungerturm befreit und von der Geliebten Verzeihung für seine Räubertaten gefunden hat, umkehren. Als er sich endgültig aus seiner unheilvollen Verstrickung an die Bande lösen will, halten ihm die „Verschworenen" ihre gemeinsamen Verbrechen vor, die ihn zu einem der ihrigen gemacht haben. Karl bricht den Zwang dieser endgültigen Bindung an die Genossen der böhmischen Wälder durch einen Akt freien Willens: Er liefert „[sich] selbst in die Hände der Justiz"[59] und hört „von diesem Nun an auf [ihr] Hauptmann zu sein".[60] Die Amalia-Episode in der Schlußszene hat Brecht herausgenommen und zu einer selbständigen Szene umgearbeitet – übernommen hat er den „novellistischen Wendepunkt" der Fabel. Wie Karl will Garga „aufgeben", „umkehren", wie Karl auf seine Güter zurückkehren will, so Garga zu Maynes Leihbibliothek, seiner wirtschaftlichen Plattform. In diesem zu höchster dramatischer Spannung zugespitzten Moment hält Shlink ihm einen Brief mit Gerichtsstempel vor, der das Verbrechen, das Garga an den Malaien bindet, aufdeckt. Garga entzieht sich der endgültigen Verstrickung an den Herausforderer, indem er sich freiwillig der Polizei stellt.

Wie sehr dieser Zug Brecht an Schiller faszinierte, zeigt die zweite Theaterkritik der ‚Räuber‘-Aufführung in Augsburg, in der Brecht eine gedrängte Zusammenfassung der Fabel gibt. Diese Theaterkritik vom 23. Oktober

---

56  NA, Bd. 21. S. 38. Z. 8–9.        57  NA, Bd. 21. S. 51. Z. 4–12.
58  Brecht, Bd. 1. Stücke 1. S. 182.   59  NA, Bd. 3. S. 135. Z. 22.
60  NA, Bd. 3. S. 134. Z. 26.

1920 stellt das „missing link" zwischen den ‚Räubern' und ‚Dickicht' dar,
Brecht hat hier die Fabel hervorgeholt und jenen Zug, der beiden „Ju-
genddramen" gemeinsam ist, betont. Brecht hat seinen Helden an eben
dieser Stelle, als „er sich der Polizei stellt",sein Programm verkünden
lassen, das eine Antithese zu Karls Sentenz darstellt. Während Karl erkennen muß, daß „zwei Menschen wie [er] den ganzen sittlichen Bau der
Welt zu Grund richten würden"[61], proklamiert Garga:

> Die Welt ist zu arm. Wir müssen uns abarbeiten, Kampfobjekte auf sie zu
> werfen.
> Jane (zu Garga): Jetzt philosophierst du, und das Dach fault uns über den
> Köpfen weg.
> Garga (zu Shlink): Grasen sie die Welt ab, Sie finden zehn schlechte Menschen
> und nicht eine schlechte Tat... Nein, jetzt liquidiere ich. Jetzt ziehe ich den
> Strich unter die Aufstellung, und dann gehe ich.[62]

Die Schauerszene am Hungerturm findet sich als Relikt in folgender Szene:
John, der Vater Gargas, klagt: „... ich bin euer Vater, man darf mich
nicht verhungern lassen. ... Ich bin am Ende meines Lebens dazu verdammt, arm zu sein und den Speichel meiner Kinder zu lecken, aber ich
will nichts mit dem Laster zu tun haben."[63] Wiederum ist dieser Zug der
Fabel nicht mehr eindeutig zu identifizieren, da Brecht auch Elemente der
Daniel-Episode integriert.
Die neunte Szene des ‚Dickicht', die Episode zwischen Jane und Garga,
hat als stoffliche Vorlage die letzte Begegnung zwischen Moor und Amalia
(V, 2). Moor will mit der Braut heimkehren auf sein väterliches Schloß
und ein neues Leben beginnen. Aber Karls Verbrechen lassen sich auch
durch die Tränen eines Engels nicht auslöschen. Er bleibt durch seine
Schandtaten an die Räuber gebunden. Brecht hat dieses Motiv der „letz-
ten Chance" zur Umkehr von Schiller ausgeliehen, aber die Rolle der
Personen vertauscht.

> Garga: Höre zu, Jane. Jetzt kommt deine letzte Chance in dieser Stadt. Ich
> bin bereit, dies durchzustreichen. Du hast die Herren als Zeugen. Komm mit
> heim.[64]

Aber auch Jane, wie Moor, kann nicht mehr zurück, sie muß dem ahnungslosen Geliebten beichten:

> Dann muß ich es dir anders sagen. Sieh her, ich habe mit diesem Herrn ge-
> lebt. – Der Pavian: Sie ist wirklich des Teufels. – Maynes: Grauenvoll.[65]

[61] NA, Bd. 3. S. 135. Z. 3–5.
[62] Brecht, Bd. 1. Stücke 1. S. 171f.
[63] Brecht, Bd. 1. Stücke 1. S. 174.
[64] Brecht, Bd. 1. Stücke 1. S. 180.       [65] Brecht, Bd. 1. Stücke 1. S. 180.

Räuber Moor: Zu spät! Vergebens! ... So vergeh dann, Amalia! – stirb Vater! Stirb durch mich zum drittenmal! – Diese deine Retter sind Räuber und Mörder! Dein Karl ist ihr Hauptmann.[66]

Der Inhalt der Szene ist ein anderer geworden, aber die dramaturgisch effektvolle Pointe hat Brecht von Schiller gelernt. Zwischen Karl und Garga, Franz und Shlink und in dem Verhältnis des Protagonisten und des Antagonisten zueinander bestehen gewisse Übereinstimmungen. Garga und Karl sind die ahnungslosen Idealisten, die das Komplott nicht verstehen.

> Garga: Es ist eigentümlich. Außer mir sind alle im Bild ...[67] Ich weiß nicht, was man mit mir vorhat. Man hat mich harpuniert. Man zog mich an sich. Es scheint Stricke zu geben.[68]

Karl erfährt erst am Ende seiner Laufbahn, daß er, das ahnungslose Opfer einer Intrige, zu allem angestiftet wurde. Als Garga den Kampf mit Shlink beenden will als scheinbarer Sieger, belehrt ihn der Malaie darüber, daß er ihn zu diesem Kampf, den Garga aus eigenem Antrieb zu führen glaubte, gekauft habe.

> Shlink: Sie! Ein gemieteter Faustkämpfer! Ein betrunkener Verkäufer! Den ich für zehn Dollar gekauft habe, ein Idealist ...[69]

Und weil Garga ein Idealist ist, ist er ein guter Kämpfer, denn „seit seiner frühesten Kindheit verträgt er es nicht, daß etwas über ihm ist."[70] Maes vorwurfsvolle Charakterisierung des Sohnes, der die Familie in Armut und Schande gestürzt hat, trifft auch auf Karl zu. Es ist ein prosaisches Resümee der jugendlichen Heldenträume Karls, die Schillers „Sturm-und-Drang"-Drama in ausgedehnter Weise wiederholt.

Garga soll für Geld seine Meinung über ein Buch verkaufen, bleibt aber, „obwohl [seine] Familie sich von faulem Fisch ernährt",[71] standhaft. ‚Er leistet sich Ansichten‘[72] und lehnt Meinungsverkauf als seelische Prostitution ab. Die Rücksichtslosigkeit des Idealisten, der seinen Träumen nachjagt, ungeachtet der materiellen Verhältnisse des Lebens, ist ein Zustand, der von Garga positiv überwunden werden muß.

Sklink steigert den Preis für Gargas Ansicht auf zweihundert Dollar.

> Maynes: ... Bedenken Sie doch ...
> Skinny: Ihre unschuldigen, gramgebeugten Eltern!
> Der Wurm: Ihre Schwester!

[66] NA, Bd. 3. S. 131. Z. 11, 16–18.
[67] Brecht, Bd. 1. Stücke 1. S. 133.
[68] Brecht, Bd. 1. Stücke 1. S. 136f.
[69] Brecht, Bd. 1. Stücke 1. S. 189.
[70] Brecht, Bd. 1. Stücke 1. S. 145.
[71] Brecht, Bd. 1. Stücke 1. S. 128.
[72] Brecht, Bd. 1. Stücke 1. S. 128.

Der Pavian: Ihre Geliebte! ...
Garga: Nein! Nein! Nein! ...
Maynes: Sie sind entlassen!
Shlink: Ihre wirtschaftliche Existenz! Beachten Sie ihre Plattform! Sie
    schwankt!
Garga: Das ist die Freiheit.[73]

Bei Brecht und bei Schiller wird die „Plattform" des Helden erschüttert –
bei Brecht die wirtschaftliche Basis, bei Schiller die ideelle, der Glaube an
die Menschheit. Der Herausgeforderte „fährt aus der Haut", wandelt
seine Gesinnung und geht ein festes Engagement mit dem Bösen ein. Im
Zusammenhang mit dieser „Erschütterung" fällt bei beiden das Wort:
Freiheit.

Inhalt und Thematik sind bei Brecht anders, aber von der dramaturgischen
Technik Schillers hat der Stückeschreiber gelernt. Das dramaturgische Ge-
rüst: Intrige des Herausforderers, Erschütterung des idealistischen Helden,
Gesinnungswechsel und heilloser Bund mit dem Bösen ist in der genauen
Reihenfolge seiner Bestandteile übernommen.

Von den theatralisch wirksamen Szenen hat Brecht die Begegnung Karls
mit dem Geistlichen, der die Räuber zur Auslieferung ihres Rädelsführers
anstiften will, und das Kesseltreiben der Räuber gegen Franz in ein modernes Milieu transponiert und umfunktioniert. – Moor, der edle Kämpfer
für Witwen und Waisen, demütigt den heuchlerischen Geistlichen und läßt
ihm von Roller den „Generalpardon" ins Gesicht werfen, den obrigkeit-
lichen Schenkungsvertrag. Garga läßt Shlink dem Heilsarmisten ins Gesicht spucken und schmeißt ihm gleichzeitig den Schenkungsvertrag seines
Holzhandels hin.

Brecht hat, wie auch in seinen späteren Klassikerbearbeitungen, den gestischen Gehalt der Szene freigelegt. Der „veränderliche, also theatralisch immer aktuelle mimische Urstoff"[74] sichert die Lebensdauer dieser Schiller-
szene. Eine Szene, die „man nicht aus dem Gedächtnis spielen kann", die
nur möglich ist mit einem bestimmten Wortinventar, ist für Brecht „tödlich",[75] wie er an Hebbel bemängelt.

> Die Bibel [dagegen] und Shakespeare und sogar noch etwas vom guten Schil-
> ler können sie aus dem Gedächtnis spielen.[76]

Das Kesseltreiben der Räuber gegen den von Höllenängsten geplagten
Franz, sein Selbstmord „ohne vorhergegangenen Kampf" findet eine deutliche Parallele in der Einkreisung Shlinks.

[73] Brecht, Bd. 1. Stücke 1. S. 134.
[74] Brecht, Bd. 18. Schr. z. Lit. u. Kunst 1. S. 106.
[75] Brecht, Bd. 18. Schr. z. Lit. u. Kunst 1. S. 106.
[76] Brecht, Bd. 18. Schr. z. Lit. u. Kunst 1. S. 106.

In der Stadt wachen heute an jeder Straßenecke die Autochauffeure darüber, daß er sich im Ring nicht mehr blicken lassen kann zur Stunde, wo sein Knockout ohne vorhergegangenen Kampf einfach als erfolgt angenommen wird.[77]

Das Geheul der Lyncher, die brennenden Holzlager des Malaien, der Volksauflauf sind der optisch und akustisch effektvolle Hintergrund dieser Aktion – wie bei Franz das Mordjo-Geschrei der Räuber und die Feuerbrände, die Grimm in die Säle des Moorschen Schlosses legt.

## Zusammenfassung

Schon in der vormarxistischen Phase hat Brecht, da er selber Tradition stiften will, aus der klassischen Tradition gelernt und sie in seiner Neuschöpfung ,Im Dickicht' aufgehoben, wenn auch nicht in marxistischem Sinne auf Grund von Gesichtspunkten, die sich aus der „höheren geschichtlichen Entwicklungsstufe" ergeben. In dem Augenblick, als er sich endgültig für die Dichterlaufbahn entschließt, sieht er seinen Ansatzpunkt bei Schiller. Mit ,Dickicht' will er die ,Räuber' verbessern. Die Augsburger Aufführung von Schillers „Erstling" kann dabei auf Grund einer zeitlichen Einordnung auch der übrigen literarischen Vorbilder als Initialimpuls zum ,Chicagostück' Brechts gelten. Aus den Quellen, die den Stückeschreiber angeregt haben, hat er die allen gemeinsame Thematik und das Gerüst der Fabel durch seine „vandalische Schnoddrigkeit" und „Laxheit" als „Materialwert" generiert. Die ausführliche Stoff- und Themenanalyse Rimbauds, Westermanns, Sinclairs, Jensens und Schillers sollte die schöpferische Entwicklung des Stückes ,Im Dickicht der Städte' und den Anteil Schillers daran gegenüber den anderen literarischen Vorbildern zeigen.
Gelernt hat Brecht von Schiller besonders die dramaturgischen Techniken, die Bauart des Stückes, wie ein Vergleich der berühmten Schlußszene der ,Räuber' und ihrer überraschenden Lösung des dramatischen Knotens mit dem Wendepunkt der ,Dickicht'-Fabel beweisen konnte. Während der Tod der Schillerschen Helden einen Akt der Freiheit darstellt, zerfällt bei Brecht die Familie einfach, sie unterliegt den biologischen Gesetzen des Zerfalls, so wie sich auch der Kampf der Kontrahenten nachträglich als natürlicher Prozeß der Ausscheidung des Veralteten erweist. In deutlicher Antithese zu Schillers Begriff des „Erhabenen" hat der Mensch „nicht einmal die Freiheit unterzugehen".

[77] Brecht, Bd. 1. Stücke 1. S. 184.

Methodisch ergibt sich die Schwierigkeit der quellenmäßigen Identifizierung, da Brecht die Tradition mehr „konsumiert" als bearbeitet hat, als Humus der neuen Generation. Die Quellenanalyse erlaubte es dabei, das Thema des Stückes tiefer zu erfassen: Es ist der Kampf des Alten mit dem Jungen, „die Generationen blicken sich kalt in die Augen".[78] Der Ausgang aber ist „ganz platt, ... der jüngere Mann gewinnt die Partie".[79]

[78] Brecht, Bd. 1. Stücke 1. S. 187.
[79] Brecht, Bd. 1. Stücke 1. S. 188.

# V.

## DIE ÜBERNAHME DER TRADITION
## IN BRECHTS „VORKRITISCHER" PHASE

### a) Geschichtsloses Konsumieren und positives „Aufheben"
### des klassischen Erbes

In Brechts vormarxistischer Phase ist die geistesgeschichtliche Auseinandersetzung mit dem Erbe noch nicht Gegenstand des Stückes, wie etwa in der
‚Heiligen Johanna'. Brecht, dem alles verschlingenden, geschichtslosen Baal
gleichend, hat sich das vorgeprägte literarische Gut einfach als Material
einverleibt, ohne das dialektische Moment der marxistischen Geschichts-
und Traditionsbetrachtung wirksam werden zu lassen, die dem Erbe eine
Überlebenschance auf „höherer Stufe" sichert.
Leitmotivisch steht über der eingehenden Analyse der Stoff-, Themen- und
Zitatübernahme die Schlußthese des ‚Dickicht', die Brechts Verhältnis zum
Überkommenen in dieser Phase beleuchtet:

> Es ist ganz platt, ... der jüngere Mann gewinnt die Partie. ... Wenn sie
> längst Kalk über sich haben, durch die natürliche Ausscheidung des Veralteten,
> werde ich wählen, was mich unterhält.[1]

Der dialektische Prozeß der „Aufhebung", das heißt der Negation und
Bewahrung, bedeutet die Fortsetzung, das Weiterdichten der „positiven"
Traditionen der Vergangenheit durch die Arbeiterklasse, die sich als universale Erbin und Vollstreckerin der gesamten Überlieferung betrachtet.
Während die Vertreter der Sowjetmacht in den ersten Jahren, die Vertreter
des sogenannten Proletkults, die gesamte Kultur der Vergangenheit als
Produkt der Ausbeuterklasse negierten, hat sich die neue Richtung des Marxismus, zu der auch Karl Korsch und Brecht gehören, von der reinen Negation der Tradition zu einer dialektischen Weiterentwicklung, einer Negation der Negation, durchgerungen.
„Es wäre ein gefährlicher Irrtum, anzunehmen, die neue Kultur baue auf
der reinen Negation der gesamten vorangegangenen Kultur auf."[2] Das

---

1  Brecht, Bd. 1. Stücke 1. S. 188 u. 189.
2  Grundlagen der marxistischen Philosophie. Bearbeitet von einem Autorenkollektiv. Berlin 1959. S. 269.

würde die Arbeiterklasse vom reichen Kulturerbe der Vergangenheit isolieren. Die sozialistische Kultur wertet die Überlieferung kritisch aus und bewahrt und pflegt dabei alles *in ihrem Sinne* Fortschrittliche. Die „Aufhebung" des „positiven" Erbes vollzieht sich im Kampf mit den antagonistischen Kräften des „Überlebten", „Rückständigen" und „Konservativen". Das Ergebnis ist nicht wie im ‚Dickicht' „ganz platt", sondern bedeutet progressive Weiterentwicklung im marxistischen Sinn, wobei jede neue Negation das Erreichte in sich aufnimmt und zur Grundlage der weiteren Entwicklung macht. „Die Kunst des sozialistischen Realismus ... vereint kühnes Neuerertum in der künstlerischen Darstellung des Lebens mit der Ausnutzung und Weiterentwicklung aller progressiven Kunsttraditionen vergangener historischer Epochen."[3] Der eigentliche Gegenstand der fortschrittlichen Kunst ist demnach in der zeitgemäßen Phase der „Ablösung" weder das „Alte" noch das „Neue", sondern ihr antagonistisches Verhältnis.

Ein ausführliche Darstellung der marxistischen Literaturtheorie wird besonders für das Verständnis der ‚Heiligen Johanna' nötig sein, da der Prozeß der Auseinandersetzung mit Schiller und der klassischen Dramaturgie von Brecht nach diesen methodischen Prinzipien vorgenommen wurde. Für die „bürgerliche" Literaturtheorie bestünde zwischen Schillers und Brechts ‚Johanna' kaum ein Nexus, nach marxistischer Diktion ist das klassische Werk im neuen Stück Brechts „aufgehoben".

Der geschichtslose Standpunkt Brechts, den Dieter Schmidt und Klaus-D. Müller für das Frühwerk Brechts untersucht haben, macht eine stoff- und motivgeschichtliche Betrachtung besonders schwer.[4] Die letztlich nicht beweisbare Quellenabhängigkeit unserer ‚Dickicht'-Untersuchung ist die notwendige Folge dieser geschichts- und traditionslosen Haltung des frühen Brecht, den Alfred Kerr in der bekannten Plagiat-Polemik mit Karl Kraus über die Villon-Ammer-Zitate in der ‚Dreigroschenoper' böswillig als „Ragoutkoch" und „Nachtreter"[5] titulierte.

---

[3] Grundlagen der marxistischen Philosophie, S. 633.
[4] In dem Gedicht ‚Vom ertrunkenen Mädchen', ‚wo Gottes allmähliches Vergessen' den Leib des Menschen zu Aas werden läßt und ihn so in den Gesamthaushalt der Natur einordnet, wird diese Stufe des geschichtslosen, bloß naturhaften Daseins in Brechts dichterischer Entwicklung besonders deutlich (Brecht, Bd. 8. Gedichte 1. S. 252). Villon als asozialer, in reinem Daseinsgenuß sich verbrauchender „Einsamer" ist das Vorbild des jungen Brecht für ein Sein in reiner Immanenz, in dem notwendig die Gesellschaft und die Geschichte fehlen müssen.
[5] Ihering, Theaterkritiken. Bd. 1, S. 284.

## b) Die Dialektik des Lebendigen

Das ‚Dickicht'-Stück, von Brecht selbst als Verbesserung der ‚Räuber' geplant, ist kein Weiterdichten, Aktualisieren oder Historisieren eines klassischen Werkes, sondern ein völlig originales Drama, das nur seine Anregung und einige stoffliche und thematische Elemente von Schiller bezogen hat. Die unabänderliche sprachliche Gestalt der „Vorlage" ist total zerstört. Die historischen Bedingungen, die bei der Bearbeitung eines klassischen Stückes thematisch werden und so durch Aufzeigen zweier Bewußtseinshorizonte – eines traditionellen und eines von „höherer Stufe" der Gesellschaft – den Nexus von Alt und Neu zum eigentlichen Thema machen, sind hier ignoriert.

Für die marxistische Kunsttheorie des späten Brecht bestünde dann noch eine relative Identität des klassischen Werkes, wenn sein eigenes Zentrum, sein sprachliches Sein, zerstört wäre und der bisher nur potentielle Gehalt befreit würde. Die Aktualisierung eines alten Werkes für die Gegenwart ist eine „Lesart des Stücks, das mehr als eine Lesart hat".[6] Am Beispiel von Shakespeares ‚Julius Cäsar' demonstriert der Philosoph im ‚Messingkauf', wie man einen klassischen Text als authentischen, aber vieldeutigen Bericht behandeln könne und ihn so „vergegenwärtigen" könne.

Dauer hat für Brecht nur, was nicht starr, unabänderlich ist, sondern was sich durch Wandlungsfähigkeit an den Fluß der Dinge anpaßt. „Die Bestimmung zur Dauer sieht Brecht darin, daß ein Werk unfertig und unvollkommen ist, solange die Möglichkeit, es zu verbessern, sinnvoll besteht, hat es Dauer."[7] Der Bearbeiter, der ein altes Stück „verbessert", begeht in den Augen des Schauspielers im ‚Messingkauf' ein Sakrileg. Er setzt sich dem Vorwurf aus, es nicht als vollkommen zu betrachten. Brecht hat dieser falschen Vorstellung von Vollkommenheit in seiner Schrift ‚Über die Bauart langandauernder Werke' entgegengearbeitet: „Vollendetes ist nicht glatt." Es ist „schon wieder abbröckelnd, schon wieder verblassend, hingehend, lieblich ausweichend, leicht gefügt, nicht sorgfältigst gesammelt, gepreßt, erschwitzt, versichert".[8] Die „Mängel" haben die Verbesserungsfähigkeit der ‚Räuber' und damit ihr Weiterleben erst ermöglicht.

## c) Spätkultur und Originalität

Bei Brechts ‚Dickicht' geht es also nicht um die Weiterführung oder „Zurücknahme" Schillers, sondern um den Originalitätswert des neuen Werkes.

6   Brecht, Bd. 16. Schr. z. Th. 2. S. 696.
7   Klaus-D. Müller, S. 85.
8   Brecht, Bd. 15. Schr. z. Th. 1. S. 58.

Die bekannte Tatsache, daß der Stückeschreiber in erstaunlichem Maße un-
originell ist, daß er Stoffe, Motive, Charaktere, Sprachwendungen, Vers-
maße, Stilzüge borgt, hat immer wieder die Diskussion um Brechts künstlerische Selbständigkeit herausgefordert. Dieses Problem ist nicht für
Brechts gesamtes Schaffen abzuhandeln, sondern muß bei verschiedenen
Werken und zu verschiedenen Zeiten anders ausfallen.

1. Exkurs: Thomas Mann: ‚Doktor Faustus‘ – Die Verbrauchtheit
   künstlerischer Formen in einer Spätkultur

> Warum müssen fast alle Dinge mir als ihre eigene Parodie erscheinen? Warum
> muß es mir vorkommen, als ob fast alle, nein, alle Mittel und Konvenienzen
> der Kunst *heute nur noch zur Parodie taugten?*[9]

Die schöpferische Produktivität des musikalischen Ingeniums Adrian Leverkühn droht sich angesichts der Verbrauchtheit und Ausgeschöpftheit der
Kunstmittel in der reinen Kritik, Negation oder im glaubenslosen Spiel
vorhandener Formen zu erschöpfen. Künstlerisches Schaffen wird zur Organisation vorgeprägten Materials, zur Parodie oder intellektuellen Ironi-
sierung eines schon gestalteten Kunstwerkes.
Am Beispiel eines „strengen Satzes" erläutert Adrians Lehrer, Wendel
Kretzschmar:

> Die ganze Material-Disposition und -Organisation müßte ja fertig sein, wenn
> die eigentliche Arbeit beginnen soll, und es fragt sich nur, welches die eigent-
> liche ist. Denn diese Zubereitung des Materials geschähe ja durch Variation, und
> die Produktivität der Variation, die man das eigentliche Komponieren nennen
> könnte, wäre ins Material zurückverlegt – samt der Freiheit des Kompo-
> nisten.[10]

Brecht bezeichnet diese Methode der Variation als traditionslose Kunst, die
ihr Dasein der Übersättigung verdankt. Auch Adrian weiß um die Lebens-
unwirksamkeit einer solchen Komposition, die reine Kritik ist.
Die Gefahr der sterilen Esoterik, die sich in der Vollstreckung vorgegebe-
ner Muster, verbrauchter Klischees erschöpft, wird auch nicht durch die
Tatsache gebannt, daß man um die Verbrauchtheit weiß und die Kritik der
Muster zum eigentlichen Gegenstand des Werkes macht. Adrians Einwand,
„man könnte das Spiel [mit den traditionellen Formen] potenzieren, indem man mit Formen spielte, aus denen, wie man weiß, das Leben geschwunden ist", begegnet der Teufel:

[9] Thomas Mann: Doktor Faustus. Das Leben des deutschen Tonsetzers Adrian
Leverkühn, erzählt von einem Freunde. Frankfurt 1963. S. 144.
[10] Thomas Mann, Doktor Faustus. S. 207.

Ich weiß, ich weiß. Die Parodie. Sie könnte lustig sein, wenn sie nicht gar so trübselig wäre in ihrem aristokratischen Nihilismus. Würdest du dir Glück und Größe von solchen Schlichen versprechen?[11]

Nur der Teufel vermag noch genialische Inspiration zu bieten, „echte, alte, urtümliche Begeisterung, ... von Kritik, lahmer Besonnenheit, tötender Verstandeskontrolle ganz unangekränkelte Begeisterung, die heilige Verzuckung",[12] die den Künstler von der Position nur noch Bearbeiter des Erbes zu sein entbindet.

> Wir entbinden nur und setzen frei. ... Wir pulvern auf und räumen, bloß durch ein bißchen Reiz-Hyperämie, die Müdigkeit hinweg, – die kleine und die große, die private und die der Zeit.[13]

Was der Teufel Adrians bietet, ist nicht ‚zersetzende Intellektualität‘, sondern „das triumphierende Über-sie-hinaus-Sein, die prangende Unbedenklichkeit."[14]

Walter Jens analysiert die Situation des Künstlers und die Funktion seiner Kunst in unserer Zeit: „Die moderne Dichtung ist niemals nur Poesie, ... ein frisch[es] darauf los Dichten",[15] sondern zugleich Wissenschaft und Bestimmung des historischen Standortes. „Der Dichter zitiert, zieht Vergangenes, ironisch gebrochen, noch einmal ans Licht, parodiert die Stile der Jahrtausende, wiederholt und fixiert, bemüht sich um Repräsentation und zeigt das schon Vergessene in neuer Beleuchtung... Wenn es den Stil nicht mehr gibt, muß man die Stile beherrschen: auch Zitat und Montage sind Künste, und das Erbe fruchtbar zu machen, erscheint uns als ein Metier, das aller Ehren wert ist."[16]

## 2. Brechts Plagiate: Die „Einschöpfung"[17] von fixierter dichterischer Substanz

Die Kerrsche Enthüllung der Villon-Ammer-Plagiate in der ‚Dreigroschenoper‘ hatte eine Diskussion über das Problem der „Übernahme von fixierter Substanz"[18] entfacht, an der sich in einer Zeitungsumfrage Gottfried Benn, Alfred Döblin, Walter Mehring, Karl Kraus u. a. beteiligten.

Döblin gestattet das „Abschreiben" – mit Seitenblick auf Brecht – dem, dessen künstlerische Eigenart es ist, eben „abzuschreiben".[19] Kerr argu-

11 Thomas Mann, Doktor Faustus. S. 260.
12 Thomas Mann, Doktor Faustus. S. 254f.
13 Thomas Mann, Doktor Faustus. S. 254.
14 Thomas Mann, Doktor Faustus. S. 255.
15 Walter Jens: Statt einer Literaturgeschichte. Pfullingen 1957. S. 14.
16 Jens, S. 15.     17 Karl Kraus: Die Sprache. München 1962. S. 150.
18 Alfred Kerr: Die Welt im Licht. Köln, Berlin 1961. S. 371.
19 Kerr, S. 371.

mentiert: „Das erzwungene, späte Bekenntnis eines Erwischten, er stehle ‚grundsätzlich‘, ändert einen Quark an der Beurteilung des Diebstahls."[20] Kraus hat in der Verteidigung des literarischen Plagiats den Wert des übernommenen Zitats in seinem neuen Stellenwert, in seiner „Einschöpfung" gesehen. Der Gedanke müsse gerade davon leben, daher seinen Wert haben, daß er Plagiat sei, bewußt eingesetztes Plagiat und nicht bloßer Inhalt. „Die Sphäre, in die die Worte eingesetzt sind, ist von der Sphäre, der sie entnommen sind, so verschieden, daß auch nicht die Spur einer inneren Identität mehr vorhanden ist."[21] Wie sich die Produktion eines sprachlichen Kunstwerkes nicht in Worten, sondern in ihrer Anwendung vollzieht, so kann sich der Dichter auch des Bestandteiles eines vorhandenen Kunstwerkes, der wieder Stoff wurde, bedienen. Reinhold Grimm[22] und Gisela Debiel[23] haben in der ästhetischen Spannung zwischen der ursprünglichen Stellung des Zitates und neuer verfremdender Einordnung den Wert der Übernahme gesehen.

Brecht hat seine Entlehnungen weder unter einem ästhetischen Gesichtspunkt subsumiert wie Kraus, Grimm, Debiel, noch unter der historischen Perspektive der Verbrauchtheit der Mittel und der Ausweglosigkeit des Künstlers in einer Spätkultur. Eine Kunst für Künstler und Kenner – „eine selbstzentrierte und vollkommen kühle Esoterik",[24] die eine universale künstlerische Bildung und Bewußtheit um die Anwendbarkeit der traditionellen Formen voraussetzt, wäre für Brechts proletarisch gerichtete Dichtung undenkbar.

Der Kerrschen „Enthüllung", die das geistige Besitzrecht als die Errungenschaft der Neuzeit preist, hält Brecht seine vorbürgerliche Kunstauffassung entgegen, „die alle bereits vorhandenen Stoffe und Formen als Material für die handwerkliche Kunst des nachlebenden Schreibers betrachtet".[25] Sein Plagiatbegriff unterliegt der marxistischen Eigentumstheorie.

> Man muß sich klarmachen, daß die erbärmliche Angst dieser Epoche, man könnte an ihrer Originalität zweifeln, mit ihrem schäbigen Besitzbegriff zusammenhängt. Gerade ihre Originalität würde diesen Nuancen des Hochkapitalismus niemand bestreiten wollen ... Scheinen doch diese nur zu schreiben, um Plagiate zu vermeiden. Und je ähnlicher sie einander sind ... desto mehr sind sie bemüht, sich voneinander zu unterscheiden.[26]

---

[20] Kerr, S. 371.     [21] Kraus, S. 150.
[22] Reinhold Grimm: Bertolt Brecht. Die Struktur seines Werkes. Nürnberg 1965. (Erlanger Beiträge zur Sprach- und Kunstwissenschaft 5).
[23] Gisela Debiel: Das Prinzip der Verfremdung in der Sprachgestaltung Bertolt Brechts. Bonn 1960.
[24] Thomas Mann, Doktor Faustus. S. 234.
[25] Mayer, S. 45.
[26] Brecht, Bd. 15. Schr. z. Th. 1. S. 202.

Er selbst, so bekennt Brecht, habe kein Interesse an Originalität im bürgerlichen Sinn.

In der Verteidigung seiner Villon-Ammer-Plagiate betont er noch einmal seine Gleichgültigkeit in Fragen geistigen Eigentums.

> *Sonett zur Neuausgabe des Francois Villon*
> Hier habt ihr aus verfallendem Papier
> Noch einmal abgedruckt sein Testament
> In dem er Dreck schenkt allen, die er kennt –
> Wenn's ans Verteilen geht: schreit, bitte, ‚Hier'!

Wenn der „Ragoutkoch" und „Nachtreter" Brecht auch dazu auffordert:

> Nehm jeder sich heraus, was er grad braucht!
> Ich selber hab mir was herausgenommen . . .[27]

– so hat er in dialektischer Aussparung des zu folgernden Schlusses gleichzeitig darauf hingewiesen, wie wenig mit der Übernahme von dichterischem Material geleistet ist, wenn es um die Originalität des neuen Kunstwerkes geht.

Der überkommenen Genievorstellung hielt er seine Auffassung vom artifex und vom kollektiven Schöpfungsvorgang entgegen.

> Der Schöpfungsakt ist ein kollektiver Schöpfungsprozeß geworden, ein Kontinuum dialektischer Art, so daß die isolierte ursprüngliche Erfindung an Bedeutung verloren hat.[28]

## Zusammenfassung

Im ‚Dickicht' hat Brecht geschichts- und traditionslos das überkommene Erbe einfach als Material „konsumiert", ohne ihm nach erfolgter Auseinandersetzung ein Weiterleben innerhalb des neuen Werkes auf „höherer" gesellschaftlicher Bewußtseinsstufe zu gewähren. Die Analyse der marxistischen Literaturtheorie ist für Brechts späteres Werk besonders wichtig, da sie uns die Methode liefert, den Nexus zwischen der ‚Heiligen Johanna' und der ‚Jungfrau von Orléans' einzusehen, die ‚Romantische Tragödie' Schillers in dem ‚Schlachthofstück' als „aufgehoben" zu betrachten.

Die Verbesserungsfähigkeit, Unfertigkeit in des Wortes doppelsinniger Bedeutung sichert dem alten Werk eine Überlebenschance. Die Bestimmung zur Dauer liegt nicht darin, daß ein Opus „sorgfältigst gesammelt, gepreßt, erschwitzt, versichert" ist, sondern in seiner Unvollkommenheit.

[27] Brecht, Bd. 8. Gedichte 1. S. 331 f.
[28] Brecht, Bd. 17. Schr. z. Th. 3. S. 1215.

Die Originalitätsfrage eines Dichters in einer Spätkultur haben wir von verschiedenen Standpunkten beleuchtet. Für den Tonsetzer Adrian Leverkühn, Thomas Manns ‚Doktor Faustus‘, vermag nur der Teufel durch inspiratorische Begeisterung aus der Sterilität eines Kunstschaffens zu befreien, daß sich in der reinen Organisation und Kritik vorhandenen Materials erschöpft. Für Brecht ist das Originalitätsproblem, wie seine Plagiate beweisen, eine Frage, die mit dem „schäbigen Besitzbegriff" der Bourgeoisie zusammenhängt. Als Dichter an der Schwelle einer neuen Zeit fühlt er sich als Fortsetzer der positiven Traditionen der Vergangenheit, während sich das Bürgertum in reaktionären Nuancen erschöpft.

# VI.

## DIE „KRITISCHE" PHASE:
## BRECHTS BEGEGNUNG MIT KARL KORSCH

### a) Die Überwindung der Negation
### des ursprünglichen Klassenstandpunktes

Der Übergang vom Konsumierenden, der die Klassiker wie alte Autos einfach nach ihrem Materialwert ausschlachtet,[1] zum Weiterführenden der Tradition in einer neugestifteten Tradition hängt mit dem Überwechseln Brechts von der Negation des bürgerlichen Standpunktes zur marxistischen Weltanschauung zusammen.

> 1918 war ich Soldatenrat und in der USPD gewesen. Aber dann, in die Literatur eintretend, kam ich über eine ziemlich nihilistische Kritik der bürgerlichen Gesellschaft nicht hinaus.[2]

Erst als Brecht für ein Stück über die Chicagoer Weizenbörse eine Erklärung über die ökonomischen Prozesse benötigte, nach denen die Nahrungsmittel auf der Welt verteilt würden, stieß er auf Marx. „Das geplante Drama wurde nicht geschrieben, statt dessen begann ich Marx zu lesen."[3] Die Tagebuchnotizen seiner Mitarbeiterin Elisabeth Hauptmann vom 26. 7. 1926 bestätigen Brechts Selbstzeugnisse: „Er behauptete, die Praktiken mit Geld seien sehr undurchsichtig, er müsse jetzt sehen, wie es mit den Theorien über Geld stehe. Bevor er noch in dieser Richtung zumindest für ihn sehr wichtige Entdeckungen machte, wußte er aber, daß die bisherige (große) Form des Dramas für die Darstellung solcher modernen Prozesse, wie etwa die Verteilung des Weltweizens, sowie auch für die Lebensläufe der Menschen unserer Zeit und überhaupt für alle Handlungen mit Folgen nicht geeignet war ... Im Verlauf dieser Studien stellte Brecht seine Theorie des ‚epischen Dramas' auf."[4] Elisabeth Hauptmann hat vielleicht den wichtigsten Knotenpunkt in Brechts künstlerischer und intellektueller Entwicklung in diesen Tagebuch-

---

[1]  Brecht, Bd. 18. Schr. zur Lit. u. Kunst 1. S. 50.
[2]  Brecht, Bd. 20. Schr. zur Politik u. Gesellsch. S. 46.
[3]  Brecht, Bd. 20, Schr. zur Politik u. Gesellsch. S. 46.
[4]  Elisabeth Hauptmann: Notizen über Brechts Arbeit 1926. – SuF. 9, 1957. 2. Sonderheft Bertolt Brecht. S. 243.

aufzeichnungen markiert: Mit der Hinwendung zum Marxismus wurde eine prinzipielle Auseinandersetzung sowohl mit der idealistischen Philosophie als auch mit der klassischen Dramenform vollzogen. Der Streit dieser antagonistischen Mächte spiegelt sich in der ‚Heiligen Johanna‘. Die geistige Wurzel des Dramas liegt in dieser Zeit.

## b) Karl Korsch

Brecht hat den Zugang zur marxistischen Weltanschauung in jenen Jahren vor allem durch Korsch gefunden, dem er eine Reihe von Aufsätzen gewidmet hat, auch wenn der Name des Lehrers selten genannt ist.

Korsch hatte in seiner Schrift ‚Marxismus und Philosophie‘[5] eine Revision der durch Lenin verbreiteten vulgärmarxistischen Abbildtheorie vorgenommen, die der Erkenntnis nur eine passive Widerspiegelung der revolutionären Prozesse innerhalb der ökonomischen Basis zubilligt. „Das Bewußtsein hat nicht selbst direkt Anteil an den gesellschaftlichen Veränderungen. Die Dialektik wird nur als Dialektik der Materie verstanden."[6] Brechts Lehrer hat, im Gegensatz zu dieser vulgärmarxistischen „Verachtung aller philosophischen Hirnwebereien"[7], die ursprünglich dialektische Auffassung des Verhältnisses von Sein und Bewußtsein und damit die aktive Rolle des Bewußtseins im revolutionären Prozeß im Marxschen Denken aufgezeigt. „Mit dem Kampf gegen die Wirklichkeit der Philosophie haben Marx und Engels in ihrer ersten Periode ihre gesamte revolutionäre Tätigkeit begonnen, und wir werden zeigen, daß sie ... niemals aufgehört haben, alle Ideologien und also auch die Philosophie als reale Wirklichkeiten und durchaus nicht als leere Hirngespinste zu behandeln."[8] Lenin kehrt durch die undialektische Trennung zwischen dem Bewußtsein und seinem Gegenstand zu jenen schon von Hegel überwundenen absoluten Gegensätzen von „Denken" und „Sein", „Geist" und „Materie" zurück.[9] Seit der Überwindung der Leibniz-Wolffschen Metaphysik war das

---

5  Karl Korsch: Marxismus und Philosophie. Hg. und eingeleitet von Erich Gerlach. Frankfurt, Wien 1966.
6  Klaus-D. Müller, S. 25f.
7  Franz Mehring, zitiert bei Korsch, S. 49.
8  Korsch, S. 112. Korsch zitiert den Marxschen Artikel Nr. 79 der ‚Kölnischen Zeitung‘ (1842), in dem Marx schreibt, daß „die Philosophie nicht außer der Welt steht, so wenig das Gehirn außer dem Magen steht, weil es nicht im Magen liegt."
9  „Die eine Aufklärung nennt das absolute Wesen jenes prädikatlose Absolute, das jenseits des wirklichen Bewußtseins im Denken ist ..., die andere nennt es Materie ... Beides ist, wie wir gesehen, schlechthin derselbe Begriff. Der Unterschied liegt nicht in der Sache, sondern rein nur in dem verschiedenen Ausgangs-

Absolute sowohl aus dem Sein des Geistes als auch aus dem der Materie verbannt und in die dialektische Bewegung der Idee verlegt worden. Marx und Engels hatten in materialistischer Umstülpung des Hegelschen Idealismus hinter dieser dialektischen Selbstbewegung der Idee die verborgene geschichtliche Dialektik erkannt und sie als das einzig Absolute proklamiert.

Mit seiner Kritik an der primitiven, vordialektischen Auffassung des Verhältnisses von Bewußtsein und Sein wollte Korsch die subjektive, tätige Seite der marxistischen Philosophie befreien. Denn solange das Sein nicht mit seinem Begriff identisch ist, drängt es danach, diesen Widerspruch zu überwinden. Der revolutionäre Prozeß wird durch den sich ständig reproduzierenden Widerspruch vorangetrieben, damit wird die Philosophie zu einer aktiven, auf die politisch-ökonomischen Verhältnisse gerichteten Komponente. „Als Denken des ‚vergesellschafteten' Menschen, des realen ‚Subjekt-Objekts' des geschichtlichen Prozesses, wird sie jetzt ‚materialistisch' als ‚gegenständlicher' Teil der Wirklichkeit aufgefaßt. So existiert der ‚Widerspruch' zwischen den Produktionsverhältnissen und den Produktivkräften ‚gegenständlich' zugleich in der Form der ‚sich widersprechenden' Gedanken antagonistischer ... Klassen."[10]

Mit der Verbannung der Philosophie wurde gleichzeitig die revolutionäre Seite der Marxschen Dialektik vernichtet, denn das seiner selbst bewußt gewordene Sein hat die Neigung als aktive Komponente in den geschichtlichen Prozeß einzugreifen, „indem es den bloßen Erkenntnisakt übersteigt und als seinsverändernder Bewußtseinsakt in die Wirklichkeit eingreift".[11] Nimmt man die dialektische Bewegung von Sein und Bewußtsein als absolutes Gesetz, so muß ein reifes geschichtliches Bewußtsein notwendig ein geschichtlich fortschrittliches Sein provozieren, oder umgekehrt, ein geschichtlich rückständiges Bewußtsein kann die geschichtlich reife Situation nicht aktiv vollziehen.[12]

Aus dem von Marx konstatierten Zusammenfallen von Bewußtsein und Wirklichkeit folgerte Korsch für die momentane historische Lage, daß das

punkte beider Bildungen und darin, daß jede auf einem eigenen Punkt in der Bewegung des Denkens stehen bleibt. Wenn sie darüber hinwegsetzten, würden sie zusammentreffen und als dasselbe erkennen, was der einen, wie sie vorgibt, ein Greuel, der andern eine Torheit ist." (Hegel: Phänomenologie. – Zitiert bei Korsch, S. 61).

10 Korsch, S. 13.
11 Klaus-D. Müller, S. 67.
12 Korsch weist auf die politische Situation von 1918 in Deutschland hin. Damals sei die geschichtliche Lage reif gewesen für einen Umsturz, aber die Bewußtseinslage der Arbeiter noch nicht. Sie verhinderte den aktiven Vollzug der geschichtlichen Situation. (Korsch, S. 10).

Proletariat sich nicht auf die ökonomische oder politische Aktion beschränken dürfe, sondern gleichzeitig durch eine „geistige Aktion" die bürgerlichen Bewußtseinsformen zerschlagen müsse. Korsch hat den Zusammenhang der als wirklich aufzufassenden geistigen Sphäre mit der gesamten gesellschaftlichen Wirklichkeit in der Marxschen Dialektik erneut bewußt gemacht. So seien „die materiellen Produktionsverhältnisse der kapitalistischen Epoche das, was sie sind, nur zusammen mit denjenigen Bewußtseinsformen, ... in denen sie sich ... im ... Bewußtsein dieser Epoche widerspiegeln und [könnten] ohne diese Bewußtseinsformen in Wirklichkeit nicht bestehen."[13]

Die für Brechts ‚Heilige Johanna' wesentliche Quintessenz der Theorien Korschs ist die Betonung der aktiven Rolle der geistigen Sphäre in der umwälzenden Praxis. Der V. Weltkongreß der kommunistischen Internationale (1924) hatte als Programm herausgegeben: „Konsequenter Kampf gegen die idealistische und alle nicht materialistisch-dialektische Philosophie."[14] Der VI. Weltkongreß hatte zum verschärften Kampf gegen „alle Spielarten der bürgerlichen Weltanschauung"[15] aufgerufen. – Brechts polemisch-parodistische Auseinandersetzung mit Schiller erhält von hier aus einen neuen Aspekt: Sie steht im Rahmen jener „geistigen Aktion", die den ideellen Überbau der kapitalistischen Gesellschaftsordnung als Teil der umwälzenden Praxis bekämpfen soll. Dazu ist es nötig, das Klassikererbe, für das Schiller das Beispiel par excellence liefert, nicht als Material zu konsumieren, sondern bewußt zu machen und der Kritik auszusetzen.


## Zusammenfassung

Die Überwindung der Negation der ursprünglich bürgerlichen Klassenposition und die endgültige „Bekehrung" Brechts zum Marxismus um 1926 machte eine prinzipielle Überprüfung der „geistigen Systeme", die das Leben bestimmten, nötig. Im Rahmen der von Korsch postulierten „geistigen Aktion" als eines Teils der umwälzenden revolutionären Praxis ist die Auseinandersetzung mit Schiller und den Klassikern in der ‚Heiligen Johanna' zu verstehen. Der Widerspruch zwischen den Produktionsverhältnissen und den Produktivkräften spiegelt sich in der – in der ‚Heiligen Johanna' ausgestellten – Form einander widersprechender Gedanken, die Brecht zum Anlaß seiner Klassikerparodie nimmt. Bei der dialektischen Auffassung des Verhältnisses von Sein und Bewußtsein kann ein geistes-

13 Korsch, S. 109.
14 Zitiert bei Korsch, S. 67.
15 Zitiert bei Korsch, S. 67.

geschichtlich unreifes Bewußtein notwendig die politisch reife Situation nicht aktiv vollziehen, wie an Johannas Verhalten demonstriert wird. Johanna verhindert den Generalstreik der Arbeiter, weil sie mit Schillerschen Argumentationen das Prinzip der Gewaltlosigkeit, der Erhaltung des „sittlichen Bau's" der Welt, verteidigt. Es gilt also, das subjektive, als rückständig erkannte Bewußtsein auf das Niveau der objektiven Klassenlage zu heben, d. h. aber, daß die Verteidigung eines Verhaltens mit Schillerzitaten der Lächerlichkeit preisgegeben werden muß. – Der Bezug zwischen Vorlage und Neuschöpfung, der mit der bisherigen stoff- und motivgeschichtlichen Methode nicht zu erfassen ist, soll mit Hilfe der von Brecht angewandten, dem Werk immanenten marxistischen Betrachtungsweise wieder freigelegt werden.

VII.

# ‚DIE HEILIGE JOHANNA DER SCHLACHTHÖFE‘

## a) Brechts Vorspruch

Das 1929 begonnene Stück ‚Die Heilige Johanna‘ sollte eine grundsätzliche weltanschauliche und ästhetische Auseinandersetzung mit Schiller bringen. – In den Anmerkungen schreibt Brecht:

> In Zeiten, wo für sehr große Massen des Volkes das herrschende gesellschaftliche System ... unerträgliche Härten verursacht, kann es nicht wundernehmen, wenn diese Massen ... die großen geistigen Systeme überprüfen, welche die Lebenshaltung in moralischer und religiöser Hinsicht zu gestalten suchen.[1]

Im Vorspruch zur Ausgabe der ‚Versuche‘ von 1932 hat er gegenüber der Suhrkamp-Ausgabe von 1967 das Stück eine Analyse der „heutige[n] Entwicklungsstufe des faustischen Menschen"[2] genannt.

> Das Stück ist entstanden aus dem Stück ‚Happy End‘ von Elisabeth Hauptmann unter der Mitarbeit von Borchardt, Burri und Hauptmann. Es wurden klassische Vorbilder und Stilelemente verwendet: die Darstellung bestimmter Vorgänge erhielt die ihr historisch zugeordnete Form. So sollen nicht nur die Vorgänge, sondern auch die Art ihrer literarisch-theatralischen Bewältigung ausgestellt werden.[3]

An Hand einer Darstellung der verschiedenen Vorstufen der Ausgabe letzter Hand soll dieser Prozeß der Auseinandersetzung mit Schiller und der klassischen Dramaturgie in seinen verschiedenen Stadien und Methoden deutlich gemacht werden.

## b) Sichtung des Materials

‚Die Heilige Johanna‘ ist in vier vollständigen Fassungen im BBA überliefert: eine Fassung (118),[4] die wir als ‚Urfassung‘ noch näher zu bestimmen haben, eine Fassung, die Brecht selber handschriftlich mit ‚Original‘

---

[1]   Brecht, Bd. 17. Schr. z. Th. 3. S. 1017.
[2]   Brecht: Versuche 13. Berlin 1932. S. 361.
[3]   Brecht, Bd. 17. Schr. z. Th. 3. S. 1019.
[4]   Die Ziffern geben die Nummern der Mappen und die Seitenzahlen im Bertolt-Brecht-Archiv (BBA) an.

signiert hat, die aber noch wesentliche Abweichungen zu den Druckfassungen von Kiepenheuer, Malik, Suhrkamp zeigt, ein sogenanntes ‚Bühnenmanuskript‘, das bis auf die Schiller parodierenden Regieanweisungen im ‚Festspielschluß‘ mit der Druckfassung identisch ist und der Korrekturabzug (1932) der Mappe Berlau – die Vorlage für die Druckfassung.

### c) Beschreibung der Mappe 118, sogenannte Urfassung

#### 1. Datierung

Formale, inhaltliche und thematische Kriterien erweisen die Fassung 118 als früheste Stufe des Stückes. – Verschiedene handschriftliche Eintragungen in 118, die Verbesserungen und Erweiterungen darstellen, sind im ‚Original‘ (113–117) schon ins Druckbild eingefügt.

Die Einleitung zur ‚Erkennungsszene‘ ist beispielsweise in 118 noch handschriftlich dazwischengestellt, während die gleiche Passage in 113 schon lückenlos ins Typoskript integriert ist.

| 118/62 | 113/29 |
|---|---|
| *Mann zu Johanna: er will euch sprechen, aber ihr sollt nichts fragen, sondern nur antworten, wenn er euch fragt. | Mann *hinten* zu JOHANNA: er will euch sprechen, aber ihr sollt nichts fragen, sondern nur antworten, wenn er euch fragt. |
| Graham ist weggelaufen. | |
| Johanna: Sie sind der Mauler! | johanna *(tritt vor)*: sie sind der mauler? |
| Mauler: nicht ich bins (zeigt auf Cridle) der ists*. | mauler: nicht ich bins (ZEIGT AUF CRIDLE) der ists. |

Die Szenenüberschriften, die in 118 noch fehlen, sind im ‚Original‘ schon eingetragen, so wie skizzenhaft angelegte Szenen, wie z. B. die erste Szene, die Briefszene, in 113 vollständig ausgeführt sind. Auf Blatt 118/14 findet sich nur eine handschriftliche Skizze Burris, der den „Geschäftsverlauf" entwerfen sollte, zur Briefszene.

| | *I | |
|---|---|---|
| *1 | *2 | *3 |
| Krise in Sicht* | Brief aus New York daß er die Hände aus dem Flcischgeschäft nehmen solle. Mauler will sich zurückziehen* | Konkurrenz Mauler – Lennox* |

Das Vorkommen verschiedener Namen, die im ‚Original‘ getilgt sind, erlaubt es, 118 vor 113–117 zu stellen. Zu den älteren Schichten der Fassung

118 gehört der Name Cracker für Mauler. Er ist dort noch getippt, während er in der zweiten Schicht schon handschriftlich zu Mauler verbessert ist (118/58). In der ältesten Schicht der ‚Erkennungsszene‘ herrscht noch ein Nebeneinander der Namen Cracker und Mauler.

> *Johanna: Pierpont Mauler, wo ist der Mauler?*
> CRACKER: was für ein trommeln *ist das? wer ruft meinen Namen?*
> SLIFT: das sind *deine* soldaten des lieben gottes (118/36)

Die Figuren Crackers und der Mary Smith (118/01) entstammen dem Heilsarmeestück ‚Happy End‘. Brechts ‚Heilige Johanna‘ ist hervorgegangen aus dem Revuestück von Elisabeth Hauptmann, wie die Namen von 118 belegen. Der Name Johanna Farland (118/07) für Johanna Dark findet sich ebenfalls nur in 118. Mit der Namensänderung zu Johanna D'arc hat Brecht seine Figur der historischen Gestalt der ‚Jungfrau von Orléans‘ angenähert.

Ein handschriftliches Einlegeblatt von Burri (118/40) zeigt die Nähe der ‚Urfassung‘ zum ‚Brotladen‘: „*Clown Cridle: ich als ich als Zeitungsjunge anfing*“. Im ‚Brotladen‘ wird die Geschichte eines großen Mannes erzählt, der als Zeitungsjunge anfing.

Johannas Rede über die Wertlosigkeit der Einzelperson gegenüber der Allmacht der Kollektive gehört noch in die Phase der Lehrstücke, als Brecht den subjektiven Faktor der Geschichte zugunsten eines einseitigen Aufgehens des Individuums in der Masse verleugnete.

> johanna: wenn sie mir sagen, dass die ss[5] untergehen sollen so ist das wie wenn sie mir sagen dass ich selber untergehen und sterben soll. Denn ich bin gar nichts und die ss sind alles und warum? weil ich selber als ausnahme gar nichts durchsetzen und verwirklichen kann. (118/49)

In den 1926 konzipierten marxistischen Studien Brechts heißt es in deutlicher Analogie zur Johannarede:

> In den wachsenden Kollektiven erfolgt die Zertrümmerung der Person … Sie geht über in anderes, sie ist namenlos, sie hat kein Antlitz mehr, sie flieht aus ihrer Ausdehnung in ihre kleinste Größe – aus ihrer Entbehrlichkeit in das Nichts –; aber in der kleinsten Größe erkennt sie tiefatmend übergegangen ihre neue und eigentliche Unentbehrlichkeit im Ganzen.[6]

## 2. Fabelverlauf

Eine inhaltliche Untersuchung der Mappe 118 soll die Frage beantworten, ob es sich um fragmentarische Skizzen oder schon um eine selbständige Fassung handelt.

---

[5]   ss = Schwarze Strohhüte.
[6]   Brecht, Bd. 20. Schr. zur Politik u. Gesellsch. S. 61.

118/01–07 Arbeiter warten vor einer Fleischfabrik, daß aufgemacht wird. In den Gesprächen der Wartenden tauchen drei „Episoden" auf, die später als selbständige Szenen ausgeführt sind: Die Geschichte von Frau Luckerniddle's Mann, die Geschichte des strengen Vorarbeiters, die Geschichte einer Frau, die die Schlachthöfe verläßt, weil es schneit. – Johanna und die „Schwarzen Strohhüte" treiben Mission bei den Arbeitern. Diese zwei Handlungsstränge – Arbeiter warten vor der Fabrik, Johanna treibt Mission – sind hier noch zu einem Komplex zusammengefaßt.

Die Szene ist gegenüber der Druckfassung stark vom Stoff bestimmt. In der Druckfassung ist der Dialog der Arbeiter als chorisches Programm von der Darstellung des Zustandes abgelöst, und die ideologischen Widersprüche sind in Form eines theoretischen Programms sichtbar gemacht. Aus dem an sich unaggressiven Zustand ist das immanente Programm, aus der Situation sind die vorwärtstreibenden Kräfte herausgelöst. Der Dialog der Arbeiter findet *untereinander* statt, im Chor wendet der Arbeiter sich als Mitglied einer Klasse an die Ausbeuter.

| 118/17 | Druckfassung[7] |
|---|---|
| eine frau: gestern sagten zwei in unserem saal plötzlich, besser gleich vor die hunde gehen, und sie gingen mitten am tag weg, unter die brückenbögen... die arbeiterin: hallo (schreit) aufmachen. wir wollen herein in eure drecklöcher, hallo. | Die Arbeiter:<br>.. Lieber verrecken doch! Auf der Stelle<br>Gehen wir weg...<br>Die Arbeiter: Aufgemacht! Wir<br>Wollen herein in eure<br>Drecklöcher und Sudelküchen, um<br>Den vermögenden Essern ihr<br>Verschmiertes Fleisch zu kochen. |

Gegenüber der realistischen, aber lapidarischen Sprechweise von 118 hat Brecht in der Druckfassung eine programmatische Sprechweise, die Aussage einer Ideologie, vorgezogen. Die Schilderung eines Zustandes beruht nach Brechtscher Überzeugung auf der idealistischen Philosophie der „Notwendigkeit". Notwendigkeit gibt es aber nur da, wo es um das Handeln von Individuen geht.

Die „Episoden" sind zu selbständigen Handlungssträngen ausgeführt, sie werden zu einem Exemplum ideologisiert: ‚*Der Makler Sullivan Slift zeigt Johanna Dark die Schlechtheit der Armen: Johannas zweiter Gang in die Tiefe.*'[8] Die Szene stellt eine Auseinandersetzung Brechts mit der klassischen Affektenlehre dar. Die Versuchung Johannas ist ein Modellfall für die Erregung von Furcht und Mitleid, zwecks Reinigung von diesen

7  Die Druckfassung wird zitiert nach der Suhrkamp-Werkausgabe. Brecht, Bd. 2. Stücke 2. S. 669f.
8  Brecht, Bd. 2. Stücke 2. S. 689.

Leidenschaften durch verstandesmäßige Kontrolle. Johanna, zunächst tief betroffen, überwindet die Mißachtung der Armen:

> Ist ihre Schlechtigkeit ohne Maß, so ist's
> Ihre Armut auch. Nicht der Armen Schlechtigkeit
> Hast du mir gezeigt, sondern
> *Der Armen Armut* . . .
> Verkommenheit, voreiliges Gerücht!
> Sei widerlegt durch ihr elend Gesicht![9]

Die Ausarbeitung der dritten Episode bringt eine Annäherung an die historische Fabel und Thematik. Johanna verläßt die Schlachthöfe, weil es schneit. Die „Überirdische" scheitert an der Härte der Wirklichkeit.

118/21–22 Blutige Arbeiterdemonstrationen: ein Arbeiter wird erschossen. Polizei erscheint.

118/27 Gespräch über die Rentabilität von Kupfergruben und Schmierseifenverkauf. Partner A will an Partner B eine Kupfergrube billig verkaufen.

118/29–37 Börsenschlacht: Überfluß an Büchsenfleisch, Sturz der kleinen Spekulanten, Auftreten Johannas.

118/37–39 Plan des Snyder: Komplott des Idealismus und des Kapitalismus. Man will den alten Gott wieder einführen zur Vermeidung einer Arbeiter-Revolution. Aus dem Text von Blatt 39 geht hervor, daß einer der Fleischfabrikanten „aus dem Geschäft aussteigen" will. Es fehlt: Johannas *Austreibung der Händler aus dem Tempel*,[10] ihr Abschied von den „Schwarzen Strohhüten" und die Geschichte der Frau Luckerniddle. Diese später interpolierten „Episoden" enthalten besonders viele Parodien von Schiller-Zitaten. Sie enthalten ferner eine Auseinandersetzung mit der Thematik der ‚Jungfrau von Orléans' und nähern das Heilsarmeemädchen der historischen Gestalt an.

118/43–50 Johanna erscheint bei Mauler und erhält Geld für die „Armee". In diesem Handlungskomplex findet sich handlungsmäßig und thematisch die Keimzelle für die Schlußszene, die erst im ‚Original' ausgeführt ist.

118/49 Johanna erkennt die Sinnlosigkeit des gütigen und mitleidigen Helfens einer Einzelperson: „die güte und das mitleid was helfen die? sie gehen vorbei". Sie selber kann „als ausnahme gar nichts durchsetzen und

---

9  Brecht, Bd. 2. Stücke 2. S. 696.
10  Brecht, Bd. 2. Stücke 2. S. 717.

verwirklichen". – In der Schlußszene der Druckfassung ist diese Erkenntnis der Revisionistin Johanna ausschlaggebend für ihre innere Umkehr, ihre Abwendung von „Kapitalisten" und „Idealisten".

> Johanna: O folgenlose Güte! Unmerkliche Gesinnung!
> Ich habe nichts geändert . . .
> Sorgt doch, daß ihr die Welt verlassend
> Nicht nur gut wart, sondern verlaßt
> Eine gute Welt![11]

118/50 „acht tage hat johanna vergeblich versucht zu mauler zu kommen und arbeit zu finden. endlich gelingt es ihr. ihr zustand ist erbärmlich, sie hat mehrere tage nichts richtiges gegessen und hustet." Die Begegnung der „Idealistin" mit dem „Kapitalisten" ist eine Kernzone der ‚Fassung 118'. Aus ihr hat Brecht, wie textkritische Untersuchungen zeigen, die dritte Szene (‚Erkennungsszene') und den ‚Festspielschluß' entwickelt. Der Fleischfabrikant Mauler will Johannas Abneigung gegen ihn überwinden, indem er auf ihre gemeinsamen Interessen hinweist.

> *Sei ruhig! wir sind uns nicht so fern.* (113/31)
> wir sprechen nicht so fremde sprach wie du das meinst. (118/44)

118/52–56 Die Blätter enthalten die ‚Erkennungsszene'.

Die restlichen Blätter der Mappe bringen Episoden aus dem Börsenkampf. 118/77 Johanna zwingt Mauler, noch mehr Fleisch zu kaufen. Er scheint ruiniert zu sein. Aber da kommt der rettende Brief aus New York.


## d) Die Integration der ‚Fassung 118'

Entwurf, Fragment oder Fassung – diese Frage ist für ein „episches Drama" besonders schwer zu beantworten, da die Fabel aus autonomen Szenen bestehen kann, die erst durch Szenenüberschriften, eine These am Schluß oder einen sonstigen „Integrationspunkt"[12] ihre Einheit finden kann. Die Fassung in Mappe 118 enthält alle für den Fabelverlauf der endgültigen Ausgabe wichtigen Szenen: die Szenen II (Arbeiter warten vor der Fabrik, Johanna treibt Mission), III (Johanna geht zu Mauler und erhält Geld für die Arbeitslosen), V (Börsenschlacht und Eingreifen des Heilsarmeemädchens: Obwohl Überfluß an Büchsenfleisch herrscht, zwingt Johanna Mauler, noch mehr Fleisch zu kaufen. Maulers Ruin wird durch eine Nachricht aus New York abgewendet.), VII (Komplott des Snyder

---

[11] Brecht, Bd. 2. Stücke 2. S. 780.
[12] Volker Klotz: Geschlossene und offene Form im Drama. München 1960. S. 113.

mit den Fleischfabrikanten), VIII (Johanna erscheint in erkranktem Zustand bei Mauler mit der Bitte um Geld). – Es wäre durchaus möglich, diese Szenen zu einer eigenen Fassung zusammenzuschließen, allerdings wäre hierbei die Johannahandlung noch nicht herausgebildet. Die ‚Urfassung‘ zeigt mehr den Verlauf einer Spekulation in der Zeit der „Gründerjahre“, zu Beginn der Jahrhundertwende.

Obwohl die Arbeiter die Schlachthöfe als Ursache ihres Elends erkannt haben, bricht unter ihnen der Kampf um die wenigen noch übrigen Plätze aus. Johannas Irrtum und Schuld besteht darin, daß sie diesen Zustand der „Entfremdung“ noch stabilisiert, indem sie das Wiedereröffnen der Schlachthöfe als Erfolg ihres menschlichen Einflusses auf Mauler ansieht. Die Erkenntnis der ‚Originalfassung‘, daß alle revisionistischen Maßnahmen die verzweifelte Situation der Arbeiter nicht lösen können, sondern nur die „Ausbeuter“ in ihrer Herrschaft befestigen, ist in ‚118‘ ausgespart. Diese Bewußtmachung hätte bei dem „offenen“ Typ des „epischen Theaters“ durchaus dem Publikum als Aufgabe zufallen können.

In der Mappe 118 findet sich eine Skizze des „Geschäftsverlaufes“ von Burri, die den Nexus der Szenen herstellt. Die Verknüpfung der Mauler-Intrige durch Briefe, erst nachträglich in das Stück eingeschoben, ist ein dramaturgischer Trick, den Brecht von Schiller übernommen und parodiert hat und mit dem er die schwächste Stelle in Schillers dramatischen Konzepten trifft. Eine Untersuchung der Dramen Schillers von den ‚Räubern‘ bis zum ‚Demetrius‘ zeigt, daß es keine Tragödie ohne „vermeidbare“ Briefintrige gibt.[13] Die ganze Verwicklung in den ‚Räubern‘ beruht auf gefälschten Briefen, im ‚Don Carlos‘ auf zufällig in falsche Hände geratenen Billetts. Brecht demonstriert, wie zufällig die Tragik der Schillerschen Gestalten angelegt ist. Die Briefintrige wird zu einem bis zur Lächerlichkeit überstrapazierten Requisit der „hohen Staatstragödie“.

Die erste und die letzte Szene, die „Schillerszenen“, und die neunte Szene, die der Mission Johannas dient, fehlen in der Mappe 118. Die vierte Szene, das ‚Exemplum‘, ist, wie die obigen Szenen, entbehrlich für den Fabelverlauf.

Von der ‚Fassung 118‘ läßt sich allgemein sagen, daß die Gestalt der Johanna noch nicht so stark herausgearbeitet ist. Mit der weiteren Entwicklung des Stoffes wird sie mehr und mehr von der naiven Aufklärerin über das Leid der Arbeiter zur Anführerin.

Das Geschehen spielt sich in der Masse ab. Brecht hat erst in der endgültigen Gestaltung auf die individuelle Fabel alten Stils, die Einfühlung in

---

13 Oskar Seidlin: Schillers ‚Treacherous Signs‘. Essays in German and Comparative Lit. Chapel Hill 1961. (University of North Carolina Studies in Comparative Literature 30). S. 110–130.

die handelnden Personen ermöglicht,[14] statt einer Darstellung der Ge-
samtprozesse, zurückgegriffen. Dadurch, daß Johanna sich mit dem Schicksal der Arbeiter solidarisch erklärt, auf die Schlachthöfe zieht, um Hunger,
Kälte und Polizeigewalt zu erleiden, ist ihre Handlung in der Druckfassung mit der der Arbeiter stärker verknüpft.

Gemäß der stärkeren Gebundenheit an den Stoff gegenüber der letzten
Fassung fehlt die Herausarbeitung der ideologischen Widersprüche, die
Stilisierung einzelner Szenen als Musterszenen klassischer Dramen und die
gleichzeitige Kritik der aristotelischen Dramaturgie. Erst das ‚Original‘
bringt die Annäherung an die historische Fabel.

Die ‚Urfassung‘ enthält noch keine Blankversparodie. Die Reden der wartenden Arbeiter erscheinen als Prosadialog, nicht als metrisch-rhythmische
Konfrontierung zum Blankvers[15] der ersten Szene. Die Herausarbeitung
der Widersprüche durch Szene und Antiszene, durch Blankvers und „Anti-
blankvers" fehlt.

Die Klassikerzitate erweisen sich als spätere Interpolierungen, die beliebig
variierbar und einsetzbar sind. Wie ein gekürztes Exemplar (2073) im
Brecht-Archiv offenbart, sind sie auch, ohne die Kernzone des Stückes zu
treffen, wieder auszulöschen. Einzelne Muster stammen sogar von Brechts
Mitarbeitern. Sie sind als sinnentleerte, routinemäßig produzierbare und
formelhaft gebrauchte Elemente montierbar. Von hier aus erhält die Funktion der Mitarbeiter innerhalb des kollektiven Schöpfungsprozesses eine
neue Interpretation als Zubereitung des Erbes seinem Materialwert nach.

Brecht ist bei der Konzeption seines „Schlachthofstückes" nicht von Schiller
ausgegangen, sondern hat sein Werk erst nachträglich in die Tradition gestellt. Die ‚Heilige Johanna‘ ist also von ihrer ursprünglichen Konzeption
her weder ein Gegenentwurf noch eine Bearbeitung oder Umgestaltung.

---

[14] In seiner Theorie ‚Über eine nichtaristotelische Dramatik‘ bekennt Brecht, daß
er „für die Figur der Johanna Dark weitgehend Effekte der *Einfühlung*" verwendet habe. (Brecht, Bd. 15. Schr. z. T. 1. S. 314).

[15] Eine metrische Analyse des Arbeiterchores zeigt, daß von 42 Zeilen nur zwei
rhythmisch gleich sind. Die wechselnde Rhythmisierung unterstreicht jeweils den
gestischen Gehalt der Sätze und erlaubt es, aktuelle Formulierungen aufzunehmen. Brecht hat in seinem Aufsatz ‚Über reimlose Lyrik mit unregelmäßigen
Rhythmen‘ diesen „wechselnden, synkopierten, gestischen Rhythmus", der die
„Wahrnehmung gesellschaftlicher Dissonanzen" nicht verhindert, der „öligen
Glätte" des Blankverses gegenübergestellt, der „leicht etwas In-sich-geschlossenes,
am Ohr vorübergehendes" hat. Auch hier hat er, wie in der ‚Heiligen Johanna‘,
den Reichtum an gestischen Elementen bei Arbeiterchören der „Glätte und Harmonie" des Blankverses vorgezogen. (Brecht, Bd. 19. Schr. zur Lit. u. Kunst 2.
S. 395ff.).

### e) Von der Prosafassung zur metrischen Stilisierung:
### Die Parallelität der Entwicklung von Schiller und Brecht

Wie die Umarbeitung der Prosafassung des ‚Don Carlos‘ in Blankverse
für Schiller der Durchbruch zum klassischen Drama wurde, indem die
strenge metrische Form eine objektivierende, gesetzmäßige Aussage verlangte, so hat auch für Brecht die Begegnung mit der jambisch gebundenen
Klassikersprache eine neue „klassische“ Phase in seinem Schaffen eingeleitet. „Die Wendung von der Prosa zum Vers im Drama ist weit mehr
als ein nur formales Problem. Sie hängt mit einer idealisierenden Stil-
tendenz zusammen, die auf [eine] realistische Darstellung der ... Gesellschaft ... verzichtet zugunsten eines ... Entwurfes von der Menschheit."[16]
Von Schiller hat Brecht die Überwindung des Stofflichen durch die idealisierende und verknappende Form gelernt. Jens konstatiert den Sprachwan-
del Brechts durch seine Klassikerstudien: „Der ekstatische Stil expressio-
nistischer Visionen wurde rigoros beschnitten, und um ein übriges zu tun,
ging Brecht in die Lehre der großen Meister, in die Lehre Schillers, dessen
Stil er in parodistischer Weise kopierte."[17] Knappheit, Präzision, epigram-
matische Allgemeingültigkeit der Sprachform hat Brecht von Schiller gelernt. Die Entwicklung von der Prosafassung zum ‚Original‘ ist der historische Punkt, an dem sich der Übergang vom „frühen" Brecht zum „Klassiker" Brecht vollzogen hat – in der Auseinandersetzung mit Schiller.
Drei verschiedene Fassungen der „Geschichte des Hausverkaufes" sollen
Brechts verknappende Gestaltung, seine poetische Befreiung vom Stofflichen, deutlich machen. – Die Episode ist Sinclairs ‚Sumpf‘ entnommen.

> Es schien, daß das Haus vier Zimmer erhielt außer dem Keller, und daß es mit
> Grund und Boden für eintausendfünfhundert Dollar erstanden werden
> konnte. Nur dreihundert Dollar brauchten angezahlt zu werden, der Rest war
> in Raten von zwölf Dollar für jeden Monat abzutragen ... Sie hatten erfah-
> ren, daß sie für eine Wohnung eine Miete von neun Dollar im Monat zu
> bezahlen haben würden, wenn die Familie von zwölf Personen sich nicht mit
> einem oder zwei Zimmern begnügen wollte. Wenn sie aber Miete bezahlten,
> so würden sie immer weiter zahlen müssen und niemals besser daran sein.
> Wenn sie dagegen zuerst nur die Anzahlung erschwingen konnten, so würde
> zuletzt eine Zeit kommen, wo sie Zeit ihres Lebens keine Miete mehr zu be-
> zahlen brauchten. Sie fingen an zu rechnen ...[18]

Als Jurgis ins Gefängnis kommt, kann die Familie die letzte Rate nicht
mehr bezahlen, und ihr Haus wird erbarmungslos verkauft.

[16] von Wiese, S. 245.
[17] Jens, S. 183.
[18] Sinclair, S. 44.

Die inhaltliche Übereinstimmung der wirtschaftlichen Daten mit der ,Ur-fassung' (118) und der Druckfassung ist trotz wesentlicher Textverkürzungen vorhanden.

Mann: das schlimmste vom schlimmen ist der platz wo man bleiben kann. morgen muss ich meinen zins zahlen, und heute habe ich ihn noch nicht beisammen. wir sind zwar zu viert die arbeiten, aber zwei sind jetzt ohne stellung ...
Frau Luckerniddle: doch das ist viel
Mann: das ist nur die abzahlung. dazu kommt noch die verzinsung das sind auch neun dollar, es stand nicht im vertrag, aber es ist allgemein so.
Frau Luckerniddle: dann sind es achtzehn, das ist zuviel
Mann: wenn es nur das wäre, aber man muss noch fünf zahlen für die versicherung. wir haben schon eineinhalb jahre gezahlt, wenn wir morgen nicht alles geld haben, war es umsonst, denn dann müssen wir heraus und bekommen nichts. wir sind zu zwölf. (118/02f.)

Ein Mann: Wie bezahl ich mein
    Häuschen jetzt, das schmucke feuchte
In dem wir zu zwölft sind? Siebzehn
Raten hab ich bezahlt und verfällt
        jetzt die letzte:
Werfen sie uns auf die Straße, und
        nimmermehr
Sehen wir den gestampften Boden mit
        dem gelblichen Gras
Und nie mehr atmen wir
Die gewohnte verpestete Luft.[19]

Die pathetische Sprachgebärde, vordem reserviert für hohe Personen und bedeutende Ereignisse, wird auf die Darstellung „niedriger" wirtschaftlicher Vorgänge, auf die Schilderung eines Abzahlungssystems, tradiert. Die Nöte der Arbeiter, bisher als nicht literaturfähig, banal abgetan, erscheinen in gehobenem Stil. In diesem Fall will Brecht nicht durch verfremdende Inkongruenz von Form und Inhalt eine komische und zugleich kritisierbare Situation erreichen, sondern es geht ihm hier um die Aneignung des Erbes durch die Arbeiterklasse.

> Aber in jener Zeit werden gepriesen werden
> Die auf dem nackten Boden saßen, zu schreiben
> Die unter den Niedrigen saßen
> Die bei den Kämpfern saßen.
> Die von den Leiden der Niedrigen berichteten
> Die von den Taten der Kämpfer berichteten
> Kunstvoll. In der edlen Sprache
> Vordem reserviert
> Der Verherrlichung der Könige.[20]

[19] Brecht, Bd. 2. Stücke 2. S. 676.
[20] Brecht, Bd. 9. Gedichte 2. S. 740f.

## f) Das Datierungsproblem der ‚Original'-Fassung

Für die Untersuchung der von Brecht auf einem Deckblatt handschriftlich bezeichneten ‚Original'-Fassung ist es wichtig vorauszuschicken, daß es sich um eine in wesentlichen Punkten von der Ausgabe letzter Hand abweichende Form handelt. Die ‚Original'-Fassung war also nicht Druckvorlage, sondern letztere ist selbst eine Bearbeitung des „Originals", eine Anpassung an die historischen Bedürfnisse von 1929/30. Brecht verlegte die Handlung von den Jahren des wirtschaftlichen Aufstiegs um die Jahrhundertwende – hierin der Sinclairschen Darstellung verpflichtet – in seine Gegenwart, die Zeit der großen Wirtschaftskrise.

Eine handschriftliche Skizze Brechts zur Schlußszene auf einem Rechnungszettel des „Café du Centre, Le Lavandou s. Mer, le – 192 ... (VAR)"[21] bietet einen ersten Anhaltspunkt. Brecht ist im Winter 1928/29 und im Winter 1930 in Le Lavandou gewesen. Die Möglichkeit, daß Brecht den alten Rechnungszettel mit dem „Kopf" 192 ... erst 1930 benutzt hätte, ist zwar nicht auszuschließen, aber doch recht unwahrscheinlich. Die Skizze könnte also von 1928/29 sein, das würde bedeuten, daß die Konzeption der ‚Urfassung' noch früher liegt, da in ihr die Schlußszene noch fehlt. Die ersten Entwürfe zur ‚Johanna' wären also schon um 1928 anzusetzen, gegenüber der üblichen Datierung von 1929/30.[22]

Bis Mitte des Jahres 1930 war Brecht mit den Arbeiten zur ‚Heiligen Johanna' beschäftigt. Die ‚Münchener Nachrichten' vom 4. 6. 1930 erwähnen unter den bisher erschienenen Arbeiten und den Arbeiten, mit denen Brecht sich beschäftigt, kein ‚Johanna'-Stück. Ein Briefbogen vom 10. 6. 1930 an Felix Bloch Erben (117/48) trägt auf der Rückseite handschriftliche Skizzen zur Börsenschlacht – zeigt also Brecht noch mitten in der Arbeit. Am 2. August des Jahres erscheint dann in einer Berliner Zeitung, wohl nicht ohne Brechts Autorisation, eine kurze Notiz:

„Bert Brechts nächstes Drama ‚Die Heilige Johanna der Schlachthöfe' wird den Fall der Jungfrau von Orléans sozusagen in modernstem Milieu wiederholen und zur Diskussion stellen. Auch gegenüber Shaws ‚Johanna' wird der Unterschied darin liegen, daß Leben und Schicksal der Brechtschen Heldin, der Kampf einer glaubensstarken Frau für eine Idee, unmittelbar den materialistischen Bedingungen der Gegenwart unterliegen.

---

21 „*Johanna D'ark dreiundzwanzig Jahre alt, gestorben an Lungenentzündung auf den Schlachthöfen Chicagos im Dienst Gottes, Streiterin und Opfer ...*" (117/13).
22 Grimm, Bertolt Brecht (Metzler). S. 26. – Schumacher (Die dramatischen Versuche. S. 438.) gibt sogar 1931/32 als Entstehungsdatum an.

Geschrieben wurde die Titelrolle für Carola Neher." (118/23. Dr. Max Goldschmidt, Büro für Zeitungsausschnitte. Ausschnitt aus ‚Tempo'. Berlin, 2. August 1930).

### g) Die Briefszene

Vollständigkeit der Beschreibung kann dem Thema unserer Arbeit entsprechend nicht angestrebt werden. Lediglich der Schillerbezug dieser Fassung soll Gegenstand einer eingehenden Analyse sein. – Die ‚Original'-Fassung enthält die Briefszene nur mit geringen Abweichungen von der Druckfassung im Typoskript. Wie das Material zeigt, ist die Szene ohne Korrekturen konzipiert, sie scheint aus dem Gedächtnis „glatt" heruntergeschrieben zu sein. Es sei hier schon angemerkt, daß Brecht seine „Klassikerszenen", die aus formelhaft montiertem Sprachmaterial bestehen, meistens routinemäßig anfertigen konnte (bei der textkritischen Untersuchung der ‚Fischweiberszene', einer Parallele zur großen Begegnung zwischen Maria Stuart und Elisabeth, werden wir diesen Befund manifestieren), während er neue, originale Texte vielfach umgeschrieben und korrigiert hat.[23] Die textkritische Untersuchung vermag uns hier einen entscheidenden Hinweis für die Interpretation zu geben, sie zeigt, wie abgegriffen, inhaltlos dieser „Gehalt" ist.

Gegenüber der Druckfassung ist die Stilisierung als Briefintrige, in parodistischer Nachahmung Schillers, noch nicht so deutlich herausgearbeitet. Chicagos Fleischkönig erhält einen Brief mit der Nachricht, die Hand vom Fleischhandel zu lassen, da der Süden des Landes sich gegen wachsenden Import durch Schutzzölle absperrt. Ein ‚alltäglich-banaler' Vorgang im Wirtschaftsleben – jemand erhält eine ausgezeichnete Geschäftsinformation, verbirgt sie vor seinem Kompagnon und zieht seinen Nutzen daraus – wird in verfremdender Manier in das Genre der „hohen Staatstragödie" gekleidet, deren dramaturgisches Gerüst auf heimlichen Briefen, getarnten Boten und belauschten Gesprächen, auf Intrigen aller Art, aufbaut. Die traditionelle Form überlagert das gegenwartsnahe Geschehen und verhüllt seine tatsächliche krude Manier.

[23] Die Handschriften und Typoskripte erwecken den Eindruck, als habe Brecht sich immer wieder die wirtschaftlichen Themen klar machen wollen. Im Gegensatz zu den Klassikerparodien finden sich viele Varianten der ökonomischen Vorgänge. Der literarische Schillerbezug ist dagegen als spielerische Arabeske montiert. Die Gestaltung der ‚Heiligen Johanna' in Szene und „Antiszene", in Konfrontation von „Inhalt" und „Inhaltlosigkeit" wird von der textkritischen Analyse als dialektisch herzustellender Sinn deutlich gemacht.

,Original'
Mauler (liest einen Brief): ... Den Brief bekomm ich heute von meinen lieben Freunden aus New York Cridle: Warum, so finster, lieber Pierpont? (113/04)

Druckfassung
Mauler (liest einen Brief): ... Diesen Wink bekomme ich heute von meinen lieben Freunden aus New York. Hier kommt mein Kompagnon.
(Er verbirgt den Brief.)
Cridle: Warum so finster, lieber Pierpont?[24]

In der Druckfassung ist der Blankvers strenger eingehalten, die Sprechhaltung „klassisch" distanzierter und dementsprechend noch stärker „verhüllend". Cridle fragt Mauler, um wieviel er seinen Anteil am gemeinsamen Geschäft abgäbe.

,Original'
Mauler: eine Million und mich verpflichtest Du ... (113/04)

Druckfassung
Mauler: Darüber kann's bei alten
Freunden
Wie du und mir kein langes Handeln
geben.

Schreib zehn Millionen![25]

Während das Geschehen in der ‚Original'-Fassung in den Gründerjahren spielt, hat Brecht die Druckfassung in die Gegenwart verlegt, die Zeit der Großunternehmen, und das Geschehen drastischer, akuter, allgemeingültiger gestaltet. Die Sprechhaltung aber wird in spiegelbildlicher Umkehrung distanzierter, archaischer. Eine Million oder zehn Millionen – Kleinunternehmer oder Inhaber eines wirtschaftlichen Monopols – das ist nicht nur eine Frage des quantitativen Ausmaßes der Not, das betrifft schon ein ganz anderes Wirtschaftssystem. In ‚118' waren es siebenhundert Arbeitslose, in ‚113' siebentausend und schließlich siebzigtausend (handschriftliche Korrektur Brechts in ‚113' von sieben- zu siebzigtausend), die hungernd und frierend vor geschlossen Schlachthöfen warten.

h) Die soziologische Situierung des Blankverses

Nach der Briefszene folgt in der Anordnung der Mappe 113 die Szene IIc der Druckfassung: Johannas trostspendende Aktion auf den Schlachthöfen. Die gestisch rhythmisierte Prosa des Chors der Arbeiter antwortet erst in der letzten Fassung auf die „ölige Glätte" des „soziale Disharmonien und gesellschaftliche Interferenzen neutralisierenden" Blankverses. Es ist allerdings nicht mehr rekonstruierbar, ob die Mappe tatsächlich die Brecht-

---

24 Brecht, Bd. 2. Stücke 2. S. 667.
25 Brecht, Bd. 2. Stücke 2. S. 668.

sche Anordnung der Szenen wiedergibt. Es besteht zwar kein offensichtlicher kausaler Zusammenhang, der eine unabänderliche Reihenfolge der Szenen fordert, dennoch ergäbe eine Umstellung der Teile eine andere Interpretation, denn die Szenen antworten aufeinander: Erst die Konfrontation von Szene I mit Szene IIa der Druckfassung ergibt die eigentliche Interpretation der Schillerparodie. Das formale Problem – einheitlicher, „glatter" Blankvers oder unregelmäßiger, gestischer Rhythmus – hat für Brecht soziale Relevanz, indem „die *produktive* Weiterentwicklung der Formen in der Kunst ... die Weiterentwicklung des sozialen Inhalts als eine absolut entscheidende Voraussetzung"[26] für sich hat.

> Es handelte sich ... nicht nur um ein ‚Gegen-den-Strom-Schwimmen' in formaler Hinsicht, einen Protest gegen die Glätte und Harmonie des konventionellen Verses, sondern immer doch schon um den Versuch, die Vorgänge zwischen den Menschen als widerspruchsvolle, kampfdurchtobte, gewalttätige zu zeigen.[27]

Ein Textvergleich der Dialogszene aus der ‚Urfassung' mit der Chorszene aus der ‚Original'-Fassung zeigt uns Brechts Verhältnis zur klassischen Tradition dialektisch als Aneignung und Gegenentwurf. Das poetische Mittel des Chores, ein Requisit des klassischen Dramas, erhält eine ungewohnte sprachliche Realisierung. „Aufheben" und Neustiften der Tradition sind hier dialektisch vereinigt.

Die Verbundenheit einer bestimmten Handlungsweise der Menschen mit ihrer Ausdrucksweise wird sinnfällig. In der ‚Heiligen Johanna' sprechen die Schlächter im Blankvers, die Arbeiter in unregelmäßigen, freien Rhythmen.

> Außer den stofflichen Komplexen sind nämlich auch noch gewisse historische Darstellungsweisen der Stoffelemente ausgestellt, so daß das Werk unter anderm auch zu einer Untersuchung verschiedener Darstellungsweisen wird ...[28]

Die klassischen Ausdrucksformen sollen dabei zerstört werden, „indem ihre soziale Funktion gezeigt wird".[29]
Gegenüber der Druckfassung fehlt der letzte Teil der zweiten Szene, Johannas Entschluß zu Mauler zu gehen und die Warnungen der „Schwarzen Strohhüte":

> Nicht misch dich in irdischen Zank!
> Dem Zank verfällt, wer sich hineinmischt!
> Seine Reinheit vergeht schnell.[30]

---

[26] Brecht, Bd. 19. Schr. zur Lit. u. Kunst. 2. S. 403.
[27] Brecht, Bd. 19. Schr. zur Lit. u. Kunst 2. S. 397.
[28] Brecht, Bd. 17. Schr. z. Th. 3. S. 1017.
[29] Brecht, Bd. 17. Schr. z. Th. 3. S. 1018.    [30] Brecht, Bd. 2. Stücke 2. S. 679.

Die Mitteilung des Entschlusses ist für den Handlungszusammenhang nicht notwendig, legt aber mehr Gewicht auf Johannas Aktion. Mit der stärkeren Herausarbeitung der subjektiven Komponente ist das traditionelle Schema des klassischen Dramas, Szenenschluß und Verkündigung eines Entschlusses, der die folgenden Szenen zu fester Einheit verzahnt, in eins gehen zu lassen, anwendbar.

### i) Die ‚Erkennungsszene‘

Die dritte Szene, in der die ‚Erkennungsszene‘ eine Episode bildet, setzt sich aus verschiedenen, variierbaren Einzelteilen zusammen. Der Szenentitel der ‚Original‘-Fassung: ‚DER FLEISCHKOENIG C MAULER UEBERGIBT EINFACHEM HEILSARMEEMÄDCHEN 10 000 DOLLAR FUER DIE ARMEN CHIKAGOS‘ (113/21), eine konkrete Inhaltsangabe, weicht der „schillerisierenden“ Themaangabe: ‚Pierpont Mauler verspürt den Hauch einer anderen Welt.‘[31] Der Szenentitel befindet sich auf einem Blatt mit dem Bild: ‚JEANNE D'ARC, CONDUITE AU CHATEAU DE CHINON, RECONNAIT CHARLES VII CONFONDU PARMI LES SEIGNEURS DE SA COUR, d'apres un bas-relief de M. Vital-Dubray. Orléans‘ (113/21). Dieses „bas-relief“ von Dubray könnte als Gegenbeweis dafür gelten, daß die Schillersche ‚Erkennungsszene‘ Vorbild für Brecht gewesen ist. Die Quelle von Dubray jedoch als parodierte Vorlage für die ‚Erkennungsszene‘ anzunehmen, widerspräche Brechts Einstellung zum überlieferten Erbe. Nicht einen künstlerischen Gegner will er treffen, sondern die veralteten Bewußtseinsformen, in denen ein Modell existiert, angreifen – und nur die ‚Erkennungsszene‘ bei Schiller wäre als bekannt genug vorauszusetzen, um eine Kampagne gegen unsere Gewohnheitsassoziationen zu öffnen. Zu Shaws ‚Die heilige Johanna‘ schreibt Brecht, daß dem Dramatiker die „Verwicklungen ... nicht alt und bekannt genug sein“[32] können.

> Ein patriotisches Mädchen findet sich in der Geschichte, und es ist ihm nur wichtig, daß uns die Geschichte dieses Mädchens möglichst vertraut und ... geläufig ... ist, um desto gründlicher unsere veralteten Ansichten über diese Typen und vor allem über deren Ansichten herzunehmen.[33]

Zwei Bewußtseinshorizonte werden konfrontiert – das heißt aber, die Bekanntheit der herkömmlichen Szene ist unausgesprochene Voraussetzung und muß als „Lesart“ bei der Brechtschen Umdichtung mitgedacht werden.

[31] Brecht, Bd. 2. Stücke 2. S. 680.
[32] Brecht, Bd. 15. Schr. z. Th. 1. S. 99.
[33] Brecht, Bd. 15. Schr. z. Th. 1. S. 99.

Ihre allzu große Bekanntheit und Geläufigkeit ist gerade die Qualität, die Brechts Methode ermöglicht. Erst beide Varianten ergeben dialektisch aufeinander bezogen die Einheit der neuen Szene.

Das Weiterdichten einer Figur oder einer Szene bedeutet, daß man ihre historisch bedingte Notwendigkeit aufgibt und mehrere Variationsmöglichkeiten offen hält.

> Das Geheimnis der großen Dramenfiguren besteht zum Teil darin, daß sie nahezu jeden Körper haben können und Platz für eine Menge privater Züge in ihnen ist. Ebenso wie in den in Betracht kommenden Dramen mehrere Ansichten über den Stoff zugelassen werden vom Dichter, sind die Figuren ganz unfixiert.[34]

Bei jeder Äußerung muß der Darsteller einer Figur, gemäß den Brechtschen Gewohnheiten, das „Nicht–Sondern"[35] zu fixieren, bewußt machen, daß es sich nur um eine der jeweils möglichen, zahlreichen Varianten handelt. „Sein historisierter Mensch spricht wie mit vielen Echos, die gleichzeitig gedacht sein müssen."[36] Soll eine Figur oder eine Situation von ihrer beeinflußbaren Seite her gesehen werden, so darf die Aussage nicht als die natürlichste, notwendige erscheinen. Der Schauspieler muß „andere mögliche Aussagen in Erwägung ziehen, kurz, die Haltung des sich Wundernden einnehmen",[37] und diese Haltung muß in seiner endgültigen Aussage sichtbar bleiben.

> Er muß, mit dem Text, diese seine ersten Reaktionen, Vorbehalte, Kritiken, Verblüffungen memorieren, damit sie in seiner Endgestaltung nicht etwa vernichtet werden, indem sie ‚aufgehen', sondern bewahrt und wahrnehmbar bleiben.[38]

In einem bisher unveröffentlichten Materialienblatt zur ‚Heiligen Johanna' hat Brecht an einer Schillerpassage diese Historisierung vorgenommen, und damit eine allzu vertraute Wendung der Kritik unterzogen.

ROLLENAUFBAU BEI INDUKTIVEM VORGEHEN

beispiel der suche nach einem ausdruck: wie ist in der III. szene von DIE HEILIGE JOHANNA DER SCHLACHTHÖFE der satz der johanna ‚weil du das blutigste gesicht hast' zu proben? zunächst sind gemäß den gepflogenheiten des STAUNENDEN LESENS der rolle, andere antworten zu suchen. etwa: ‚weil gott mir dein gesicht im traum gezeigt hat' oder ‚weil ich es auf anpreisungen von ihrem corned beef gesehen habe' oder ‚weil du das klügste gesicht hast.' diese drei sätze, oder ähnliche sätze sind mit dem jeweils passenden ausdruck zu spre-

---

34 Brecht, Bd. 15. Schr. z. Th. 1. S. 195.
35 Brecht, Bd. 16. Schr. z. Th. 2. S. 688.
36 Brecht, Bd. 15. Schr. z. Th. 1. S. 405.
37 Brecht, Bd. 16. Schr. z. Th. 2. S. 688.
38 Brecht, Bd. 16. Schr. z. Th. 2. S. 688.

chen. danach ist, davon unterscheidbar, der rollensatz ‚weil du das blutigste gesicht hast‘ zu sprechen. (58/05)

Bevor wir die verschiedenen Fassungen der ‚Erkennungsszene‘ einer eingehenden textkritischen Analyse unterziehen, wollen wir die Druckfassung der Szene mit Schillers Szene vergleichen, um Brechts allmähliche Annäherung an das klassische Vorbild zeigen zu können. Erst nachdem das ‚Original‘ abgeschlossen war, hat Brecht erkannt, daß er sich mit seinem Werk notwendig in eine große Tradition eingereiht hatte, insofern als das Stück nicht ohne den stillschweigenden Vergleich mit der ‚Romantischen Tragödie‘ Schillers gedacht werden konnte. Deshalb galt es, diese Tradition als kritisiertes Element in seine Neuschöpfung zu integrieren. Die Frage, ob das ‚Original‘ oder die Druckfassung also die eigentlich von Brecht autorisierte Ausgabe ist, ist auf Grund dieses Traditionsbegriffes nur dialektisch zu beantworten: beide Fassungen müssen textkritisch als Pendant betrachtet werden.

Das Handlungsschema, in das die ‚Erkennungsszene‘ eingebettet ist, ist, wenn man die konsequente Stilisierung wirtschaftlicher Vorgänge in Vorgänge der ritterlich-höfischen Welt[39] in diesem Stück auch auf diese Szene anwendet, identisch: Kampf um Orléans, bzw. Börsenschlacht, Auftauchen Johannas vor dem „König“, der sein Amt niederlegen will, Erkennungsszene, Übergabe des Heeres, bzw. des Geldes durch den „König“ und Legitimierung des Herrschers durch Johanna. Mauler imitiert die Haltung des schöngeistigen, unkriegerischen Karl von Frankreich, der ebenfalls sein Amt niederlegen will.

> Mauler: ... Ich habe vor, dies blutige
> Geschäft baldmöglichst aufzugeben: ganz.

[39] Die ursprüngliche Herkunft des Stoffes aus dem Bereich der feudalen Politik und der ritterlichen Ethik zeigt sich in Brechts anspielenden Übertragungen. Der Börsenkampf ist als homerischer Schlachtenbericht abgefaßt:
> „O ewiges Schlachten! Das ist heut nicht anders
> Als es vor Menschenaltern war, wo sie
> Mit Eisen sich die Köpfe blutig schlugen!“

(Brecht, Bd. 2. Stücke 2. S. 765). – Brecht parodiert die heldischen Gebärden, indem er sie auf ganz und gar inkongruente Rollenträger tradiert:
> „Erinnere, Cridle, dich an jenen Ochsen
> Der blond und groß und stumpf zum Himmel blickend
> Den Streich empfing: mir war’s, als gält er mir.“

(Brecht, Bd. 2. Stücke 2. S. 667). – Einerseits engt Brecht die Begriffe und Vorstellungen der feudalen Welt des Mittelalters durch Hinzufügen neuer Bestimmungswörter auf ihre ökonomische Funktion ein (Fleischkönig, Zollmauern, Packherren), andererseits gilt ihm der wirtschaftliche Bereich als Gleichnis für die Welt schlechthin: Die „Welt gleichend einem Schlachthaus“. (Brecht, Bd. 2. Stücke 2. S. 672).

> Neulich nämlich, das wird euch interessieren, sah ich
> Einen Ochsen sterben und war so erschüttert, daß
> Ich alles aufgeben will...[40]

Der lothringische Ritter Raoul, ein Vasall Karls von Valois, berichtet vor
dem königlichen Hof von Johannas siegreichem Eingreifen vor Orléans. –
Ein Detektiv, Maulers Vasall, kündigt Mauler das Erscheinen Johannas
und der „Schwarzen Strohhüte" an.

| | |
|---|---|
| Mauler: Was ist das für eine Organisation? | Sorel:... Wer ist sie? |
| | Raoul: |
| Der Detektiv: Sie sind weit verzweigt und zahlreich und angesehen bei den unteren Ständen, wo man sie die Soldaten des lieben Gottes nennt.[41] | ... Sie nennt sich eine Seherin und Gott-Gesendete Prophetin... Ihr glaubt das Volk...[42] |

„Ihr glaubt das Volk", glossiert Brecht: „angesehen bei den unteren
Ständen", „Gottgesendete Prophetin" überträgt er als „Soldaten des lie-
ben Gottes". In einer, erst in der Druckfassung hergestellten, deutlichen
Antithese zu Schiller ist bei Brecht mit der Wendung von der individuellen
Dramatik zur Darstellung kollektiver Schicksale die Frage nach Johanna
in eine Frage nach ihrer Organisation umgewandelt.

Nicht allein die genaue Übernahme des Stellenwertes dieser Passage vermag uns von der dialektischen Identität der Schiller- und Brechtverse zu
überzeugen, sondern vor allem die Tatsache, daß Brecht sich selbst an der
Wende einer Zeit und ihrer Kultur als *Glossator* empfunden hat, der die
Werte der Klassik für die neue Gesellschaft des Proletariats „aufheben"
will. Er gleicht damit den Glossatoren des achten Jahrhunderts, die das
Hinübernehmen von Vorstellungen und Begriffen aus der antiken und
christlichen Literatur durch Einfärbung in die Vorstellungsformen der Ger-
manen ermöglichten.

> Der Sozialismus wird die bürgerlichen, feudalen, antiken Künste fortsetzen...
> Manch neue Methode wird nötig sein und gefunden werden, damit die groß-
> artigen Konzepte und Ideen der Ingenien vergangener Zeiten von den Schlak-
> ken der Klassengesellschaft befreit werden können.[43]

Brechts politische Schriften der marxistischen Periode stehen unter dem
Eindruck der Zeitenwende. „Der bürgerliche Mensch löst den Adeligen,
der proletarische den bürgerlichen nicht nur ab, sondern er enthält ihn
auch."[44]

---

[40] Brecht, Bd. 2. Stücke 2. S. 686.    [41] Brecht, Bd. 2. Stücke 2. S. 684.
[42] NA, Bd. 9. S. 203f. V. 987, 989–990, 992.
[43] Brecht, Bd. 16. Schr. z. Th. 2. S. 908.
[44] Brecht, Bd. 20. Schr. zur Politik u. Gesellsch. S. 155.

Zur „Fortsetzung" der Künste gehört das Hervorheben der „fortschritt-lichen" Züge, das heißt bei der „Wunderszene", das Befreien des poten-tiellen rationalistischen Gehaltes und die gleichzeitige Entromantisierung und Entmythologisierung des mittelalterlichen Stoffes. – Mauler übernimmt Dunois' rationalistisch-distanzierende Funktion. Johanna nennt Karl drei Gebete, die er heimlich getan. Während die übrigen ‚jeden Zweifel irdscher Klugheit vor solcher göttlicher Beglaubigung'[45] schweigen lassen, sagt Dunois:

> Nicht ihren Wundern, ihrem Auge glaub ich,
> Der reinen Unschuld ihres Angesichts.[46]

Mauler: ... Warum ich hier helf? Vielleicht nur
> Weil mir dein Gesicht gefällt, weil's so unwissend ist, obgleich
> Du zwanzig Jahre lebtest.[47]

Unschuld glossiert Brecht mit den Worten „unwissend, obgleich du zwan-zig Jahre lebtest". Er reduziert diesen zentralen Begriff der Schillerschen Ethik, der inzwischen eine Menge anderer Bewußtseinsgehalte assimiliert hat, auf eine konkrete Auslegung und befreit ihn von seiner bisherigen ethischen Überfrachtung.

Romantisch waren an Schillers Drama zudem die mittelalterlichen Mo-tive. Karls Hof ist eine Zuflucht der Minnesänger und Troubadoure, eine Welt des schönen Scheins und der sentimentalen Gesten. Karls Vorbild ist der Musenhof des Königs René, der die alten Zeiten wiederbringen will:

> Wo zarte Minne herrschte, wo die Liebe
> Der Ritter große Heldenherzen hob,
> Und edle Frauen zu Gerichte saßen,
> Mit zartem Sinne alles Feine schlichtend.[48]

Angesichts des wirtschaftlichen Chaos seines Landes denkt er dennoch dar-an, die Gesandten des „länderlosen" Königs fürstlich zu beschenken:

> ... Edle Sänger dürfen
> Nicht ungeehrt von meinem Hofe ziehn.
> Sie machen uns den dürren Zepter blühn, ...[49]

Mauler, ein Gegenentwurf zum Dichterfürsten Karl, läßt die „Schwarzen Strohhüte" nur unter der Bedingung ein:

> ... Auch Tränen oder Lieder
> Besonders rührselige, dürfen sie nicht plärren.[50]

[45] NA, Bd. 9. S. 208. V. 1111–1112.   [46] NA, Bd. 9. S. 208. V. 115–116.
[47] Brecht, Bd. 2. Stücke 2. S. 687.   [48] NA, Bd. 9. S. 185. V. 518–521.
[49] NA, Bd. 9. S. 184. V. 476–478.   [50] Brecht, Bd. 2. Stücke 2. S. 684.

Bei Schiller tritt Johanna wie eine himmlische Erscheinung auf, begleitet von Heilrufen, Glockenklang und Waffengeklirr. Bei Brecht wird sie durch einen Detektiv Maulers mehrfach angemeldet und abgeholt, „währenddessen ... Börsenlärm ...: Ochsen 43, Schweine 55, Rinder 59 usw."[51] – Das realistische Detail, die mehrfache Anmeldung des Boten, wird bei Schiller hinter die Szene verlegt, zugunsten des „bedeutsamen" Auftritts. Wir sehen nicht, wie Johanna Karls Befehl: „Führt sie herein..."[52] erfährt. „Es klappt wie in der Dichtung",[53] heißt es bei Brecht anläßlich einer Aufführung von ‚Kabale und Liebe'. Brecht, der die ‚Heilige Johanna' in seinem Vorspruch ein realistisches Werk nennt,[54] verzichtet auf künstlerische Stilisierung zugunsten der größeren Wirklichkeitsdichte, die in jener gewissen Unlogik und Zusammenhanglosigkeit der Vorgänge, in jenem immer wieder gestörten Ablauf der Ereignisse liege, die er bei Schiller und Hebbel, die zu sehr konstruiert hätten, vermißt.[55]

> (Johanna tritt auf Mauler zu.)
> Johanna: Sie sind die Mauler!
> Mauler: Nicht ich bin's. (Zeigt auf Slift.) Der ist's.
> Johanna (deutet auf Mauler): Sie sind der Mauler.
> Mauler: Nein, der ist's.
> Johanna: Sie sind's.
> Mauler: Wie kennst du mich?
> Johanna: Weil du das blutigste Gesicht hast.
> (Slift lacht.)[56]

Brecht reduziert die ‚Erkennungsszene' auf ihren mimischen Urstoff, ihren gestischen Gehalt. Er streift die Züge der literarischen Tradition ab und gibt diese Szene bewußt als Einlage, als Spiel im Spiel, während sie bei Schiller im Gefüge des ganzen verflochten ist. Es fehlt die symbolisch bedeutsame Anordnung der Figuren: Der König in der Mitte, rechts der erste Stand, links der zweite Stand – das Bild eines feudalen Ordo, der im sakralen Bereich begründet ist. Es fehlt die Motivierung: Der Hof will prüfen, ob das Mädchen „gottgesendet" ist, denn nur dann vermag sie den ebenfalls „Gottgesendeten", den König, zu erkennen. Schillers Neigung zu problematisieren und pathetisch zu steigern, beantwortet Brecht mit einer Reduzierung auf den rein komödiantischen Gehalt. Stilistisch wird die Szene „ausgekältet", werden die Postamente der kolossalischen Form zerschlagen, und die Episode gleicht damit dem „alltäglichen" Theater, dem Theater an der Straßenecke, einer Lieblingsidee Brechts.

51 Brecht, Bd. 2. Stücke 2. S. 684.        52 NA, Bd. 9. S. 204. V. 996.
53 Brecht, Bd. 15. Schr. z. Th. 1. S. 17.   54 Brecht, Bd. 17. Schr. z. Th. 3. S. 1017f.
55 Brecht, Bd. 15. Schr. z. Th. 1. S. 118f.
56 Brecht, Bd. 2. Stücke 2. S. 685.

Die Entwicklung der Fassungen

| ‚Urfassung' | ‚Original' | Druckfassung (Brecht, Bd. 2. Stücke 2. S. 684f.) | Schillerparallele (I,9 und I,10) |
|---|---|---|---|
| *Mann*: herr mauler auf der treppe der viehbörse warten einige auf sie die mit ihnen sprechen wollen | *Ein* MANN: her mauler *da sind* einige die mit ihnen sprechen wollen. | Der Detektiv: Herr Mauler, da sind einige, die mit Ihnen sprechen wollen. | [Raoul berichtet von Johannas siegreichem Eingreifen vor Orléans und kündigt ihr Erscheinen an.] |
| MAULER: abgerissener pack? /diese ausgehungerten lumpen?/ was? neidisch aussehen*d* /sie/ was? /wie?/ und gewalttätig! wie? ich bin nicht zu sprechen. | MAULER: abgerissenes pack, was? neidisch aussehend, was und gewalttätig, wie? ich bin nicht zu sprechen. | Mauler: Abgerissenes Pack, was? Neidisch aussehend, was? Und gewalttätig, wie? Ich bin nicht zu sprechen. | |
| MANN: es sind ein par von denen die man die ss nennt die laufen seit einigen wochen... | MANN: es sind ein paar von denen, die man die schwarzen strohhüte nennt. sie laufen seit einigen wochen... | Der Detektiv: Es sind ein paar von der Organisation der Schwarzen Strohhüte. | |
| | | Mauler: Was ist das für eine Organisation? | Sorel: Wo kam sie her? Wer ist sie? |
| | | Der Detektiv: Sie sind weit verzweigt und zahlreich und angesehen bei den unteren Ständen, wo man sie die Soldaten des lieben Gottes nennt. | Raoul: ...Sie nennt sich eine Seherin und Gottgesendete Prophetin und verspricht, Orléans zu retten, eh der Mond noch wechselt. |

| ,Urfassung' | ,Original' | Druckfassung (Brecht, Bd. 2. Stücke 2. S. 684f.) | Schillerparallele (I,9 und I,10) |
|---|---|---|---|
| | | | Ihr glaubt das Volk... (NA, Bd. 9. S. 203f. V. 987, 989–992). |
| MAULER: ich hörte schon von ihnen seltsamer name *des lie-ben Gottes Soldaten ... aber was wollen die von mir? | MAULER: ich hörte schon von ihnen, seltsamer name! des lieben gottes soldaten ... aber was wollen die von mir? | Mauler: Ich hörte schon von ihnen. Seltsamer Name: Des lieben Gottes Soldaten ... aber was wollen die von mir? | |
| Mann: sie haben mit dir zu sprechen, sagen sie*. (118/59) | MANN: sie haben mit ihnen zu sprechen, sagen sie. (113/28) | Der Detektiv: sie haben mit Ihnen zu sprechen, sagen sie. | |
| während dem geht der bör-senlärm weiter: ochsen 43, schweine 55, rinder 59 usw. | | (Währenddessen geht jetzt der Börsenlärm weiter: Och-sen 43; Schweine 55, Rinder 59 usw.) | (Man hört Glocken und Ge-klirr von Waffen, die anein-ander geschlagen werden): Hört ihr den Auflauf? Das Geläut der Glocken? Sie ists, das Volk begrüßt die Gottgesandte ... Viele Stimmen (hinter der Szene): Heil, Heil der Jungfrau, der Erretterin! (NA, Bd. 9. S. 204. V. 993–995, V. 1000–1001). |

| ‚Urfassung' | ‚Original' | Druckfassung (Brecht, Bd. 2. Stücke 2. S. 684f.) | Schillerparallele (I,9 und I,10) |
|---|---|---|---|
| MAULER: sag ihnen, ich will sie sehen, sag ihnen aber auch, dass sie selbst nichts sagen dürfen was ich nicht selber frag, auch tränen oder lieder besonders rührselige dürfen sie nicht plärren sag ihnen noch, am meisten könnts ihnen nützen wenn ich den eindruck hätt, sie seien gutgesinnte menschen gegen die nichts vorliegt und die nichts wollen von mir, was ich nicht hab. und noch was: sag nicht, daß ich der mauler bin. | MAULER: sag ihnen, ich will sie sehen, sag ihnen aber auch, dass sie selbst nichts sagen dürfen was ich nicht selber frag, auch tränen oder lieder besonders rührselige dürfen sie nicht plärren sag ihnen noch, am meisten könnts ihnen nützen wenn ich den eindruck hätt, sie seien gutgesinnte menschen gegen die nichts vorliegt und die nichts wollen von mir, was ich nicht hab. und noch was: sag nicht, daß ich der mauler bin. | Mauler: Gut, sag ihnen, ich will sie sehn. Sag ihnen aber auch, daß sie selbst nichts sagen dürfen, was ich Nicht selber frag. Auch Tränen oder Lieder Besonders rührselige, dürfen sie nicht plärren. Sag ihnen noch, am meisten könnt's ihnen nützen Wenn ich den Eindruck hätt', sie seien Gutgesinnte Menschen, gegen die nichts vorliegt Und die nichts wollen von mir, was ich nicht hab. Und noch was: sag nicht, daß ich der Mauler bin. | [Die zweite Szene des ersten Aufzuges berichtet vom Musenhof Karls. Karl ist ein großer Liebhaber gerade „rührseliger" Lieder.] |
| *Mann (zu Johanna): er will euch sprechen aber ihr sollt nichts fragen, sondern nur antworten wenn er euch fragt Graham ist weg gelaufen* | MANN *hinten* ZU JOHANNA: er will euch sprechen aber ihr sollt nichts fragen sondern nur antworten wenn er euch fragt | (Der Detektiv geht hinüber zu Johanna.) Der Detektiv: Er will euch sprechen, aber Ihr sollt nichts fragen, sondern nur antworten Wenn er euch fragt. | Karl: Sie kommt! (zu Dunois) Nehmt meinen Platz ein, Dunois! Wir wollen dieses Wundermädchen prüfen: Ist sie begeistert und von Gott gesandt, |

| ,Urfassung' | ,Original' | Druckfassung (Brecht, Bd. 2. Stücke 2. S. 684f.) | Schillerparallele (I,9 und I,10) |
|---|---|---|---|
| | | | Wird sie den König zu entdecken wissen. |
| | | | (Dunois setzt sich, der König steht zu seiner Rechten, neben ihm Agnes Sorel, der Erzbischof mit den Übrigen gegenüber, daß der mittlere Raum leer bleibt.) |
| *Johanna: Sie sind der Mauler! Mauler: nicht ich bins (zeigt auf Cridle) der ist's* | JOHANNA *(tritt vor)* sie sind der mauler? MAULER: nicht ich bins (ZEIGT AUF CRIDLE) der ist's. | Johanna (tritt auf Mauler zu): Johanna: Sie sind der Mauler! Mauler: Nicht ich bin's. (Zeigt auf Slift.) Der ist's. | Zehnter Auftritt (Die Vorigen. Johanna begleitet von den Ratsherren und vielen Rittern, welche den Hintergrund der Szene anfüllen; mit edlem Anstand tritt sie vorwärts und schaut die Umstehenden der Reihe nach an.) |
| JOHANNA: sie sind der mauler MAULER: nein der ists JOHANNA: sie sinds MAULER: wie kennst du mich? JOHANNA: weil du das blutig-ste gesicht hast SLIFT LACHT MAULER: lachst du, slift? (118/62) | JOHANNA *(auf Mauler deutend)* sie sind der mauler. MAULER: nein, der ist's. JOHANNA: sie sinds. MAULER: wie /er/kennst du mich? JOHANNA: weil du das blutigste gesicht hast. SLIFT LACHT MAULER: du lachst, slift? (113/29) | Johanna (deutet auf Mauler): Sie sind der Mauler. Mauler: Nein, der ist's. Johanna: Sie sind's. Mauler: Wie kennst du mich? Johanna: Weil du das blutigste Gesicht hast. (Slift lacht.) Mauler: Du lachst, Slift? | Dunois (nach einer tiefen feierlichen Stille): Bist du es, wunderbares Mädchen – Johanna (unterbricht ihn, mit Klarheit und Hoheit ihn anschauend): Bastard von Orléans! Du willst Gott versuchen! |

| ‚Urfassung' | ‚Original' Druckfassung (Brecht, Bd. 2. Stücke 2. S. 684 f.) | Schillerparallele (I,9 und I,10) |
|---|---|---|
| | | Steh auf von diesem Platz, der dir nicht ziemt. An diesen Größeren bin ich gesendet. |
| | | (Sie geht mit entschiedenem Schritt auf den König zu, beugt ein Knie vor ihm und steht sogleich wieder auf, zurücktretend. Alle Anwesenden drücken ihr Erstaunen aus. Dunois verläßt seinen Sitz, und es wird Raum vor dem König.) Karl: Du siehst mein Antlitz heut zum erstenmal – Von wannen kommt dir diese Wissenschaft? Johanna: Ich sah dich, wo dich niemand sah als Gott . . . (NA, Bd. 9. S. 204 f. V. 1001–1012). |

Die Entwicklung der Fassungen zeigt eine fortschreitende Annäherung an das klassische Vorbild, wie die nachträglichen Interpolierungen, deutliche Parallelen und Antithesen zu Schiller, zeigen. In ‚118‘ und ‚113‘ fehlt die Posareminiszenz:

> Mit Ochsen hab ich Mitleid, der Mensch ist schlecht.
> Die Menschen sind für deinen Plan nicht reif.[57]

Die Schillerparodie:

> Ist's nicht ein Äußerstes, daß ich die Hand herausnahm
> Aus einem großen Geschäft, nur weil es blutig ist?[58]

erweist sich als handschriftliche Spätvariante in ‚118‘.

Der Börsenlärm, in ‚118‘ noch bloßer akustischer Hintergrund zur ‚Erkennungsszene‘, wird dem Auftreten Johannas koordiniert, so wie bei Schiller Glocken, Trommeln, Heilrufe leitmotivisch das Erscheinen der Heiligen begleiten. Die Fähigkeit der Jungfrau, den gottgesalbten König zu *erkennen*, beweist ihre himmlische Sendung: Gott hat ihr Karl von Valois in einer Vision gezeigt. Brechts Johanna *kennt* Mauler aus ganz prosaischen Gründen: weil sie sein Gesicht auf Anpreisungen von corned beef gesehen hat, oder weil er das blutigste oder klügste Gesicht hat. Indem Johanna den Fleischkönig nicht auf Grund seherischer Begnadung erkennt, sondern ihn auf Grund von informativem Wissen oder Menschenkenntnis „kennt“, erhält die Szene einen völlig anderen, profanen Sinn. Brecht hat die Szene von einer sakralen Weihehandlung in eine rein komödiantisch-gestische Verkleidungsszene, als ihren ‚mimischen Urstoff‘, umgestaltet. Entscheidend ist der komische Effekt, den die Übertragung herstellt, denn die Produktion der Klassik hat Brecht ja als „Stoff- und Ideenreservoir für Lustspiele“ betrachtet.

---

[57] Brecht, Bd. 2. Stücke 2. S. 688.

Posa: „... Ich höre, Sire, wie klein,
Wie niedrig Sie von Menschenwürden denken ...“
(SA, Bd. 4. S. 155. V. 3091–3092).

Posa: „Der Mensch ist mehr, als Sie von ihm gehalten.“
(SA, Bd. 4. S. 159. V. 3188).

Posa: „... Das Jahrhundert
Ist meinem Ideal nicht reif. Ich lebe
Ein Bürger derer, welche kommen werden.“
(SA, Bd. 4. S. 155. V. 3078–3079).

[58] Brecht, Bd. 2. Stücke 2. S. 686.

## j) Der Schillerbezug der ‚Original'-Fassung

Die vierte, fünfte und sechste Szene entsprechen im wesentlichen der Druckfassung. Es fehlen noch einzelne Klassikerparodien,[59] so wie die Stilisierung des „Arbeitslosen-Lehrstücks" als Gang Johannas in die Tiefe, eine Anspielung auf den Mythos von der Gottgesandten in der Wirklichkeit, der seine bildhafte Konkretisierung in dem Gang der Schäferin von den Bergen herab in die Täler der Menschen findet.

> Raimond: Jetzt liebt sie noch zu wohnen auf den Bergen,
> Und von der freien Heide fürchtet sie
> Herabzusteigen in das niedre Dach
> Der Menschen, wo die engen Sorgen wohnen.[60]

Die siebte Szene (‚*Austreibung der Händler aus dem Tempel*'[61]) bringt gegenüber der Druckfassung eine andere Motivierung von Johannas Handeln. Johanna treibt nicht die Fleischkönige aus dem Tempel, weil sie die Armen verhungern lassen, sondern: „johanna, über das gottlose benehmen der fleischkönige erzürnt, verweist sie aus gottes haus" (114/22). Johanna ist Streiterin für Gott, nicht für die Armen, demzufolge geht sie in der achten Szene nicht zu Mauler, um für die Arbeiter zu bitten, sondern um Gott wieder ein Obdach zu verschaffen. Die Fremdheit Johannas, der Idealistin, im wirklichen Leben erfährt bei Brecht eine eindeutig negative Beurteilung.

> die SEKRETAERIN: pack deinen koffer, du spinnige person! dich muß man
> hinauswerfen, damit du siehst, wie es im leben ist. (114/32)

> Snyder: ... Jetzt geh, du Überirdische
> Hinaus in den Regen und bleib rechthaberisch im Schneetreiben.[62]

Das breit ausgespielte Thema der ‚Original'-Fassung ist: Gott, der seine völlige Unzulänglichkeit in Wirtschaftsfragen bekennt, soll dennoch von den „Schwarzen Strohhüten" und den Fleischfabrikanten als Lenker der

---

[59] In der ‚Original'-Fassung fehlen z. B. die Stellen:
„Ach, unser, der kleinen Spekulanten, gedenkt
Niemand. Die aufschreiend sehen
Den Sturz des Kolosses."    (Brecht, Bd. 2. Stücke 2. S. 701).
und
"Gegen Krisen kann keiner was!
Unverrückbar über uns
Stehen Gesetze der Wirtschaft, unbekannte.
Wiederkehren in furchtbaren Zyklen
Katastrophen der Natur!" (Brecht, Bd. 2. Stücke 2. S. 704f.).
[60] NA, Bd. 9. S. 169. V. 69–72.
[61] Brecht, Bd. 2. Stücke 2. S. 717.    [62] Brecht, Bd. 2. Stücke 2. S. 724.

114

wirtschaftlichen Gesetze den Arbeitern vorgestellt werden, um sie von der Unabänderlichkeit des kapitalistischen Systems zu überzeugen.

> ich habe da ein buch gelesen über konjunkturforschung die krisen sollen da auf naturgesetzen beruhen da frage ich sie aber doch, davon müßte schließlich ich auch etwas wissen und ich sage ihnen kein wort wahr! ich habe mit wirtschaft nie das geringste zu tun gehabt ... selbstverständlich bin ich allwissend aber die börsenkurse kann ich nicht voraussehen das kann niemand. (114/37)

Die Klassikerparodie der Druckfassung erlaubt es Brecht, diese prosaisch breit dargestellte Szene in wenigen Versen zu verdichten, die die heuchlerische Widersprüchlichkeit von vorgegebenem Schein und kruder Wirklichkeit durch den verfremdenden Stil eklatant machen.

> Gegen Krisen kann keiner was!
> Unverrückbar über uns
> Stehen die Gesetze der Wirtschaft, unbekannte.[63]

Ein „berühmter Wissenschaftler", der „für die armen Leute geigt" (116/10) hat den Zusammenhang zwischen der Kosmologie des Idealismus und der Wirtschaftslehre des Kapitalismus analysiert:

> wir wissen jetzt z. b. dass es im kosmos drei verschiedene gesetze gibt. eins für die grossen eins für die mittleren und eins für die kleinen körper. wie im leben, nicht? (116/10)

Gegenüber der Druckfassung fehlen auch hier die Luckerniddle- und Gloombpassagen, Handlungsarabesken, die Schillerreminiszenzen und Parodien enthalten.

> Frau Luckerniddle: Gegessen sind die zwanzig Mittagessen.
> Fall nicht in Zorn, daß du mich wieder hier siehst.
> Von meinem Anblick gern befreit ich dich.
> Das ist die Grausamkeit des Hungers, daß er
> Wenngleich befriedigt, immer wieder kommt.[64]

Die Erinnerung an das allzu häufig zitierbare, und darum trivialisierte Piccolomini-Zitat:

> Das eben ist der Fluch der bösen Tat,
> Daß sie, fortzeugend, immer Böses muß gebären.[65]

wird nicht allein durch syntaktische und verbale Übereinstimmungen hervorgerufen, sondern vor allem durch Identität des Bildes von der fluchhaften, sich ständig reproduzierenden Not: hier des Hungers, da der schuldhaften Tat. Die Vorstellung entstammt der griechischen Schicksalstragödie und ist dort bezogen auf Geschicke ganzer Völker oder Dynastien. Die völlig inkongruierte Anwendung auf den „niederen" Bereich des ma-

---

[63] Brecht, Bd. 2. Stücke 2. S. 704.
[64] Brecht, Bd. 2. Stücke 2. S. 721f.    [65] NA, Bd. 8. S. 162. V. 2452.

teriellen Daseins, eines organisch-physiologischen Prozesses, ist nicht allein als ästhetisch reizvoller Verfremdungseffekt zu werten, sondern hängt mit Brechts plebejischer Perspektive zusammen. Die Nöte der Niedrigen, bisher fälschlich als niedrig angesehen, werden nun „kunstvoll ... in der edlen Sprache", die „vordem reserviert" war zur „Verherrlichung der Könige",[66] berichtet.

Die Arbeitslosen-Szene und die Szenen, die Johannas Briefmission betreffen (IX c, e, g, i, j, XI a),[67] finden sich einerseits in anderer Reihenfolge im ‚Original', andererseits sind einzelne Partien in andere Szenen als bei der Druckfassung integriert. Die programmatischen Reden Johannas und der Arbeiter aus IX g sind in IX c aufgenommen. Johannas Traum (das kapitalistische System und seine revolutionäre Umwälzung betreffend), ein umfunktioniertes Relikt der alten Heiligenlegende, ist in der ‚Original'-Fassung noch nicht vorhanden, Johannas Vision („In einer Vision sieht Johanna sich selbst als Verbrecherin außerhalb der vertrauten Welt"[68]) noch nicht vollständig ausgeführt: Sie vertuscht ihr Scheitern auf den Schlachthöfen noch nicht mit Schillerschen Argumentationen. „*Johanna im Schnee ... sie verläßt ... die Armen ihrer Gewalttätigkeit wegen und aus Schwäche.*" (117/03) In der Druckfassung begründet sie ihren Pazifismus mit der idealistischen Vorstellung einer, im Kosmischen begründeten, diesseitigen Harmonie.

> Johanna: ... Ich könnt nichts tun
> Was mit Gewalt getan sein müßt und
> Gewalt erzeugte. Ein solcher stünd ja
> Voller Arglist gegen den Mitmenschen
> Außerhalb aller Abmachung
> Die unter Menschen gewöhnlich ist.
> Nicht mehr zugehörig, fände er
> In der nicht mehr vertrauten Welt sich
> Nicht mehr zurecht. Über seinem Haupte
> Liefen jetzt die Gestirne ohne die
> Alte Regel. ...
>               Die Unschuld
> Verließe ihn, der verfolgt und verfolgt wird.
> Er sieht nichts mehr arglos.[69]

Der Zustand der Unschuld verläßt den, der wie Karl Moor den „sittlichen Bau der Welt" zu erschüttern wagt.

Die kritische Auseinandersetzung mit der idealistischen Schein- und Traumwelt, in der sich große Taten antizipieren lassen, die an der Härte

---

[66] Brecht, Bd. 9. Gedichte 2. S. 741.
[67] Die Numerierung bezieht sich auf die Reihenfolge der Szenen in der Druckfassung.
[68] Brecht, Bd. 2. Stücke 2. S. 754.      [69] Brecht, Bd. 2. Stücke 2. S. 754 f.

der Realität zerschellen müssen, findet sich erst in der letzten Fassung.

> Johanna: So kalt war's nicht in meinem Traum. Als ich
>          Mit großem Plan hierherkam ...[70]

Johanna wandelt sich vom ideologisch naiven Neuankömmling vom Lande (Mauler zu Johanna: „... dein gesicht ... *s'ist fast bäurisch woher kommst du / in solche Städte?*", 348/52) zur bewußten Ideologin, die ihre Gewaltlosigkeit mit Schillerschen Thesen vertritt. Ihre erst sterbend vollzogene Erkenntnis, daß sie mit ihrer idealistischen Theorie von der Erhebung des Geistes über die Widrigkeiten des Daseins nur die Position der „Ausbeuter" stabilisiert hat, soll vom Zuschauer nachvollzogen werden. Damit wird die ,Heilige Johanna' Brechts eine Dichtung über die Schillersche Johanna; sie ist im marxistischen Sinne eine Weiterentwicklung der traditionellen Figur, indem sie deren Horizont, innerhalb des Brechtschen Stückes, transzendiert. Der Stückeschreiber beabsichtigte nicht, die ,Jungfrau von Orléans' parodistisch karikierend herabzusetzen, wie Otto Mann meint,[71] er will nur in historisierender Darstellung die Unbrauchbarkeit ihrer Bewußtseinsformen für die Bewältigung der Gegenwart zeigen.

### k) Das opernhafte Finale: Die Entwicklung der Fassungen

Die Schlußszene, Parodie des festspielhaften Versöhnungsschlusses, ist trotz deutlicher Zitatanklänge eine Zusammenschau der typischen Züge der „Klassiker" Schiller, Goethe, Hölderlin. Der komische Effekt, den die totale Collage klassischer Zitate, Bilder, Motive, Versformen erwirkt, darf nicht darüber hinwegtäuschen, daß es Brecht nicht um die Verspottung spezifischer literarischer Gegner geht, um literarische Polemik, sondern um eine „Überprüfung der geistigen Systeme", die ihrer Dramenform zugrunde liegt. Vorgang und Darstellungsweise erscheinen einander zugeordnet, die klassische Form bedingt eine ihr adäquate Aussage. Indem Brecht „nicht nur die Vorgänge, sondern auch die Art ihrer literarisch-theatralischen Bewältigung"[72] ausstellt, setzt er sie einer kritischen Beleuchtung durch die Gegenwart aus. Durch provozierenden Widerspruch von materialistischer Denkweise und „hohem", „klassischem" Aussagemodus will er den Mißbrauch der Klassiker in der Gegenwart aufdecken.

---

[70] Brecht, Bd. 2. Stücke 2. S. 750.
[71] „Brecht traut es sich nicht zu ... Reizvolles zu schaffen; so parodiert er die klassische Literatur ... Hier spricht der nihilistische Literat, der sich an großer Dichtung vergreift." (Otto Mann: B. B. – Maß oder Mythos? Ein kritischer Beitrag über die Schaustücke Bertolt Brechts. Heidelberg 1958. S. 83f.).
[72] Brecht, Bd. 17. Schr. z. Th. 3. S. 1019.

# Die Entwicklung der Fassungen[73]

| ‚Original' | ‚Bühnenmanuskript' | Druckfassung |
|---|---|---|
| *Tod und Kanonisierung der heiligen Johanna der Schlachthöfe* | TOD UND KANONISIERUNG DER HEILIGEN JOHANNA | *Tod Und Kanonisierung der Heiligen Johanna Der Schlachthöfe* |
| | (Im Hintergrund leuchten grosse Kirchenfenster mit den Bildnissen Rockefellers und MAULERS. Auf einer Tafel wird die Verbrennung des Ochsen gezeigt) | (Das Haus der Schwarzen Strohhüte ist nunmehr reich ausgestattet. In Gruppen aufgebaut stehen die Schwarzen Strohhüte mit neuen Fahnen, die Schlächter [Packherren], die Viehzüchter und die Aufkäufer.) |
| JOHANNA MIT DEN ARMEN TRITT EIN. SIE GEHEN AUF DIE BAENKE ZU WO SIE SOFORT SUPPEN BEKOMMEN. | (JOHANNA MIT DEN ARMEN TRITT EIN) (SIE GEHEN AUF DIE BAENKE ZU WO SIE SOFORT SUPPE BEKOMMEN) | |
| PAULUS SNYDER: und so ist es uns gelungen | Paulus Snyder: Und so ist es uns gelungen | Snyder: Und so ist es uns gelungen |
| gott hat wieder fuss gefaßt<br>höchstes haben wir bezwungen<br>niederstem uns angepaßt… | Gott hat wieder Fuss gefaßt<br>Höchstes haben wir bezwungen<br>Niederstem uns angepasst… | Gott hat wieder Fuß gefaßt<br>Höchstes haben wir bezwungen<br>Niederstem uns angepaßt |
| | | (Ein Haufen Armer tritt ein, an ihrer Spitze Johanna, von zwei Polizisten gestützt.) |

---

[73] Wir haben uns für einen Paralleldruck entschieden, da jede Fassung zunächst als selbständiger künstlerischer Entwurf gelten soll, der einer bestimmten geistesgeschichtlichen Position Brechts entspricht. Deshalb verzichten wir auf einen Lesartenapparat, der auf die Ausgabe letzter Hand bezogen ist. Brechts Bearbeitungshypothesen erfordern eine besondere Methode, alle drei Gestaltungen sind als dialektische Weiterentwicklung zu beurteilen. Der Paralleldruck soll ferner die einzelnen Elemente der Aufschwellung sichtbar machen, die Integration der historischen Fabel und der klassischen Tradition.

## 'Original'

'Bühnenmanuskript'

(JOHANNA HAELT DEN BRIEF HOCH, ALS
WOLLTE SIE IHN NOCH ABGEBEN):
Nimmer nimmt mir der
                    Untergegangene

meinen Brief ab.
kleinen Dienst guter Sache, zu dem ich
all mein Leben gebeten wurd, einzigen!
habe ich nicht ausgerichtet.

## Druckfassung

Die Polizisten: Hier ist eine ohne
                    Obdach
Aufgelesen auf den Schlachthöfen in
Erkranktem Zustand. Ihr
Letzter fester Aufenthaltsort war
Angeblich hier.

Johanna (hält den Brief hoch, als wollte
sie ihn noch abgeben):
Nimmer nimmt mir der Untergegangene
Meinen Brief ab.
Kleinen Dienst guter Sache, zu dem ich
All mein Leben gebeten wurd, einzigen!
Habe ich nicht ausgerichtet.

(Während die Armen sich auf die Bänke
setzen, um Suppe zu bekommen, berät
Slift sich mit den Schlächtern und Snyder.)

Slift: Das ist unsere Johanna ... Wir
wollen sie als eine Heilige aufziehen und
ihr keine Achtung versagen. Im Gegenteil soll gerade, daß sie bei uns gezeigt
wird, dafür zum Beweis dienen, daß die
Menschlichkeit bei uns einen hohen Platz
einnimmt.

Mauler: Auch in unsrer Mitte fehle
Nicht die kindlich reine Seele ...

‚Original'

JOHANNA (völlig durchkältet):
entronnen nur um tieferen höllen zu,
zu tragen die vereiste brust.
welch ein wind in der tiefe! was für ein
geschrei
verschweigst du schnee? esst die suppe
ihr
schüttet nicht die letzte wärme aus! ihr
ihr keine beute mehr! esst die suppe!
(114/63ff.)

‚Bühnenmanuskript'

Paulus Snyder: Erhebe dich, Johanna
der Schlachthöfe
Fürsprecherin der Armen
Trösterin der untersten Tiefe!

Johanna (Völlig durchkältet):
entronnen nur um tieferen Höllen zu
zu tragen die vereiste Brust.
Welch ein Wind in der Tiefe! Was für
ein Geschrei
verschweigst du Schnee? . . . esst die
Suppe, Ihr!
Schüttet nicht die letzte Wärme aus!
Ihr
Ihr keine Beute mehr! Esst die Suppe!
Hätte ich doch
ruhig gelebt wie ein Vieh
aber den Brief abgegeben, der mir
anvertraut war!

(554/99ff.)

Druckfassung

Snyder: Erhebe dich, Johanna der
Schlachthöfe
Fürsprecherin der Armen
Trösterin der untersten Tiefe!

Johanna: Welch ein Wind in der Tiefe!
Was für ein Geschrei
Verschweigst du, Schnee?
Eßt die Suppe, ihr!
Schüttet nicht die letzte Wärme aus, ihr
Keinebeutemehr! Eßt die Suppe!
Hätte ich doch
Ruhig gelebt wie ein Vieh
Aber den Brief abgegeben, der mir
anvertraut war!
(Brecht, Bd. 2. Stücke 2. S.777ff.).

Die zwölfte Szene ist uns in drei wesentlich voneinander abweichenden Fassungen überliefert: der ‚Original‘-Fassung, der Fassung des ‚Bühnenmanuskriptes‘ und der Druckfassung. In der ‚Urfassung‘ findet sich nur ein Ansatz zu dieser Szene, der zentrale Gedanke der Schlußszene, die Absage an revisionistische Bestrebungen einzelner Selbsthelfer, an ihre „folgenlose Güte":

> JOHANNA: denn ich bin gar nichts ... weil ich selber als ausnahme gar nichts durchsetzen und verwirklichen kann. die güte und das mitleid was helfen die?
> (118/49)

Untersuchen wir die Elemente, die zur Aufschwellung der Fassungen beigetragen haben, auf ihre historische oder literarische Herkunft, so ergibt sich in nuce ein Abbild des gesamten Entwicklungsganges des Stückes. In der ‚Original‘-Fassung ist noch kein Bühnenbild angegeben. Der Szenenhintergrund des ‚Bühnenmanuskriptes‘ ist eine blasphemische Anspielung auf die historische Gestalt der Jungfrau, auf ihre Verbrennung in Rouen, die hier in der „Verbrennung des Ochsen" parodiert wird. Die Verbindung von Religion und Kapitalismus, noch nicht wie in der Druckfassung von Idealismus und Kapitalismus, demonstrieren die Kirchenfenster mit ihren Heiligen Rockefeller und Mauler. Erst die Regieanweisung der letzten Fassung ist eine Reminiszenz an Schiller und den Versöhnungsschluß des klassischen Dramas, den Schiller in dichterischer Freiheit gegenüber den historischen Ereignissen der Fabel aufgesetzt hat. Das Szenenbild des „versöhnenden Festspielschlusses" erinnert unmittelbar an den Abschied Maria Stuarts von den Ihrigen und an ihre Erhöhung. Maria, die während ihres ganzen Lebens in Fotheringhay Mangel litt, erhält kurz vor ihrem Tode alle Reichtümer zurück; ihre Freunde und Diener, von denen sie jahrelang getrennt war, umgeben sie als die „wahre" Königin. Brecht hat Schillers szenischen Trick – der Zuschauer erfährt durch den bildhaften Vorgang die entscheidende Wandlung, die sich hinter der Szene abgespielt hat – übernommen. Bei Maria Stuart war es die Nachricht ihres baldigen Todes und ihre Läuterung, bei Johanna tödliche Erkrankung und sterbend vollzogene Einsicht ihres folgenlosen Handelns.

Die erste Phase, die ‚Urfassung‘, möchten wir als „naive", „originale" ‚Johanna‘-Dichtung bezeichnen, die weder die historische noch die literarische Tradition des Stoffes reflektiert, die zweite Phase (‚Original‘-Fassung) bringt die Annäherung an die historische Fabel, die dritte Phase ordnet das Werk in die literarische Tradition ein, das heißt, bringt die Auseinandersetzung mit Schillers ‚Jungfrau von Orléans‘. Nicht die „reine" Johannalegende kann, da Brecht sich als Weiterführender einer Tradition im marxistischen Gewande betrachtet, in den marxistischen Kanon eingehen, sondern nur die zum Thema erhobene Reflexion ihrer Wirkungsgeschichte.

Die Umarbeitung der Regieanweisung „Johanna mit den Armen" (‚Original‘ und ‚Bühnenmanuskript‘) zur Regieanweisung „Johanna an der Spitze der Armen" zeigt ein dialektisch verstandenes Verhältnis von Individuum und Masse, die Überwindung des vulgärmarxistischen Standpunktes der Lehrstücke, der den subjektiven Faktor der Geschichte leugnet. Erst in diesem Stadium gelingt es Brecht, die Regieanweisungen in der Nachahmung Schillers zu stilisieren. In der Druckfassung ist die Snyder-Passage als Motto vorangestellt: der chronologisch-sukzessiven Methode folgt die deduktiv-idealistische. Brecht rückt damit in die Nähe Schillers. In diesem Grade der Theoretisierung tauchen die Schillerparallelen auf. Die dialektische Einheit von Schillernähe und Schillerparodie in Brechts Entwicklung, als Stufe der Negation der Negation, wird in dieser Phase besonders deutlich, in der Brecht Schiller in seinem neuen Werk „aufgehoben" hat, d. h. gleichzeitig vernichtet, bewahrt und höhergehoben im marxistischen Sinne.

Der Eingang der Schlußszene enthält im ‚Original‘ die Snyderpassage, im ‚Bühnenmanuskript‘ die Snyderpassage und die Briefpassage („Hätte ich doch ruhig gelebt wie ein Vieh / Aber den Brief abgegeben, der mir anvertraut war"), in der Druckfassung die Snyderpassage, die Briefpassage und die Polizistenpassage. – Bei Schiller und bei Brecht kehrt Johanna sterbend in den Kreis der Ihren zurück.

> Johanna (steht ganz aufgerichtet und schaut umher): Wo bin ich?
> Burgund: Bei deinem Volk, Johanna! Bei den Deinen!
> König: In deiner Freunde, deines Königs Armen![74]

> Die Polizisten: Hier ist eine ohne Obdach
> Aufgelesen auf den Schlachthöfen in
> Erkranktem Zustand. Ihr
> Letzter fester Aufenthaltsort war
> Angeblich hier.

Da bei Brecht und Schiller im „opernhaften Finale" gleicher Fabelverlauf vorliegt, können wir die Polizistenpassage als freie Glossierung Schillers betrachten. „Die Freunde", „das Volk", „der König" – Rückkehr in den Kreis der Seinen bedeutet bei Schiller Rückkehr in eine persönliche, ethnische, historische und sakrale Bindung. Bei Brecht registrieren Hüter der Ordnung das „Obdach", den „festen Aufenthaltsort", bürokratisch als letzte Zuordnung Johannas.

Das Bild der heimkehrenden, tödlich verwundeten Jungfrau, die gefolgt von einem Heereshaufen in den Armen des Königs und des Herzogs von Burgund liegt, erscheint bei Brecht in zwei Varianten:

---

[74] NA, Bd. 9. S. 314. V. 3519–3521.

A) Ein Haufen Armer tritt ein, an ihrer Spitze Johanna, von zwei Polizisten gestützt.[75]
B) Dann sinkt sie zusammen und liegt jetzt in den Armen der Mädchen, tödlich verwundet, ohne Zeichen des Lebens. Snyder und Mauler treten zu ihr.[76]

Bei Variante B haben wir stellenweise Textgleichheit und Bildgleichheit (*„Soldaten* mit fliegenden Fahnen erfüllen den Hintergrund. Vor ihnen der *König* und der *Herzog von Burgund;* in den Armen beider Fürsten liegt *Johanna,* tödlich verwundet, ohne Zeichen des Lebens. Sie treten langsam vorwärts…"[77]). Aber die Schillerentlehnung befindet sich in einem anderen Handlungszusammenhang. – Brechts Johanna, ihrer übernatürlichen Kräfte entkleidet, spricht nach ihrer tödlichen Verwundung, und nachdem sie „ohne Zeichen des Lebens" aufgefunden wird, beim „realistischen" Brecht nicht mehr. Also entspräche Variante A, die mit Schillers Regieanweisung nur eine gewisse Gleichheit des Bildes teilt, einer rationalen Umdeutung der Legende. – Die „Jungfrau" kehrt für einen Augenblick ins Leben zurück, aber in ein Leben, in dem das Jenseits für Schiller schon eine reale Präsenz hat. Sie sieht ‚die goldnen Tore des Himmels' geöffnet, die Jungfrau Maria ‚im Chor der Engel' ‚streckt' ihr ‚lächelnd die Arme entgegen',[78] sie erlebt ihre eigene Himmelfahrt. Bei Brecht hat Johanna schon gesprochen, bevor sie „tödlich verwundet" zusammensinkt.
In der neuen Fabel stirbt die Heldin ganz unheldisch an Lungenentzündung, nicht auf dem Schlachtfeld. Die Schillerglossierung „Johanna … tödlich verwundet" ist demnach eine verfremdende Stilisierung des Vorgangs nach einem literarischen Muster.

[75] Brecht, Bd. 2. Stücke 2. S. 777.
[76] Brecht, Bd. 2. Stücke 2. S. 785.
[77] NA, Bd. 9. S. 313.
[78] NA, Bd. 9. S. 315. V. 3537ff.

Die Entwicklung der Fassungen (Fortsetzung von Seite 120)

| ,Original' | ,Bühnenmanuskript' | Druckfassung |
|---|---|---|
| PAULUS SNYDER: erhebe dich johanna der schlachthöfe<br><br>fürsprecherin der armen<br>trösterin der untersten tiefe! | Die Schwarzen Strohhüte-Mädchen:<br>Und so sind wir denn am Ende<br>und so falten wir die Hände<br>daß uns Gottes Segen wird<br>der die Nacht zum Lichte wandelt<br>menschlich wurde hier gehandelt<br>und so wurde hier geirrt<br>denn der Mensch in seinem Drange<br>hält das Irdische nicht aus<br>und in seinem stolzen Gange<br>aus dem Alltäglichen<br>ganz Unerträglichen<br>in das Unkenntliche<br>hohe Unendliche<br>stößt er übers Ziel hinaus | Die Schwarzen Strohhüte (auf sie zu):<br>Ach, wie ist sie noch verwirrt<br>Die durch Nacht zum Licht gewandelt!<br>Menschlich nur hast du gehandelt!<br>Menschlich nur hast du geirrt! |
| | Johanna (WAEHREND SIE VON DEN MAED-<br>CHEN WIEDER EINGEKLEIDET WIRD):<br><br>Wieder beginnt das Lärmen der<br>    Betriebe, man hört es.<br>und versäumt ist wieder<br>ein Einhalt.<br>wieder läuft | Johanna (während sie von den Mädchen<br>wieder in die Uniform der Schwarzen<br>Strohhüte eingekleidet wird):<br>Wieder beginnt das Lärmen der<br>    Betriebe, man hört es.<br>Und versäumt ist wieder<br>Ein Einhalt.<br>Wieder läuft |

124

,Original'

die Welt die alte Bahn unverändert.
Als es möglich war, sie zu verändern
bin ich nicht gekommen; als es nötig
                                    war
daß ich kleiner Mensch half, bin ich
ausgeblieben.

Die Schwarzen Strohhüte-Mädchen:
Ach, er hemme seine Schritte
auch die Sterne sind die Wüste
vor dem Meere liegt die Küste
und das Ziel liegt in der Mitte!

Johanna: Aber geredet habe ich auf
                          allen Märkten
und der Träume waren unzählige, aber
den Geschädigten war ich ein Schaden
nützlich war ich den Schädigern
Wie gerufen kam ich ihnen!
Oh, folgenlose Güte! Unmerkliche
                          Gesinnung!

Die Schwarzen Strohhüte: Doch es
                    bleibt am Ende alle
Mühe Stückwerk unbeseelt
wenn der Geist dem Stoffe fehlt.

Druckfassung

Die Welt die alte Bahn unverändert.
Als es möglich war, sie zu verändern
Bin ich nicht gekommen; als es nötig war
Daß ich kleiner Mensch half, bin ich
Ausgeblieben.

Mauler: Ach, der Mensch in seinem
                                Drange
Hält das Irdische nicht aus
Und in seinem stolzen Gange
Aus dem Alltäglichen
Ganz Unerträglichen
In das Unkenntliche
Hohe Unendliche
Stößt er übers Ziel hinaus.

Johanna: Geredet habe ich auf allen
                                Märkten
Und der Träume waren unzählige, aber
Den Geschädigten war ich ein Schaden
Nützlich war ich den Schädigern.

Die Schwarzen Strohhüte: Ach, es
                    bleibt am Ende alle
Mühe Stückwerk, unbeseelt
Wenn der Stoff dem Geiste fehlt.

,Original‘

JOHANNA: denn es ist eine kluft zwischen
oben und unten, grösser als
zwischen dem berg himalaja und dem
meer

und was oben vorgeht
erfährt man unten nicht
und nicht oben, was unten vorgeht.
und es sind zwei sprachen oben und
unten

und zwei masse zu messen
und was menschengesicht trägt
kennt sich nicht mehr.


,Bühnenmanuskript‘

Herrlich ist's in jedem Falle
wenn sich der Geist dem Geschäfte
vermählt!

Fünf Ochsen: Weil man uns kein
Fressen gibt
wenn wir Euch nicht nützlich sind
bitten wir jeden, der uns liebt
iss Rind-
iss Fleisch!

Johanna: Eines habe ich gelernt und
weiss es für Euch
selber sterbend:
was soll das heissen, es ist etwas in
Euch und
kommt nicht nach aussen!
*Was* wißt Ihr wissend
was keine Folgen hat?
Ich zum Beispiel habe nichts getan.
Denn nichts werde gezählt als gut, und
sehe es aus wie immer, als was
wirklich hilft, und nichts gelte als
ehrenhaft mehr, als was
diese Welt endgültig ändert: sie
braucht es.
Schnell verschwindend aus dieser Welt
ohne Furcht

sage ich Euch:


Druckfassung

Die Schlächter: Herrlich ist's in jedem
Falle
Wenn sich der Geist dem Geschäfte
vermählt!

Johanna: Eines habe ich gelernt und
weiß es für euch
Selber sterbend:
Was soll das heißen, es ist etwas in
euch und
Kommt nicht nach außen! *Was* wißt
ihr wissend
Was keine Folgen hat?
Ich zum Beispiel habe nichts getan.
Denn nichts werde gezählt als gut, und
sehe es aus wie immer, als was
Wirklich hilft, und nichts gelte als
ehrenhaft mehr, als was
Diese Welt endgültig ändert: sie
braucht es.
Wie gerufen kam ich den Unterdrückern!
O folgenlose Güte! Unmerkliche
Gesinnung!

,Original'

*Johanna (sterbend, weint)*
und *eines* habe ich gelernt und weiss es
                für euch selber sterbend:
was soll das heissen, es ist etwas in euch
                                    und
kommt nicht nach aussen! was wisst ihr
                              wissend
was keine folgen hat!
*ich z. b. habe nichts getan*
nichts werde gezählt als gut und sähe es
                aus wie immer als was
wirklich hilft und nichts *gelte* ehren-
                haft mehr als was
diese welt endgültig ändert: sie braucht
                                    es.
schnell verschwindend aus dieser welt


,Bühnenmanuskript'

Sorgt doch, dass Ihr die Welt ver-
                lassend
nicht nur gut wart, sondern verlasst
eine gute Welt!

Paulus Snyder: Johanna Dark, fünfundzwanzig Jahre alt, erkrankt an
Lungenentzündung auf den Schlachthöfen Chicagos, im Dienste Gottes,
Streiterin und Opfer!

Johanna: Dann ist eine Kluft zwischen
                oben und unten, größer als
zwischen dem Berg Himalaja und
                              dem Meer

und was oben vorgeht
erfährt man unten nicht
und nicht oben, was unten vorgeht.
Und es sind zwei Sprachen oben und
                                    unten

und zwei Masse zu messen
und was Menschengesicht trägt
kennt sich nicht mehr.


Druckfassung

Ich habe nichts geändert.
Schnell verschwindend aus dieser Welt
                ohne Frucht

Sage ich euch:
Sorgt doch, daß ihr die Welt verlassend
Nicht nur gut wart, sondern verlaßt
Eine gute Welt!

Graham: Man muß dafür sorgen, daß
ihre Reden nur durchgelassen werden,
wenn sie vernünftig sind. Wir dürfen
nicht vergessen, daß sie auf den Schlachthöfen gewesen ist.

Johanna: Denn es ist eine Kluft zwischen
                oben und unten, größer als
Zwischen dem Berg Himalaja und
                              dem Meer

Und was oben vorgeht
Erfährt man unten nicht
Und nicht oben, was unten vorgeht.
Und es sind zwei Sprachen oben und
                                    unten

Und zwei Maße zu messen
Und was Menschengesicht trägt
Kennt sich nicht mehr.

,Original'

ohne frudt

sage ich euch:
sorgt *doch* dass ihr die welt verlassend
nicht nur gut wart sondern verlasst
eine /bessere/ *gute* welt!

DIE SS MAEDCHEN: und so sind wir denn am ende
und so falten wir die hände
dass uns gottes segen wird
der die nacht zum lichte wandelt
menschlich wurde hier gehandelt
und so wurde hier geirrt
denn der mensch in seinem drange
hält das irdische nicht aus
und in seinem stolzen gange
aus dem alltäglichen
ganz unerträglichen
in das unkenntliche
hohe unendliche
stösst er übers ziel hinaus

JOHANNA: die aber unten sind, werden unten gehalten
damit die oben sind, oben bleiben
und der oberen niedrigkeit ist ohne mass

,Bühnenmanuskript'

(ALLE SINGEN DIE ERSTE STROPHE DES CHORALS, DAMIT JOHANNAS REDEN NICHT MEHR GEHOERT WERDEN.)
Reiche den Reichtum dem Reichen!
Hosianna!
Die Tugend desgleichen! Hosianna!
Gib dem, der da hat! Hosianna!
Gib ihm den Staat und die Stadt,
Hosianna!
Gib Du dem Sieger ein Zeichen!
Hosianna!

Johanna: Die aber unten sind,
werden unten gehalten
damit die oben sind, oben bleiben.
Und der Oberen Niedrigkeit ist ohne
Mass

,Druckfassung'

Die Schlächter und Viehzüchter (sehr laut, so daß Johanna überschrien wird):
Soll der Bau sich hoch erheben
Muß es Unten und Oben geben.
Darum bleib an seinem Ort
Jeder, wo er hingehört,
Fort und fort
Tue er das ihm Gemäße
Da er, wenn er sich vergäße
Unsre Harmonien stört.
Unten ist der Untere wichtig
Oben ist der Richtige richtig.
Wehe dem, der je sie riefe
Die unentbehrlichen
Aber begehrlichen
Die nicht zu missenden
Aber es wissenden
Elemente der untersten Tiefe!

Johanna: Die aber unten sind, werden unten gehalten
Damit die oben sind, oben bleiben.
Und der Oberen Niedrigkeit ist ohne Maß

Und auch wenn sie besser werden, so
                          hülfe es
Doch nichts, denn ohnegleichen ist
Das System, das sie gemacht haben:
Ausbeutung und Unordnung, tierisch
                                    und also
Unverständlich.

Die Schwarzen Strohhüte (zu Johanna):
Du mußt gut sein! Du mußt schweigen!
Die Schlächter: Die im freien Raume
                              schweben

Können sich doch nicht erheben
Steigen heißt: auf andre steigen
Und das Nach-dem-Oben-Greifen
Ist zugleich ein Tritt nach unten.

Mauler: Handelnd mußt du, ach, ver-
                              wunden!

Die Schwarzen Strohhüte: Stets bewußt
                    des blutigen Schuhes –

Die Schlächter: Nicht versuch ihn
                          abzustreifen!

Denn du brauchst ihn, stets aufs neue –

Die Schwarzen Strohhüte: Mußt du
                    stets nach oben zeigen.

Doch vergiß uns nicht die Reue!

Die Schlächter: Tue alles!


‚Bühnenmanuskript‘

und auch wenn sie besser werden,
                          so hülfe es
doch nichts, denn ohnegleichen ist
das System, das sie gemacht haben:
Ausbeutung und Unordnung, tierisch und
                                    also
unverständlich.

Die Schlächter und Viehzüchter, (sehr
laut, so daß Johanna übersdrien
wird): Will der Bau sich hoderheben
muß es Unten und Oben geben
Darum bleib an seinem Ort
jeder wo er hingehört
fort und fort.
Tue er das ihm Gemässe
da er, wenn er sich vergässe
unsre Harmonien stört.
Unten ist der Untere wichtig
oben ist der Richtige richtig
wehe dem, der je sie riefe
die unentbehrlichen
aber begehrlichen
die nicht zu missenden
Elemente der untersten Tiefe!


‚Original‘

und auch wenn sie besser werden, so
                          hülfe es
doch nichts, denn ohnegleichen ist
das system, das sie gemacht haben:
ausbeutung und unordnung, tierisch und
                                    also
unverständlich

DIE MAEDCHEN DER SS: ach er hemme
                          seine schritte
auch die sterne sind die wüste
vor dem meere liegt die küste
und das ziel liegt in der mitte

130

## ,Original'

JOHANNA: darum wer unten sagt, dass es
                                 einen gott gibt
und ist keiner sichtbar
und kann sein unsichtbar und hülfe
                                 ihnen doch
den soll man mit dem kopf auf das
                                 pflaster schlagen
bis er verreckt ist.

## ,Bühnenmanuskript'

Johanna: Darum wer unten sagt, daß
                                 es einen Gott gibt
und ist keiner sichtbar
und kann sein unsichtbar und hülfe
                                 ihnen doch
den soll man mit dem Kopf auf das
                                 Pflaster schlagen
bis er verreckt ist.

Alle (DIE ZWEITE STROPHE DES CHORALS)
(JOHANNA NICHT MEHR HOERBAR):
Schenke dem Reichen Erbarmen,
                                 Hosianna!

In Deinen Armen, Hosianna!
Schenk Deine Gnad, Hosianna!
Und Deine Hilf dem, der hat, Hosianna!

## Druckfassung

Die Schwarzen Strohhüte: Aber tu es:
Immer mit Gewissensbissen
Denn als Betrachtender
Selbst dich Verachtender
Hast du Gewissen!
Merkt auf, Handelnde!
Bei euren Einkäufen
Vergeßt nicht das herrliche
Vor allem bei Scheinkäufen
Ganz unentbehrliche
Fort und fort
Immer sich wandelnde
Gotteswort.

Johanna: Darum, wer unten sagt, daß
                                 es einen Gott gibt
Und ist keiner sichtbar
Und kann sein unsichtbar und hülfe
                                 ihnen doch
Den soll man mit dem Kopf auf das
                                 Pflaster schlagen
Bis er verreckt ist.

Slift: Hört ihr, ihr müßt etwas sagen,
womit ihr diesem Mädchen das Wort
abschneidet. Ihr müßt reden, irgend etwas, aber laut!

PAULUS SNYDER: Johanna Dark, fünfundzwanzig Jahre alt, erkrankt an Lungenentzündung auf den Schlachthöfen Chicagos, im Dienste Gottes Streiterin und Opfer!

JOHANNA: und auch die, welche ihnen sagen, sie könnten sich erheben im geiste und stecken im schlamm, die soll man auch mit den köpfen auf das pflaster schlagen. sondern es hilft nur gewalt, wo gewalt herrscht, und es helfen nur menschen, wo menschen sind.

ALLE SINGEN DIE ERSTE STROFE DES CHORALS:
reiche den reichtum dem reichen hosianna
die tugend desgleichen hosianna
gib dem, der da hat hosianna
gib ihm den staat und die stadt hosianna
gib du dem sieger ein zeichen hosianna

---

Hab mit dem Satten Erbarmen,
Hosianna!

Johanna: Und auch die, welche ihnen sagen, sie könnten sich heben im Geiste und stecken bleiben im Schlamm, die soll man auch mit den Köpfen auf das Pflaster schlagen. Sondern es hilft nur Gewalt, wo Gewalt herrscht, und es helfen nur Menschen, wo Menschen sind.

Alle (DIE DRITTE STROPHE DES CHORALS):
Hilf Deiner Klasse, die Dir hilft,
Hosianna!
Aus reichlichen Händen, Hosianna!
Zerstampfe den Hass, Hosianna!
Lach mit dem Lachenden, lass
Hosianna!
Seine Missetat glücklich enden,
Hosianna!

---

Snyder: Johanna Dark, fünfundzwanzig Jahre alt, erkrankt an Lungenentzündung auf den Schlachthöfen Chicagos, im Dienste Gottes, Streiterin und Opfer!

Johanna: Und auch die, welche ihnen sagen, sie könnten sich erheben im Geiste Und stecken bleiben im Schlamm, die soll man auch mit den Köpfen auf das Pflaster schlagen. Sondern
Es hilft nur Gewalt, wo Gewalt herrscht, und
Es helfen nur Menschen, wo Menschen sind.

Alle (singen die erste Strophe des Chorals, damit Johannas Reden nicht mehr gehört werden):
Reiche den Reichtum dem Reichen!
Hosianna!
Die Tugend desgleichen! Hosianna!
Gib dem, der da hat! Hosianna!
Gib ihm den Staat und die Stadt!
Hosianna!
Gib du dem Sieger ein Zeichen!
Hosianna!

,Original'

(JOHANNA, DIE WAEHREND DES GESANGES UNHOERBAR GESPROCHEN HAT, STIRBT)

,Bühnenmanuskript'

(WAEHREND DIESER STROPHE HABEN DIE MAEDCHEN VERSUCHT, JOHANNA EINEN TELLER SUPPE EINZUFLOESSEN. SIE HAT DEN TELLER ZWEIMAL ZURUECKGEWIESEN. DAS DRITTEMAL ERGREIFT SIE IHN, HAELT IHN HOCH UND SCHUETTET IHN AUS. DANN SINKT SIE ZUSAMMEN.)

Druckfassung

(Während dieser Deklamationen beginnen Lautsprecher Schreckensnachrichten zu verkünden:
,Sturz des Pfundes!...'
Acht Millionen Arbeitslose in den Vereinigten Staaten!...'
Unter dem Eindruck der Schreckensnachrichten schreien sich die jeweils gerade nicht Deklamierenden wilde Beschimpfungen zu...)

Alle (singen die zweite und dritte Strophe des Chorals, Johanna ist nicht mehr hörbar):
Schenke dem Reichen Erbarmen...

(Man sieht, daß Johanna zu sprechen aufhört.)
Hilf deiner Klasse, die dir hilft....

PAULUS SNYDER: Johanna Dark, fünfundzwanzig Jahre alt, gestorben an Lungenentzündung auf den Schlachthöfen, im Dienste Gottes, Streiterin und Opfer.

DIE PACKHERREN: nie stehenzubleiben
und weiter zu treiben
das herrliche werk wir geloben es hier
reicht euch die hände
sind wir im bunde?
werden aus einem schweine noch vier
selig die stunde
und so ohne ende
unterscheidet der mensch sich vom tier
schneidet vom schinken auch eure
                                       schciben
denn es haben, die da zurückbleiben
so wie das tier, sich selbst zuzu-
                                       schreiben
dass sie nicht essen und singen wie wir
VIER SCHWEINE: ihr seid menschen wir
                                       sind schweine
drum bitten wir euch: nicht vergessen
mittags und abends schweine essen
jedem das seine!

Paulus Snyder: Johanna Dark, fünfundzwanzig Jahre alt, gestorben an
Lungenentzündung auf den Schlachthöfen, im Dienste Gottes, Streiterin
und Opfer.

Vier Schweine: Ihr seid Menschen,
                           wir sind Schweine
drum bitten wir Euch, nicht vergessen
mittags und abends Schweine essen!
Jedem das Seine!
Die Schlächter: Mensch, es wohnen Dir
                               zwei Seelen
in der Brust
Hast Du's gestern nicht gewußt
gilt es heut sie zu vermählen!
Arbeiter: Weil Ihr uns kein Fressen
                                          gebt
wenn wir Euch nicht nützlich sind
und man aber gerne lebt
bitten wir, Mann, Weib und Kind
kauft uns!
Die Schlächter: Und was ist es, was
                                uns eint?
Die Liebe!
Was umschlinget Feind und Freund?

Mauler: Gebt ihr die Fahne!
(Man reicht ihr die Fahne. Die Fahne
entfällt ihr.)

Snyder: Johanna Dark, fünfundzwanzig
Jahre alt, gestorben an Lungenentzün-
dung auf den Schlachthöfen, im Dienste
Gottes, Streiterin und Opfer.

Mauler: Ach, das Reine
Ohne Fehle
Unverderbe, Hilfsbereite
Es erschüttert uns Gemeine!
Weckt in unsrer Brust die zweite
Bessere Seele!
(Alle stehen lange in sprachloser Rüh-
rung. Auf einen Wink Snyders werden
alle Fahnen sanft auf sie niedergelassen,
bis sie ganz davon bedeckt wird. Die
Szene ist von einem rosigen Schein be-
leuchtet.)
Die Schlächter und Viehzüchter:
Seht, dem Menschen seit Äonen
Ist ein Streben eingesenkt
Daß er nach den höheren Zonen
Stets in seinem Geiste drängt.
Sieht er die Gestirne thronen
Ahnt er tausend Himmelwärtse
Während er zu seinem Schmerze

,Original‘

*die Heilsarmee der SS*:
Doch es bleibt am Ende alle
Mühe Stückwerk unbeseelt
Wenn der Geist dem Stoffe fehlt
Herrlich ist's in jedem Falle
Wenn sich der Geist dem Geschäft
                    vermählt.

*fünf Ochsen*: Weil man uns kein
                    Fressen gibt

Wenn wir euch nicht nützlich sind
Bitten wir jeden der uns liebt
Iss Rind-
fleisch

ALLE DIE ZWEITE STROFE DES CHORALS:
Schenke dem Reichen Erbarmen...
*die Schlächter*: Mensch es wohnen dir
                    zwei Seelen

In der Brust!
Hast du's gestern nicht gewusst
Gilt es heut sie zu vermählen!
*Arbeiter*: Weil ihr uns kein Fressen
                    gebt

Wenn wir euch nicht nützlich sind
Und man aber gerne lebt
Bitten wir, Mann, Weib und Kind
Kauft uns!
*die Schlächter*: Und was ist es was
                    uns eint die Liebe!
Was umschlinget Feind und Freund


,Bühnenmanuskript‘

Die Liebe!
Liebe des Rindes zu seinem Schlächter
Liebe des Schlächters zu seinem Rind
liebend wird der Menschenverächter
wieder zum Kind
Denn es ahnen Rind und Schlächter
daß sie auch nicht schuldlos sind.
Daß daß Schlachtvieh auch gesund sei
das von Gott gegeben ist
daß es so ein ewiger Bund sei
zwischen Ochse, Schwein und Christ.
Die Schwarzen Strohhüte: Dessen
                    Mund nur ein Schlund sei

der das Höhere vergisst
sondern dessen Schlund ein Mund sei
der da singt und nicht nur frisst
Merkt auf! Handelnde
Bei Euren Einkäufen
Vergesst nicht das herrliche
vor allem bei Scheinkäufen
ganz unentbehrliche
fort und fort
immer sich wandelnde
Gotteswort.
Die Schlächter und Viehzüchter: Denn
                    dem Menschen seit Aeonen
ist ein Streben eingesenkt
daß er nach den höheren Zonen
stets in seinem Geiste drängt


Druckfassung

Mit dem Fleisch nach unten hängt.
Mauler: Ach, in meine arme Brust
Ist ein Zwiefaches gestoßen
Wie ein Messer bis zum Heft.
Denn es zieht mich zu dem Großen
Selbst- und Nutz- und Vorteilslosen
Und es zieht mich zum Geschäft
Unbewußt!
Alle: Mensch, es wohnen dir zwei Seelen
In der Brust!
Such nicht eine auszuwählen
Da du beide haben mußt.
Bleibe stets mit dir im Streite!
Bleib der Eine, stets Entzweite!
Halte die hohe, halte die niedere
Halte die rohe, halte die biedere
Halte sie beide!
(Brecht, Bd. 2. Stücke 2. S. 777ff.).

Die Liebe!
liebe des rindes zu seinem schlächter
liebe des schlächters zu seinem rind
liebend wird der menschenverächter
wieder zum kind
denn es ahnen rind und schlächter
dass sie auch nicht schuldlos sind
dass das schlachtvieh auch gesund sei
das von gott gegeben ist
dass es so ein ewiger bund sei
zwischen ochse schwein und christ

DIE SS: dessen mund nicht nur ein
                      schlund sei

der das höhere vergisst
sondern dessen schlund ein mund sei
der da singt und nicht nur frisst

DIE SCHLAECHTER UND VIEHZUECHTER:
will der bau sich hoch erheben
muss es unt- und oben geben
darum bleib an seinem ort
jeder wo er hingehört
fort und fort
tue er das ihm gemässe
da er, wenn er sich vergässe
unsre harmonien stört.
unten ist der untere wichtig
oben ist der richtige richtig.
wehe dem, der je sie riefe

sieht er die Gestirne thronen
ahnt er tausend Himmelwärtse
während er zu seinem Schmerze
mit dem Fleisch nach unten hängt.
Mauler: Ach in seine arme Brust
ist ein Zwiefaches gestossen
wie ein Messer bis zum Heft
denn es zieht ihn zu dem Grossen
und es zieht ihn zum Geschäft
unbewusst!
Alle: Dass er das Eine dem Anderen eine
sei sein Begehren!
Oh, dass sie unzertrennlich wären
Menschengüte und Güte der Schweine!

(WAEHREND DER LETZTEN STROPHEN IST
DAS FUNDAMENT SICHTBAR GEWORDEN,
AUF DEM ALLE STEHEN; DIE GANZE
BUEHNE WIRD VON EINER DUNKLEN
MASSE VON ARBEITERN GETRAGEN)
(554/101ff.)

‚Original'

‚Bühnenmanuskript'

Druckfassung

die unentbehrlichen
aber begehrlichen
die nicht zu missenden
aber es wissenden
elemente der untersten tiefe!

ALLE DIE DRITTE STROFE DES CHORALS:
hilf deiner klasse, die dir hilft . . .

DIE SCHLAECHTER UND VIEHHAENDLER:
Merkt auf! Handelnde
Bei euren Einkäufen
vergeßt nicht das herrliche
vor allem bei scheinkäufen
ganz unentbehrliche
fort und fort
immer sich wandelnde
gotteswort

*die Schlächter*: Denn dem Menschen
                          seit Aeonen

Ist ein Streben eingesenkt
Dass er nach den höheren Zonen
Stets mit seinem Geiste drängt.
Sieht er die Gestirne thronen
Ahnt er tausend Himmelwärse
Während er zu seinem Schmerze
Mit dem Fleisch nach unten hängt.

*Mauler*: Ach in sein arme Brust
Ist ein zwiefaches gestoßen

'Original'  ‚Bühnenmanuskript'  Druckfassung

Wie ein Messer bis zum Heft
Denn es zieht ihn zu dem Grossen
Und es zieht ihn zum Geschäft
Unbewusst!

&ast;Alle&ast;: Dass er das Eine dem Andern
                             eine

Sei sein Begehren
Oh dass sie 'unzertrennlich wären:
Menschengüte und Güte der Schweine![79]
(114/65 ff.)

[79] Brecht hat das Typoskript der ‚Originalfassung' durchweg mit kleinen Buchstaben geschrieben. Der unvermittelte Wechsel zwischen Groß- und Kleinschreibung auf ein und derselben Seite scheint die vorher erwähnte Vermutung, daß es sich bei de= Schlußszene um Collagen von Brecht und Burri handelt, zu bestätigen.

Die Schlußszene setzt sich aus drei formalen Einheiten zusammen: der Rede Johannas, den Zwischenpartien der Heilsarmisten und Packherren und den Regieanweisungen. Ein sinnvoller Zusammenhang besteht in der ‚Original'-Fassung und im ‚Bühnenmanuskript' nur in der Rede Johannas, die Zwischenpartien sind austauschbar, beliebig variierbar, da es sich um inhaltlose Collage handelt. Die textkritische Analyse erhärtet die Vermutung, daß Brecht und seine Mitarbeiter einfach eine Reihe solcher „Ersatzteile" verfertigt und sie dann erst nachträglich montiert haben. Die Zugehörigkeit der Collagen zu einzelnen Sprechern ist teilweise handschriftlich nachgetragen, nicht nur ihr Stellenwert und damit ihr logischer Nexus ist austauschbar, es besteht auch eine relative Austauschbarkeit der Sprecher.

In der Druckfassung hat Brecht die beziehungslose Häufung von Klassikerparodien am Schluß von Johannas Programm aufgelöst und ihre Einzelteile sinnvoll mit den Argumentationen des Heilsarmeemädchens konfrontiert, als Auseinandersetzung der neu gewonnenen Marxistin mit den idealistischen Positionen. In der ‚Original'-Fassung antwortet auf Johannas Aufforderung: „Sorgt doch, daß ihr die Welt verlassend / Nicht nur gut wart, sondern verlaßt / Eine gute Welt!" eine Sentenzenfolge, die ihre Bestrebungen von einer jenseitigen, höheren Warte abtut („und so sind wir denn am ende / und so falten wir die hände / dass uns gottes segen wird"). Auf Johannas Schuldbekenntnis folgt die „faustische" Passage des „Chorus Mysticus": „Ach, wie ist sie noch verwirrt / Die durch Nacht zum Licht gewandelt!" – Gretchen als Büßerin beschreibt Fausts allmähliche Gewöhnung an seine „himmlische" Umgebung:

> Vom edlen Geisterchor umgeben,
> Wird sich der Neue kaum gewahr,
> Er ahnet kaum das frische Leben,
> So gleicht er schon der heiligen Schar.
> Sieh, wie er jedem Erdenbande
> Der alten Hülle sich entrafft
> Und aus ätherischem Gewande
> Hervortritt erste Jugendkraft.
> Vergönne mir, ihn zu belehren,
> Noch blendet ihn der neue Tag.[80]

Vom Standpunkt einer überirdischen Gerechtigkeit erscheint das Scheitern der Ziele Johannas nicht als Schuld. Versöhnung und Gnade wird dem zugesagt, der „immer strebend sich bemüht".[81] Brecht, der „die heutige Ent-

---

[80] Johann Wolfgang Goethe: Werke. Hamburger Ausgabe in 14 Bden. Hg. von Erich Trunz. Bd. 3. V. 12084–12093.
[81] Goethe, Bd. 3. V. 11936.

wicklungsstufe des faustischen Menschen" einer Kritik unterzieht, wendet sich von dieser „privaten" Thematik der Selbsterlösung ab. Johannas gerade von höherer Warte unverzeihbare Schuld ist die Boykottierung des objektiven Zieles, hier des Generalstreiks. Das Schema des ‚Wilhelm Meister' und des ‚Faust', die Aufnahme des Strebend-Irrenden in eine Gemeinschaft, die alle Irrungen geleitet hat und sie letztlich einem heilen Weltplan einzuordnen vermag, dieses Schema wird hier parodiert. Der zweite Teil der Sentenzenfolge („denn der mensch in seinem drange / hält das irdische nicht aus..."), eine Reminiszenz an das ‚Faust'-Zitat „Ein guter Mensch in seinem dunklen Drange / Ist sich des rechten Weges wohl bewußt",[82] schränkt Johannas weltveränderndes Streben als verzeihbaren menschlichen Trugschluß ein. Die Idealistin Johanna stößt in ihrem „stolzen Gange / Aus dem Alltäglichen / Ganz Unerträglichen" manchmal „übers Ziel hinaus". Brecht parodiert durch komische Überzeichnung den Stil der Schlußszene des ‚Faust'. Daktylische Rhythmen, dreisilbige Reime und die Häufung von substantivierten Adjektiva mit dem Präfix „un" und dem Suffix „lich" erinnern den Hörer unmittelbar an den „Chorus Mysticus".[83] Während aber Goethe diese Abstraktbildungen kreuzweise reimend abwechselt, hebt Brecht durch übertreibende Häufung die „Manier" des „Gegners" heraus.

Die beziehungslose Sentenzenfolge der ‚Original'-Fassung auf Johannas Erklärung vom System des „Oben und Unten" weicht der unmittelbaren Verteidigung dieser Gesellschaftsform in Versen, die eine Synthese aus dem ‚Lied von der Glocke', dem Lied ‚An die Freude', dem ‚Siegesfest', dem ‚Zauberlehrling' und dem ‚Schatzgräber' darstellen. – Im ‚Original' sind vier Sätze von trivialem Inhalt, trivial im naturwissenschaftlichen Sinne als nicht des Beweises bedürftige Apriorfitäten, aneinandergereiht:

> ach, er hemme seine schritte
> auch die sterne sind die wüste
> vor dem meere liegt die küste
> und das ziel liegt in der mitte.

Dabei fällt es kaum auf, daß ein völlig unsinniger oder zumindest orakelhaft dunkler Satz unterläuft. Ein Mittel der Brechtschen Parodie ist die Ungenauigkeit, das bewußt vage Erfassen der klassischen Bildungstheorie: „und das ziel liegt in der mitte". Das pauschale Anwenden ohne Kontext, das die Klassikerzitate ob ihrer Allgemeingültigkeit für alle Situationen

---

[82] Goethe, Bd. 3. V. 328f.
[83] Bei Theodor Bohner finden sich auf etwa hundert Seiten Belege für Bildungen mit „un" bei Goethe. (Das Präfix „un" bei Goethe. – Ztschr. f. d. Wortforschung. Beiheft 6, 1904/05).

brauchbar macht, ist von Ihering als Ursache des ‚Klassikertodes' erkannt worden. „Mit klassischen Versen verlobte man sich, erzog man seine Kinder, kannegießerte und kegelte man."[84] Brecht hat diese historische Situation der Klassiker, ihre traditionslose Konsumierung, in der ‚Heiligen Johanna' bewußt gemacht. Die Probleme, die der ‚Klassikertod' in der Mitte der zwanziger Jahre auslöste und die wir oben eingehend besprochen haben, erscheinen hier erneut zur Diskussion gestellt.

Den trigonometrischen Punkt, in dem viele klassische Züge konvergieren, hat Brecht in den Versen: „Soll der Bau sich hoch erheben / Muß es Unten und Oben geben" erfaßt. Das metrische Schema einer Reihe von Gedichten Goethes und Schillers, die eine Summe bürgerlicher Lebensweisheit bedeuten, nämlich viermal vierhebige Trochäen, hat Brecht übernommen und wiederum durch komische Überzeichnung parodiert. Die Versparodie soll gleichzeitig eine Parodie des Inhalts auslösen, eine Parodie der Verse der Eintracht und Ergebung, die jeder bei diesem Schema assoziiert („Duldet mutig, Millionen! / Duldet für die beßre Welt!"[85] oder „Der Meister kann die Form zerbrechen / Mit weiser Hand, zur rechten Zeit"[86] oder „Wo rohe Kräfte sinnlos walten..."[87]). Während die vierhebigen Trochäen der klassischen Vorlage kreuzweise gereimt sind und verschiedentlich durch dreihebige Trochäen und daktylische Rhythmen abgelöst werden, erreicht Brecht durch hartnäckige Erstarrung des Schemas und durch Paarreim eine unerträgliche Eintönigkeit. Verschiedentlich stolpert der Rhythmus („Fort und fort / Tue er das ihm Gemäße"), lenkt dann aber um so sicherer in das vorgegebene Modell ein.

Stilistische Übernahmen rufen die Erinnerung an die Meisterstrophen der ‚Glocke' hervor. Brecht hat den Aussagemodus der ersten Fassung („will der bau sich hoch erheben...") in der Druckfassung geändert zu: „Soll der Bau sich hoch erheben...". Das modale Hilfsverb sollen, das den Abstand zwischen Sein und idealistischem Sollen wiedergibt oder zur Umschreibung eines immer wiederkehrenden Vorgangs mit dem Nebensinn: „das läßt sich nun mal nicht ändern" dient, findet sich besonders häufig in den Zwischensprüchen der ‚Glocke' („Soll das Werk den Meister loben...",[88] „Wenn die Glock' soll auferstehen...",[89] „Hoch überm niedern Erdenleben / Soll sie in blauem Himmelszelt...",[90] „Soll eine Stimme sein von oben..."[91]). Ein zentrales Thema der Antirevolutionsdichtungen

84 Ihering, Klassikertod? S. 6.
85 NA, Bd. 1. S. 171. V. 57–58.
86 SA, Bd. 1. S. 56. V. 342–343.
87 SA, Bd. 1. S. 56. V. 350.
88 SA, Bd. 1. S. 45. V. 7.          89 SA, Bd. 1. S. 56. V. 340.
90 SA, Bd. 1. S. 58. V. 398–399.    91 SA, Bd. 1. S. 58. V. 402.

der ,Glocke' und des ,Zauberlehrlings' ist die Bedrohung der Eintracht durch elementare chaotische Kräfte, die gebannt werden müssen; das gleiche Ziel, das auch die „Schwarzen Strohhüte" und die Packherren verkünden. „Jeder tue das ihm Gemäße / Da er, wenn er sich vergäße / Unsre Harmonien stört..." – ist eine unpräzis-saloppe Zusammenfassung des Inhalts des Schillerschen Liedes. Brecht hat metrische, stilistische und inhaltliche Eigentümlichkeiten Goethes und Schillers durcheinandergewürfelt und das beiden Gemeinsame, das Typische herausgestellt. Nur der Meister, in der ,Glocke' wie im ,Zauberlehrling' Repräsentant des Bewahrenden und Konservativen, vermag die rohen, nach Selbstbefreiung drängenden Kräfte zu bannen:

> Der Meister kann die Form zerbrechen
> Mit weiser Hand, zur rechten Zeit,
> Doch wehe, wenn in Flammenbächen
> Das glühnde Erz sich selbst befreit!...
> Wenn sich die Völker selbst befrein,
> Da kann die Wohlfahrt nicht gedeihn.[92]

Brecht hat die Einheit von Form und Inhalt in den Meisterstrophen bewußt gemacht, die Form als historisch und sozial bedingt gezeigt. Das Thema: die Erhaltung des bürgerlichen Kosmos, seiner sozialen Hierarchie, die auf den ungestörten Harmonien beruht, faßt Brecht marxistisch argumentierend zusammen: „Soll der Bau sich hoch erheben / Muß es Unten und Oben geben." Die Bedrohung durch Entfesselung anarchischer Kräfte, bei Schiller: Feuer, Krieg, Revolution, Tod – engt Brecht sozial ein. In der sozialkritischen Beleuchtung der ,Glocke' hat er die Angst Schillers vor dem Freisetzen chaotischer Mächte als Angst vor der Befreiung des Volkes gesehen.

Der engere Bezug der Klassikerreminiszenzen auf Johannas Rede wird erst durch eine stärkere Herausarbeitung der aktiven Rolle der Heldin und Maulers ermöglicht. Während die Rede Johannas in der ,Original'-Fassung nur der Erklärung des Systems diente, enthält sie jetzt eine Selbstanalyse ihres Handelns. Neu sind die Passagen: „Wieder beginnt das Lärmen der Betriebe, man hört es... / Wieder läuft / Die Welt die alte Bahn unverändert. / Als es möglich war, sie zu verändern / Bin ich nicht gekommen..." und „Geredet habe ich auf allen Märkten / ... Den Geschädigten war ich ein Schaden / Nützlich war ich den Schädigern." Die Elemente des klassischen Dramas, die Bezug auf individuelles Handeln nehmen, paßten nicht zur allgemeinen Erklärung eines Systems; sie zwingen Brecht zur stärkeren Herausarbeitung des subjektiven Faktors. So ist z. B. die Pas-

---

[92] SA, Bd. 1. S. 56. V. 342–345, 352–353.

sage: „Ach, es bleibt am Ende alle / Mühe Stückwerk ...", die zusammenhanglos am Schluß steht, in zwei Teile aufgelöst und auf Johannas Handeln bezogen. Die „Schwarzen Strohhüte", die „Geistlichen", streben nach dem Stoff, das heißt nach der materiellen Unterstützung durch Mauler; die Schlächter nach dem Geist, der moralischen Unterstützung ihrer Aktion durch Religion und Idealismus.

Die formal-ästhetische Auflösung der Collagen in Spruch und Gegenspruch setzte eine Überwindung der Brechtschen Position der reinen Negation voraus. Die grobe Blasphemie in den Tier- und Arbeiterpassagen, als Folge vulgärmarxistischer Überzeugung von der totalen materiellen Bedingtheit des Menschen, wird erst durch die Begegnung mit Schiller überwunden. In der Phase des naiven Materialismus war eine positive Auseinandersetzung mit den Klassikern und dem dialektischen Verhältnis von Geist und Materie nicht möglich, da das Bewußtsein nur zum unselbständigen Reflex des allein für wirklich gehaltenen Lebensprozesses reduziert wurde. Der literarhistorische Stellenwert der ‚Heiligen Johanna' in Brechts Entwicklung ist die gegenseitige Bedingtheit von Schillerstudien und Überwindung des vulgärmarxistischen Standpunktes der Lehrstücke.

Die textkritische Untersuchung einiger Entstehungsvarianten zeigt den Wandel der Schlußszene von religiöser Verspottung zur Klassikerparodie:

> Die Schwarzen Strohhühte-Mädchen:
> Und so sind wir denn am Ende
> und so falten wir die Hände
> daß uns Gottes Segen wird
> der die Nacht zum Lichte wandelt.

Eine geringfügige Textänderung – in der ‚Original'-Fassung und im ‚Bühnenmanuskript' wandelt Gott die Nacht zum Licht, in der Druckfassung ist Johanna durch Nacht zum Licht gewandelt – formt den biblischen Gedanken von der Allmacht Gottes in einen klassischen Bildungsgedanken um. Der „Drang des Menschen aus dem Irdischen" heraus ist im ‚Original' und im ‚Bühnenmanuskript' als religiöses Jenseitsstreben aufzufassen, in der Druckfassung als idealistisches Ungenügen an der Wirklichkeit. In den beiden frühen Fassungen bezieht sich die Passage vom „Streben des Menschen nach den höheren Zonen" auf die vorangehende Aufforderung der Heilsarmisten: „Vergesst nicht das herrliche / ... ganz unentbehrliche / ... Gotteswort", in der Druckfassung auf die „faustische" „Zwei-Seelen-Lehre".

In den beiden frühen Fassungen fehlen demnach in den Regieanweisungen sämtliche Schillerparallelen. Erst die Druckfassung imitiert, wie wörtliche Übereinstimmungen zeigen, die Schlußszene der ‚Romantischen Tragödie'.

,Die Heilige Johanna'

(Während dieser Strophe haben die Mädchen versucht, Johanna einen Teller Suppe einzuflößen. Sie hat den Teller zweimal zurückgewiesen. Das dritte Mal ergreift sie ihn, hält ihn hoch und schüttet ihn aus. Dann sinkt sie zusammen und liegt jetzt in den Armen der Mädchen, tödlich verwundet, ohne Zeichen des Lebens. Snyder und Mauler treten zu ihr.)

Mauler: Gebt ihr die Fahne!

(Man reicht ihr die Fahne. Die Fahne entfällt ihr.)


Snyder: Johanna Dark, fünfundzwanzig Jahre alt ...
Mauler: Ach, das Reine
Ohne Fehle ...
Weckt in unsrer Brust die zweite
Bessere Seele!
(Alle stehen lange in sprachloser Rührung. Auf einen Wink Snyders werden alle Fahnen sanft auf sie niedergelassen, bis sie ganz davon bedeckt wird. Die Szene ist von einem rosigen Schein beleuchtet.)
(Brecht, Bd. 2. Stücke 2. S. 785).

,Die Jungfrau von Orléans'




(... in den Armen beider Fürsten liegt *Johanna*, tödlich verwundet, ohne Zeichen des Lebens. Sie treten langsam vorwärts ...)

König (mit abgewandtem Gesicht): Gebt ihr die Fahne!

(Man reicht sie ihr. Sie steht ganz frei aufgerichtet, die Fahne in der Hand – Der Himmel ist von einem rosigten Schein beleuchtet.)

Johanna: Seht ihr den Regenbogen in der Luft?
Der Himmel öffnet seine goldnen Tore, ...


(Die Fahne entfällt ihr, sie sinkt tot darauf nieder – Alle stehen lange in sprachloser Rührung – Auf einen leisen Wink des Königs werden alle Fahnen sanft auf sie nieder gelassen, daß sie ganz davon bedeckt wird.)
(NA, Bd. 9. S. 313. S. 314. V. 3535–3537).

Der Tod des Heilsarmeemädchens ist als Tod der ,Jungfrau von Orléans' verfremdet. Die Parodie der Himmelfahrt entmythologisiert die Legende. Brecht entkleidet seine Johanna, wie wir schon in der ,Erkennungsszene' nachweisen konnten, völlig der übernatürlichen Kräfte. Das Sakrileg, an Schiller begangen, dient dazu, „einen großen Ballast von erhabenen Gefühlen abzuwerfen, welche nur die Gefühle der Erhabenen waren".[93] In einer Rede auf dem IV. Deutschen Schriftstellerkongreß, 1956 in Berlin, hat Brecht auf diese Karrikatur der Schlußszene Bezug genommen:

> Wenn wir Helden erdichten wollen ... dann müssen wir erst suchen, die Helden von heute zu Gesicht zu bekommen. Es genügt nicht, einen Karl Moor, aber mit sozialistischem Bewußtsein zu schaffen, oder einen Wilhelm Tell, aber als kommunistischen Funktionär ...[94]

[93] Brecht, Bd. 19. Schr. zur Lit. und Kunst 2. S. 553.
[94] Brecht, Bd. 19. Schr. zur Lit. und Kunst 2. S. 553.

Wir könnten fortsetzen: oder eine Jungfrau von Orléans, die zur Marxistin bekehrt wird. Von diesen neuen Helden heißt es, in deutlicher Anspielung auf die rosarote Schlußszene: „Von allen Farben deprimiert [sie] am tiefsten das Rosenrot."[95]

Vereinfachend läßt sich die Entwicklung der Fassungen als Dreischritt darstellen: von einer naiven, traditionslosen ‚Johanna'-Dichtung zu einer Dichtung, die als Blasphemie die herkömmliche Gestalt, ihre Ideen und ihre Darstellungsweisen negiert, zu einer positiven Auseinandersetzung, einer Aufhebung der Negation. Der Schillerbezug der Druckfassung greift in verschiedene Dimensionen, nicht allein komische Effekte durch Zitatparodie, sondern Auseinandersetzung mit dramaturgischen Formen (Briefszene, Arbeitslosenlehrstück, Versöhnungsschluß) und klassischen Gehalten (Theorie vom ‚Erhabenen') bestimmen den Grad der „Aufhebung". In dialektischer Widersprüchlichkeit bedingt dieser Prozeß der „Aufhebung", daß Schillerkritik gleichzeitig Schillernachahmung hervorruft. Mit der Schillerparodie, so konnten wir zeigen, war gleichzeitig eine Annäherung an die traditionelle ‚Jungfrau'-Gestalt verbunden, mit der Parodie klassischer Formen eine Glättung der rüpelhaften Schlußpartien gewonnen. Die Hauptfiguren Johanna und Mauler erhielten eine dialektische literarische Seinsweise: Sie waren neu, original und alt, traditionell geprägt zugleich.

## l) Die Abrechnung der Johanna D'ark mit Schiller und der historischen Legende

Johanna, in vielen Zügen der Figur Schillers ähnlich, ist dennoch ein Gegenentwurf zur ‚Jungfrau von Orléans'.[96] Wie Marx seinen ‚Hegel wieder auf die Füße gestellt' hat, so Brecht seinen Schiller. Thema beider Dramen ist das Scheitern einer Gottgesandten, Überirdischen in der Wirklichkeit. Bei Brecht scheitert sie aber nicht an dem Widerspruch, als fühlender

[95] Brecht, Bd. 19. Schr. zur Lit. und Kunst 2. S. 554.

[96] Anspielungen auf Charakter und Sendung Johannas, Übereinstimmungen von Fabelteilen mit dem Drama Schillers finden sich zahlreich, wenn auch inhaltlich umfunktioniert. Fahne und Trommel, die traditionellen Attribute Johannas, begleiten auch das Heilsarmeemädchen. Ihre Armee ist das große Heer der Armen und Arbeitslosen. Als „Soldat des lieben Gottes" will sie „Gott wiedereinführen", so wie die Jungfrau den Auftrag erhält: „Geh hin! Du sollst auf Erden für mich zeugen..." (NA, Bd. 9. S. 181. V. 408). Ihre Aufgabe als Versöhnerin und Vermittlerin (in Schillers romantischer Tragödie zwischen dem König, dem Herzog von Burgund und seinen feindlichen Vasallen) kritisiert Brecht in anderem Zusammenhang. Als „Versöhnlerin und Vermittlerin" erkennt sie nicht die unversöhnlichen Fronten der Arbeitgeber und Arbeitnehmer. Mit Schillers Jungfrau teilt sie Furchtlosigkeit, Unschuld und Fremdheit im Irdischen.

Mensch einen Auftrag ausführen zu müssen, der eine fühllose Geisterexistenz voraussetzt, sondern an ganz einfachem Hunger, an einfacher Kälte, wie es in der ‚Don-Carlos'-Kritik von 1920 heißt.

> Johanna: So kalt war's nicht in meinem Traum. Als ich
> Mit großem Plan hierherkam ...
> Was ich verließ
> Nicht nur Berufung war das, auch Beruf ...[97]

Ihre Sendung erhält eine konkrete Aufgabe: Das Heilsarmeemädchen soll einen Brief an die Streikposten abgeben, der zum Generalstreik aufruft. Gerade ihre „schillerische" Reinheit ist für Brecht Ansatzpunkt einer gegensätzlichen Wertung: Johanna lehnt mit Schillerschen Argumentationen Gewalt ab, obwohl, wie sie später einsehen muß, „nur Gewalt hilft, wo Gewalt herrscht".[98] Sterbend vollzieht sie die Abrechnung mit der Theorie ‚Über das Erhabene', die dem Menschen als letzten Ausweg aus irdischem Zwang die ‚Flucht in die heilige Freiheit der Geister'[99] empfiehlt – und damit von einem gewaltsamen Ändern dieser physischen Notlage absieht:

> Und auch die, welche ihnen sagen, sie könnten sich erheben im Geiste
> Und steckenbleiben im Schlamm, die soll man auch mit den Köpfen auf das
> Pflaster schlagen.[100]

Johannas pessimistisches Sterben ist damit nicht nur Absage an eine ideengeschichtliche Richtung, sondern auch Absage an eine im Brechtschen Sinne überlebte Dramengattung, die auf diesem Menschenbild beruht. Der Ausweg aus der irdischen Misere durch eine strahlende Apotheose wird in der zwölften Szene einer parodistischen Kritik ausgesetzt. Brecht hat die Regieanweisung Schillers: „Die Szene ist von einem rosigten Schein beleuchtet" zwar übernommen, aber anders interpretiert, wenn er schreibt, „daß ihn von allen Farben das Rosarot am tiefsten deprimiere".

Relikte des mittelalterlich legendären Stoffes, zu dem auch die Schäfermotive gehören, finden sich in den Visionen und Träumen der Heilsarmistin:

> Hört, was ich träumte in einer Nacht
> Vor sieben Tagen:
> Ich sah vor mir auf einem kleinen Feld
> Zu klein für eines mittleren Baumes Schatten ...[101]

Der Eingang des Traumes mit dem Bild des Feldes, dem schattenspendenden Baum, der magischen Siebenzahl der Tage verwendet sowohl die Motive der Schäferdichtung als auch der Legende (Johanna träumt unter dem

---

[97] Brecht, Bd. 2. Stücke 2. S. 750.
[98] Brecht, Bd. 2. Stücke 2. S. 783.
[99] NA, Bd. 21. S. 51. Z. 7.
[100] Brecht, Bd. 2. Stücke 2. S. 782f.
[101] Brecht, Bd. 2. Stücke 2. S. 733.

Druidenbaum, dem heidnischen Zauberbaum, ihre Begegnung mit den Heiligen). Die Verse, die zunächst einen formelhaft-beschwörenden Eingang bringen, dann den eigentlichen Traum anschließen und zuletzt die Deutung folgen lassen, verwenden Elemente der religiösen Dichtung. Aber der Inhalt ist neu: es ist die marxistische Eschatologie des sich erhebenden und vereinigenden Proletariats, an dessen Spitze Johanna schreitet. Brecht hat zwei Züge der Fabel in diesem Traum vereinigt: die Gesichte des Mädchens von Orléans unter dem Zauberbaum und den Krönungszug. Johannas Verlassen der Heilsarmee („Johanna geht und kommt mit einem kleinen Koffer, gekleidet wie ein Landdienstmädchen"[102]), ihr Umherirren geplagt von Schuldvorstellungen („Johanna, herumirrend, hört Stimmen";[103] „In einer Vision sieht Johanna sich selbst als Verbrecherin außerhalb der vertrauten Welt"[104]), ihr Schuldbekenntnis („Hätte ich doch / Ruhig gelebt wie ein Vieh / Aber den Brief abgegeben, der mir anvertraut war!"[105]), ihr „Gang in die Tiefe" – das alles erinnert an das Scheitern der Mission, die das Mädchen von Orléans übernommen hatte:

> Johanna: Schuldlos trieb ich meine Lämmer
> Auf des stillen Berges Höh.
> Doch du rissest mich ins Leben,
> In den stolzen Fürstensaal,
> Mich der Schuld dahin zu geben,
> Ach! es war nicht meine Wahl![106]

### m) Mauler als umfunktionbares Ensemble aller Königsfiguren bei Schiller

Während das Heilsarmeemädchen handelnd die Gegenfigur zur ‚Jungfrau von Orléans' ist – die Ähnlichkeit mancher Züge wird gerade Ansatz zu einer gegensätzlichen Interpretation Brechts – ist Mauler ein Ensemble aller Königsfiguren bei Schiller und umfunktionierbar, je nach der literarisch vorgeprägten Situation, in die er gerät. Wie Wallenstein ist er ein großer Spieler, wie Philipp von Spanien einsam, schlaflos, wie Maria Stuart plagen ihn Schuldgefühle und böse Ahnungen und wie Karl von Frankreich möchte er sein „blutiges Geschäft" baldmöglichst aufgeben. Wallenstein ähnlich, ein „Riesengeist", „der nur *sich* gehorcht, / Nichts von Verträgen weiß",[107] betrügt er seinen Compagnon Cridle mit einem Scheinvertrag.

[102] Brecht, Bd. 2. Stücke 2. S. 725.      [103] Brecht, Bd. 2. Stücke 2. S. 758.
[104] Brecht, Bd. 2. Stücke 2. S. 754.      [105] Brecht, Bd. 2. Stücke 2. S. 778.
[106] NA, Bd. 9. S. 270f. V. 2608–2613.      [107] NA, Bd. 8. S. 200. V. 589–590.

Graham: O großer Mauler, ich erkenne jetzt
Die Größe deines Tuns, ach, selbst dein Herz
Hat Weitblick![108]

Johanna spielt auf die Terzky-Stelle in ‚Wallensteins Tod‘ an, wenn sie von Mauler weiß, „daß [er] auch im Kleinen haushälterisch [ist] als Fleischkönig".[109] Die Gräfin dagegen macht Wallenstein den Entschluß zum Rücktritt unmöglich, als sie ihm ein Leben auf seinen Gütern ausmalt, wo er „ein großer König ... im Kleinen" sein wird, „weil er klug sich zu bescheiden weiß".[110] Als „Ensemble aller literarischen Verhältnisse" äußert er sich je nach der literarischen Situation, in die er gerät. Wie Wallenstein hat er falsch gespielt, das heißt hier falsch geschäftlich manipuliert, und ihm bleibt keine andere Wahl mehr, als das Letzte zu wagen, was er aber wie sein klassisches Vorbild als Befreiung von quälenden Zweifeln empfindet.

Wallenstein: Es ist entschieden, nun ists gut – und schnell
Bin ich geheilt von allen Zweifelsqualen ...
Mit zögerndem Entschluß, mit wankendem Gemüt
Zog ich das Schwert, ich tats mit Widerstreben,
Da es in meine Wahl noch war gegeben![111]

Slift zu Mauler, nachdem er Johanna versprochen hat, alles Fleisch abzu-kaufen, was einem geschäftlichen Ruin gleichkommt:

Ich freu mich, Mauler, daß du wieder
Der letzten Tage Schwäche abgelegt.[112]

Mit Wallenstein teilt er den „tieferen" Blick gegenüber den Geheimnissen, hier natürlich den geschäftlichen Geheimnissen. Wallenstein zu Illo:

Du kannst in *die* Geheimnisse nicht schauen ...
Das Irdische, Gemeine magst du sehn, ...
Doch, was geheimnisvoll bedeutend webt
Und bildet in den Tiefen der Natur, –
Die Geisterleiter ...
*Die* sieht das Aug nur, das entsiegelte,
Der hellgebornen, heitern Joviskinder.[113]

Mauler (lächelt):
Lieber Herr Snyder, Sie haben
Den Kern der Lage nicht erfaßt. Die vielen, die
Da draußen stehen: *das sind die Käufer!*

108 Brecht, Bd. 2. Stücke 2. S. 682.
109 Brecht, Bd. 2. Stücke 2. S. 728.
110 NA, Bd. 8. S. 198. V. 511–512.
111 NA, Bd. 8. S. 255. V. 1740–1741, 1744–1746.
112 Brecht, Bd. 2. Stücke 2. S. 727.
113 NA, Bd. 8. S. 98. V. 969. S. 99. V. 973, 976–978, 984–985.

(Zu den andern):
    Man sollt's nicht glauben.
(Langes Lächeln aller.)
    Sie mögen niedrig scheinen, überflüssig
    Ja lästig manchmal, doch dem tiefern Blick
    Kann nicht entgehen, daß *sie* die Käufer sind![114]

Wie Maria Stuart leidet er an Schuldgefühlen wegen eines Mordes, eines Ochsenmordes („Nein, Cridle, dieses Ochsen Ächzen / Verstummt nicht mehr in dieser Brust"[115]), und wird ständig von bösen Ahnungen gequält („Ach, lieber Slift, mir ist / Als käm aus solcherlei Nachricht nichts Gutes"[116]). „Schuldlos nicht, aber bereuend"[117] unterwirft er sich einer Beichte.

Mauler:    Ich will bekennen.
              Hier, Freunde, kniete keiner, der
              So niedrig war wie ich.[118]
Maria [zu Melvil]: – Euch will ich meine letzte Beichte tun ...
              Wie Eure Kniee sonst vor mir sich beugten,
              So lieg ich jetzt im Staub vor Euch.[119]

Mauler übernimmt die Rolle Elisabeths gegenüber Davison, wenn er Slift tadelt:

    So, Slift, so hast du mir den Kampf geführt
    Den ich dir anvertraut?[120]

Elisabeth zu Davison, der sich das Todesurteil gegen Maria Stuart von Burleigh entreißen ließ:

    Unglücklicher? *So* habt Ihr mir gehorcht,
    Befahl ich Euch nicht streng, sie zu verwahren?[121]

n)  Die Motivierung des Aufführungsverbotes der ‚Heiligen Johanna'

Am 14. November 1932 verkündet das ‚Berliner Acht Uhr Abendblatt':
„Berthold Viertel wird nun definitiv die Regie von Brechts ‚Die Heilige Johanna der Schlachthöfe' führen. Die Uraufführung wird in Wien statt-

[114] Brecht, Bd. 2. Stücke 2. S. 771.
[115] Brecht, Bd. 2. Stücke 2. S. 668.
[116] Brecht, Bd. 2. Stücke 2. S. 714.
[117] Brecht, Bd. 2. Stücke 2. S. 763.
[118] Brecht, Bd. 2. Stücke 2. S. 762.
[119] NA, Bd. 9. S. 147. V. 3641. S. 148. V. 3667–3668.
[120] Brecht, Bd. 2. Stücke 2. S. 767.
[121] NA, Bd. 9. S. 161. V. 3976–3977.

finden ... Von Wien aus soll die Aufführung auf eine Tournee durch Deutschland gehen, um in Berlin zuletzt gezeigt zu werden." Dazu sollte es jedoch nicht mehr kommen: ein Protest der Zentrumsfraktion des hessischen Landtages gegen die von Intendant Hartung geplante Aufführung des Stückes in Darmstadt führte zu einem allgemeinen Inszenierungsverbot.

Der ,Bayerische Kurier. München' spricht am 2. 2. 1933 von „Gottlosen-Propaganda" am Hessischen Landestheater, von einem „jedes religiöse Gefühl, insbesondere das Christentum verhöhnende[n] Schauspiel". Stadtrat Schneider sieht in der Politik Hartungs „ein frevelhaftes Spiel mit nationalen Interessen." (386/34)[122] Stadtrat Abt appelliert an die nationalen Instinkte gegen „art- und volksfremde" Elemente (386/35). Eine Kündigung jüdischer Angestellter am Landestheater, um eine „Verjudung" zu vermeiden, wird in Aussicht gestellt. Stadtrat Mattern hält die „bolschewistische und kommunistische Propaganda" der ,Heiligen Johanna' für einen „Todesstoß für den deutschen Wiederaufbau". Die Bevölkerung müsse es sich verbitten, daß mit ihren Steuergroschen bolschewistische und kommunistische Propaganda von der Landesbühne herab erfolge (386/35). „Ganz abgesehen von übelsten Exzessen der Sprache der handelnden Personen, ist die aufreizende und hetzerische politische Tendenz mit einer Eindeutigkeit durchgeführt, die kaum mehr überboten werden kann." (386/35) – Der Stadtrat protestiert mit Ausnahme der Sozialisten gegen die Aufführung des Stückes. Es folgt ein „volksverbundener Dringlichkeitsantrag" mit dem ein gleichzielender nationalsozialistischer Antrag verbunden ist, der sich gegen die Inszenierung von Brechts Stück richtet.

Die wenigen Zitate der Darmstädter Stadtratsitzung vom 2. Februar 1933 zeigen, welche Gruppe sich die vermeintliche Rettung der Klassiker besonders angelegen sein ließ, welche Partei den Widerstand der Darmstädter „als eine beglückende Regung ungebrochener Lebensinstinkte gegen einen künstlerisch verkappten Mordversuch an unserer Seele" (386/33) preist. „Der Kern der Sache", schreibt die ,Kölnische Zeitung' vom 1. Februar 1933, „ist die Teufelsklaue, die sich gegen Grundpfeiler des abendländischen Lebens ausstreckt ... Ein Volk, welches sich das wehrlos bieten läßt, ein Volk, das gar die zehnmal umgewendeten Steuergroschen seiner Menschen dazu verwendet, durch eine staatliche Kunstanstalt die seelenmörderische Botschaft der Unterwelt hinausposaunen zu lassen – es wäre die Sonne nicht wert, es hätte sein Leben schon aufgegeben."

[122] Die Zitate der Darmstädter Stadtratsitzung vom 2. 2. 1933 haben wir den sog. Materialblättern zur ,Heiligen Johanna' im Bertolt-Brecht-Archiv entnommen. Die angeführten Nummern beziehen sich auf die Sammlung des Archives.

Brecht hat die Interessengemeinschaft der Faschisten und der „Klassikerfreunde", die seinem historischen Modell entsprach (der Kapitalismus, der,
wie in der ‚Heiligen Johanna‘ demonstriert wurde, sich des geistigen
Systems des Idealismus bedient, findet im Faschismus seine letzte, nied-
rigste Entwicklungsstufe[123]), in einer parodistischen Zusammenschau im
‚Arturo Ui‘, in dem Stück ‚Die Rundköpfe und die Spitzköpfe‘ und in der
‚Turandot‘ bloßgestellt. Eric Bentley verkennt dieses Komplott von
Idealismus und Kapitalismus (oder Faschismus), das Brecht anprangert,
wenn er in der Schillerparodie allein eine ästhetische Verschlüsselungsfunktion sieht, um bekannte historische Personen indirekt zu verspotten: „The
authors parodied in this play [‚Saint Joan of the Stockyards‘] are Shakespeare, Goethe, Schiller, and certainly they are not the target... One
could begin to explain what the target is by mentioning that many sup-
porters of Hitler could and did quote all three of these authors a great
deal..."[124]
Abgesehen von der Rundfunkfassung, die am 11. April 1932 von Radio
Berlin einige Szenen mit Carola Neher als Johanna und Fritz Kortner als
Mauler brachte, ist die ‚Heilige Johanna‘ erst 1959 am Hamburger Schau-
spielhaus unter der Regie von Gustav Gründgens, mit Brechts Tochter
Hanne Hiob als Titelfigur uraufgeführt worden. Erich Franzen bedauerte,
daß das funkische Hörbild der Aufgabe der Brechtschen Parodie, hinter
der „Zersetzung fremder Stilorganismen... und dem gleichzeitigen Abbau
der zugehörigen Denk- und Gefühlsreihen" (1883/47) den positiven Sinn
der Destruktion sichtbar zu machen, nicht gerecht wurde. „Was man ver-
nahm, klang wie eine bloße Travestie aller möglichen Stilformen. Man
kann nicht annehmen, daß sich Brechts Absichten darin erschöpfen... Die
Begegnung [Johannas] mit dem Fleischkönig klang wie eine schlechte
Parodie auf Schiller. Da man die abgezehrten Gestalten der Armen nicht
sah, die auch Blick und Wesen Johannas verwandeln, blieb die dialektische
Zuspitzung leblos. Der Bericht jener Börsenschlacht vollends, in der Rind-
fleisch-Preise ‚von Klippe zu Klippe herab‘-fallen – wie die sterblichen
Seelen in Hölderlins Schicksalslied – wirkte abgeschmackt und künstlich,
weil man den Zweck dieses Kampfes gegen dichterische Stilformen höchsten Ranges nicht ganz real vor Augen haben konnte." (1883/47)

[123] „Aber um in seinen Entscheidungskampf mit dem Proletariat einzutreten, muß
der Kapitalismus sich aller, auch der letzten Hemmungen entledigen und alle
seine eigenen Begriffe, wie Freiheit, Gerechtigkeit, Persönlichkeit, selbst Konkurrenz, einen nach dem andern über Bord werfen. So tritt eine einstmals große und
revolutionäre Ideologie in der niedrigsten Form gemeinen Schwindels, frechster
Bestechlichkeit, brutalster Feigheit, eben in faschistischer Form, zu ihrem End-
kampf an." (Brecht, Bd. 20. Schr. z. Politik u. Gesellsch. S. 188f.).
[124] Bentley, S. 57.

Ein Zweck dieser Arbeit sollte es sein, diese Auffassung von der ,Heiligen Johanna', einerseits als einer bloßen Stiltravestie für gebildete Leser, andererseits als „handfester Agitation"[125] zu überwinden und die positiven Absichten Brechts sichtbar zu machen: Das Weiterführen der Tradition im marxistischen Gewande.

## Zusammenfassung

Eine Untersuchung der verschiedenen Fassungen, in denen uns die ,Heilige Johanna' überliefert ist, sollte die verschiedenen Stadien der Auseinandersetzung mit Schiller zeigen. Die erste Phase, die ,Urfassung', hatten wir als „naive", „originale" ,Johanna'-Dichtung bezeichnet, da sie weder die historische noch die literarische Tradition des Stoffes reflektiert, die zweite Phase (,Original'-Fassung) bringt die Annäherung an die historische Fabel, die dritte ordnet das Werk in die literarische Tradition ein, das heißt, bringt die Auseinandersetzung mit Schillers ,Jungfrau von Orléans'. Nicht die unreflektierte Johanna-Legende konnte in den marxistischen Kanon eingehen, sondern nur die zum Thema erhobene Analyse ihrer Wirkungsgeschichte. Brechts Parodie ist dabei nicht literarischer Selbstzweck, denn nicht einen künstlerischen Gegner will er treffen, sondern die veralteten Bewußtseinsformen, in denen ein Modell existiert, angreifen, unsere Gewohnheitsassoziationen bekämpfen. Zwei Bewußtseinshorizonte sollen dabei im Rahmen der von Korsch gelehrten „geistigen Aktion" als Teil der umwälzenden Praxis konfrontiert werden – das heißt aber, die Bekanntheit des nach marxistischer Vorstellung „aufgehobenen" Werkes ist unausgesprochen Voraussetzung und es muß als Variante bei der Brechtschen Umdichtung mitgedacht werden. Erst beide „Lesarten" ergeben dialektisch aufeinanderbezogen die Einheit des neuen Werkes. Das Weiterdichten einer Figur oder einer Szene bedeutet, wie wir an der ,Erkennungsszene' zeigen konnten, daß man ihre historisch bedingte Notwendigkeit aufgibt und mehrere Variationsmöglichkeiten offen hält. Das Geheimnis großer Dramen besteht für Brecht darin, daß mehrere Ansichten über den Stoff zugelassen werden vom Dichter und daß die Figuren ganz unfixiert sind. Die Brechtsche ,Johanna'-Dichtung ist eine Dichtung *über* die Schillersche ,Jungfrau von Orléans', sie ist eine Weiterentwicklung der Figur, indem sie deren Horizont innerhalb

---

[125] Gerhard Storz schreibt in seiner Untersuchung über ,Jeanne d'Arc in der europäischen Dichtung': „trotz allem Geschick der Persiflage geht das Stück über handfeste Agitation nicht hinaus und sollte das sicherlich auch nicht nach dem Willen seines Autors." (In: Jahrbuch der deutschen Schillergesellschaft. Hg. von Fritz Martini, Herbert Stubenrauch, Bernhard Zeller. Stuttgart 1962. S. 147).

des Brechtschen Stückes transzendiert. – Während die ‚Original'-Fassung und in noch stärkerem Maße die ‚Urfassung' mehr den Verlauf einer Spekulation zeigen und die aktive Rolle Johannas und Maulers noch nicht herausgebildet ist, hat Brecht erst in der Druckfassung auf die individuelle Fabel alten Stils zurückgegriffen, die ein dialektisch verstandenes Verhältnis von Individuum und Masse offenbart. Erst in diesem Stadium der Entwicklung tauchen die Schillerparallelen auf. Die Elemente des klassischen Dramas, die Bezug auf individuelles Handeln nehmen, paßten nicht zur Darstellung von Gesamtprozessen. Die grobe Blasphemie der frühen Fassungen (‚Original' und ‚Bühnenmanuskript'), als Folge vulgärmarxistischer Überzeugung von der totalen materiellen Bedingtheit des Menschen, wird erst durch Brechts Begegnung mit Schiller überwunden. In der Phase des naiven Materialismus war eine positive Auseinandersetzung mit den Klassikern und dem dialektisch verstandenen Verhältnis von Geist und Materie nicht möglich, da das Bewußtsein nur zum unselbständigen Reflex des allein für wirklich gehaltenen Lebensprozesses reduziert wurde. Der literarhistorische Stellenwert der ‚Heiligen Johanna' in Brechts Entwicklung ist die gegenseitige Bedingtheit von Schillerstudien und Überwindung des vulgärmarxistischen Standpunktes. – Wie die Umarbeitung der Prosafassung des ‚Don Carlos' in Blankverse für Schiller der Durchbruch zum klassischen Drama wurde, indem die strenge metrische Form eine objektivierende, gesetzmäßige Aussage verlangte, so hat auch für Brecht die Begegnung mit der jambisch gebundenen Klassikersprache eine neue, „klassische" Phase in seinem Schaffen eingeleitet. Von Schiller hat Brecht die Überwindung des Stofflichen durch die typologisierende und verknappende Form gelernt, wie der Wandel der noch stark vom Stoff bestimmten ‚Urfassung' zur metrisch stilisierten ‚Original'-Fassung manifestiert. Der chronologisch-sukzessiven Methode folgte die deduktiv-idealistische. Brecht rückt damit in die Nähe Schillers. In diesem Grade der Theoretisierung tauchen die Schillerparallelen auf. Die dialektische Einheit von Schillernähe und Schillerparodie in Brechts Entwicklung, als Stufe der Negation der Negation, wird in dieser Phase besonders deutlich, in der Brecht Schiller in seinem neuen Werk „aufgehoben" hat, d. h. gleichzeitig vernichtet, bewahrt und höhergehoben nach marxistischer Auslegung. Zur „Fortsetzung" eines Kunstwerkes für die neue sozialistische Gesellschaft gehört das Hervorheben der „fortschrittlichen" Züge, das bedeutet bei der ‚Erkennungsszene' und dem ‚Versöhnungsschluß' ein Befreien des potentiellen rationalistischen Gehaltes und eine gleichzeitige Entromantisierung und Entmythologisierung des mittelalterlich legendenhaften Stoffes.

Die textkritische Analyse des Materials im Bertolt-Brecht-Archiv bestätigte die Vermutung, daß Brecht die „Klassikerimitationen" meist routinemäßig angefertigt hat. Einzelne Muster stammen sogar von seinen Mitarbeitern, sie wurden als „Ersatzteile" häufig erst nachträglich montiert. Von hier aus erhält die Funktion der Mitarbeiter, innerhalb des von Brecht geforderten kollektiven Schöpfungsprozesses, eine neue Interpretation als Zubereiter des Erbes seinem Materialwert nach. Die Handschriften und Typoskripte erwecken den Eindruck, als habe Brecht sich immer wieder die wirtschaftlichen Themen klar machen müssen. Im Gegensatz zu den Klassikerparodien finden sich viele Varianten der wirtschaftlichen Prozesse. Die textkritische Untersuchung vermag uns hier einen entscheidenden Hinweis für die Interpretation zu geben. Die eigentliche Aussage der Collagen in der ‚Original'-Fassung und im Bühnenmanuskript' ist ihre Inhaltlosigkeit, Ersetzbarkeit, Austauschbarkeit und Anwendbarkeit in allen Lebenslagen. Die Gestaltung der ‚Heiligen Johanna' in Szene und „Antiszene", in Konfrontation von Inhalt und Inhaltlosigkeit wird von der textkritischen Analyse als dialektisch herzustellender Sinn deutlich gemacht.

## VIII

## ,DER AUFHALTSAME AUFSTIEG DES ARTURO UI': DIE ÜBERTRAGUNG THEATRALISCHER MUSTER AUF DAS POLITISCHE LEBEN

Hitler hatte bei dem Münchener Hofschauspieler Basil, er ist ein „Klassikanischer",[1] nicht nur den „großen Stil" für die Handhabung seiner Gangsteraffairen gelernt, sondern auch die Fähigkeit, Vorgänge des politischen Lebens nach „geheiligten" literarischen Mustern zu stilisieren. – Die Gangster Ragg und Roma mahnen Ui, sich „aus dieser Stimmung braunen Trübsinns und / Untätiger Träumerei"[2] zu befreien, da die Stadt – „Ach, kurzlebig / Ist hier der Ruhm. Zwei Monate kein Mord, und / Man ist vergessen"[3] – sich sonst dem Einfluß der Bande entzieht.

> Ragg: Dem Gangster flicht die Nachwelt keine Kränze!
> Die wankelmütige Menge wendet sich
> Zu neuen Helden. Und der Held von gestern
> Sinkt in Vergessenheit. Sein Steckbrief gilbt
> In staubigen Archiven . . .[4]

Die Schillerreminiszenzen („Dem Mimen flicht die Nachwelt keine Kränze",[5] „Die wankelmütige Menge, / Die jeder Wind herumtreibt!"[6]) vertuschen die Manipulationen einer Gangsterbande, indem sie sie mit edlen, dem Deutschen so vertrauten Sinnsprüchen etikettieren.

Die ästhetische Methode der Verfremdung durch Schillerzitate ist bei Brecht wiederum nicht literarischer Selbstzweck, sondern Bloßstellen der von den Faschisten tatsächlich verwendeten Mittel. Im ,Messingkauf' untersuchen die Schauspieler Karl und Thomas Hitlers Methode, als der „große Beispielhafte", als das „Urbild des Deutschen, das Muster der Jugend"[7] aufzutreten. Er bedient sich damit einer Rolle, eines repräsentativen Schemas, wofür ihm Schiller besonders gute Dienste leistet.

> Thomas: Wir wollen jetzt eine andere Art theatralischer Darbietung betrachten, die ebenfalls nicht von Künstlern und nicht zu künstlerischen Zwecken,

---

| | |
|---|---|
| [1] Brecht, Bd. 4. Stücke 4. S. 1768. | [2] Brecht, Bd. 4. Stücke 4. S. 1739. |
| [3] Brecht, Bd. 4. Stücke 4. S. 1739. | [4] Brecht, Bd. 4. Stücke 4. S. 1743. |
| [5] NA, Bd. 8. S. 4. V. 41. | [6] NA, Bd. 9. S. 130. V. 3260–3261 |
| [7] Brecht, Bd. 16. Schr. z. Th. 2. S. 561f. | |

aber in tausendfacher Weise und in Straßen und Versammlungshäusern veranstaltet wird. Wir wollen die Theatralik im Auftreten der Faschisten betrachten... Karl: Wir wollen die kleinen Dramatisierungen vorausnehmen, die für den Nationalsozialismus so charakteristisch sind. Es handelt sich dabei [darum], gewissen Zuständen, die keine besonders auffallende Form aufweisen, einen theatralischen Ausdruck zu verleihen. Der Reichstagsbrand ist ein klassisches Beispiel dafür. Die kommunistische Gefahr ist hier dramatisiert, zu einem Effekt herausgearbeitet.[8]

Die Ziele Ui's sind von den „menschheitsverbessernden" Plänen des jugendlichen Idealisten Carlos grundverschieden, auch wenn Zitatanklänge an Carlos' Mission darüber hinwegtäuschen sollen:

Ui: Ich bin jetzt vierzig und bin immer noch nichts![9]
Carlos: ... dreiundzwanzig Jahre,
  Und nichts für die Unsterblichkeit getan![10]

Das erpresserische Gespräch Ui's mit Dogsborough – der ehrenwerte Greis, an dem „kein Arg" sein kann, hat sich für die Zusicherung einer Anleihe ein Landhaus schenken lassen – spielt auf die Begegnung zwischen Maria Stuart und Elisabeth an:

Ui: ... Ich rufe Sie als Mensch an!
  ... Treiben Sie mich nicht
  Zum Äußersten! ...
  ... Ein Wort von Ihnen ...[11]

Ui stellt sich dem Kantinenwirt vor, wie Schiller seinen Wallenstein einführt:
  Von der Parteien Gunst und Haß verwirrt
  Schwankt sein Charakterbild in der Geschichte.[12]
Ui: Herr Dogsborough, Sie sehen vor sich einen
  Verkannten Mann. Sein Bild geschwärzt von Neid
  Sein Wollen entstellt von Niedertracht.[13]
Grimm nennt in seiner Brecht-Monographie als Quellen, literarische Vorbilder und Anregungen zur „Historischen Gangsterschau": Shakespeare

8 Brecht, Bd. 16. Schr. z. Th. 2. S. 559f.
9 Brecht, Bd. 4. Stücke 4. S. 1755.
10 SA, Bd. 4. S. 59. V. 1149–1150.
11 Brecht, Bd. 4. Stücke 4. S. 1753ff. – Maria betont immer wieder, daß sie sich jetzt als Menschen, als Schwestern und nicht als Königinnen gegenüberstünden. Sie beschwört Elisabeths Gnade: Ein Wort von ihr, eine Versöhnungsgeste könne alles ungeschehen machen. Sie bittet um „Mäßigung" als die Gegnerin sie zum Äußersten zu treiben droht, indem sie ihr ihre „Aventiuren" vorhält. – Wörtliche Übernahmen lassen sich nicht nachweisen, diese Stelle ist eine freie Umschreibung des Handlungsgerüstes.
12 NA, Bd. 8. S. 5. V. 102–103.
13 Brecht, Bd. 4. Stücke 4. S. 1751.

‚Richard III.‘ und Goethe ‚Faust‘ (‚Gartenszene‘).[14] Es ist bisher noch nicht untersucht worden, inwieweit ‚Wallenstein‘, als Geschichtsdrama, parodiertes Vorbild nicht nur einzelner Szenen, sondern sogar der Fabelführung war. Dogsborough hat den Karfiolhändlern, mit denen er durch Übernahme der Aktienmehrheit einer Reederei wirtschaftlich verbunden ist, eine Stadtanleihe zum Bau von Kaianlagen gewährt und so wie Wallenstein „insgeheim in eigner Sache gehandelt“.[15] Die drohende Aufdeckung seines doppelzüngigen Spiels in einer Stadthaussitzung endet aber mit dem Bekenntnis zu Dogsborough, das dem Bekenntnis des Heeres zu Wallenstein gleicht, der durch eine vom Kaiser anberaumte Untersuchung wegen seines Handelns in eigener Sache gefällt werden soll.

> Dogsborough (steif): Was mit der Anleih?
> Gaffles: Nun, gestern im Stadthaus
>        Nannten sie einige, jetzt werd nicht zornig
>        Ein wenig fischig.
> Dogsborough:        Fischig.
> Goodwill:                Sei beruhigt!
>        Die Mehrheit nahm den Ausdruck übel auf.
>        Ein Wunder, daß es nicht zu Schlägereien kam!
> Gaffles: Verträge Dogsboroughs fischig! wurd geschrien.
>        . . . ’s wurd fast eine Ehrung
>        Für dich dann, Dogsborough! Als deine Freunde
>        Sofort die Untersuchung forderten
>        Fiel, angesichts unsres Vertrauens, doch mancher
>        Noch um und wollte nichts mehr davon hören.
>        Die Mehrheit aber, eifrig, deinen Namen
>        Auch nicht vom kleinsten Windhauch des Verdachts
>        Gerührt zu sehn, schrie: Dogsborough, das ist
>        Nicht nur ein Name und nicht nur ein Mann
>        ’s ist eine Institution! und setzte tobend
>        Die Untersuchung durch.[16]

> Wallenstein: Wie steht es draußen? Sind sie vorbereitet?
> Illo: Du findest sie in der Stimmung, wie du wünschest.
>        Sie wissen um des Kaisers Forderungen
>        Und toben . . .
>        Es ist nur *eine* Stimme unter allen:
>        Du dürf’st das Regiment nicht niederlegen.
>        Sie werden an dich deputieren, hör ich.[17]

Die Machenschaften der Verbrecher sind in das dramaturgische Modell des Intrigenspiels der „hohen Staatstragödie“ gekleidet: Abgefangene Boten,

14  Grimm, Bertolt Brecht (Metzler). S. 51.
15  Brecht, Bd. 4. Stücke 4. S. 1748.
16  Brecht, Bd. 4. Stücke 4. S. 1756f.
17  NA, Bd. 8. S. 94. V. 872–875. S. 95. V. 892–894.

die man mitternächtlicherweile erwartet (Sheet), geheime Billetts und Un-
terredungen, falsche Kontrakte und untreue Freunde.

Die Darstellung politischer Vorgänge im verfremdenden Klassikergewand
entzieht sie, indem sie sie in die Scheinwelt der Kunst entrückt, einer kritischen Bewertung nach realpolitischen Gesichtspunkten. Die Stilisierung
der Manipulationen Hitlers nach „geheiligten" Mustern, nach unverän-
derlichen, ewig-menschlichen Verhaltensweisen, bewirkt den Akt der Einfühlung – im klassischen Theater wie bei den „Inszenierungen" der
Faschisten.

> Thomas: Betrachten wir vor allem die Art, wie [Hitler] bei den großen Reden,
> die seine Schlächtereien vorbereiten oder begründen, agiert. ... Wir müssen ihn
> da betrachten, wo er das Publikum dazu bringen will, sich in ihn einzufühlen
> und zu sagen: Ja, so hätten wir auch gehandelt. Kurz, wo er als *Mensch* auftritt
> und das Publikum davon überzeugen möchte, seine Handlungen als einfach
> menschliche, selbstverständliche aufzufassen und ihm so gefühlsmäßig seinen
> Beifall zu schenken ... Es entsteht da die *Einfühlung* des Publikums in den
> Agierenden, die man für gewöhnlich als das wesentlichste Produkt der Kunst
> ansieht. Das ist dieses Mitreißen, dieses Alle-Zuschauer-in-eine-einheitliche-
> Masse-Verwandeln, das man von der Kunst fordert.[18]

Zweck der Schillerparodie ist es, diesen Akt der Einfühlung aufzuheben
und den Mißbrauch sowohl Schillers als auch der Einfühlung zu entlarven.
Brecht klärt einige ‚Irrtümer über die Spielweise des Berliner Ensembles',[19]
indem er nicht jegliche Art von Emotionen vom Theater verbannen will,
sondern nur veraltete und solche, die vorgeben, dem gesunden Menschen-
verstand zu entsprechen, und doch zeit- und interessengebunden sind.

> Brecht: Der Überschwang beim Schiller ist nicht schlecht.
> Wekwerth: Aber der nachgemachte, der künstlich erzeugt wird.
> Palitzsch: Sie meinen, bei Schiller schwingt etwas Gutes über, darum ist der
> Überschwang gut?[20]

Die „historische Gangsterschau" im „großen Stil" übt zudem Kritik an den
entarteten Klassikeraufführungen der Göringtheater, von denen Ihering
anläßlich einer ‚Räuber'-Inszenierung schreibt: „Die NS-Volksbühne ...
kopiert das längst erledigte Hoftheater ältesten Stils. Diese Masken, diese
Perücken, diese Kostüme, diese Organe! Sie ist Ausdruck derselben Nippes-
gesinnung, derselben Plüschmöbelweltanschauung."[21] Brecht hat den un-
geheuerlichen Niedergang der theatralischen Künste unter dem Nazi-
regime, die Entartung des „Poetischen ins Deklamatorische", des „Artisti-

[18] Brecht, Bd. 16. Schr. z. Th. 2. S. 563.
[19] Brecht, Bd. 16. Schr. z. Th. 2. S. 901.
[20] Brecht, Bd. 16. Schr. z. Th. 2. S. 902.
[21] Ihering, Theaterkritiken. Bd. 3. S. 130f.

schen ins Künstliche", des „Beispielhaften ins Repräsentative",[22] zum Anlaß genommen, eine ‚Neue Technik der Schauspielkunst' zu entwerfen, für die, wie Brecht bekennt, „die Losung der Klassiker ... noch immer" gilt: „Wir werden ein nationales Theater haben oder keines."[23]

## Zusammenfassung

Das Komplott der Idealisten und Kapitalisten in der ‚Heiligen Johanna' findet, dem Brechtschen Geschichtsmodell entsprechend, seine historisch notwendige Fortsetzung in der Interessengemeinschaft der „Klassikerfreunde" und Faschisten, wie sie in der „großen Gangsterschau" ausgestellt wird. Brecht intendiert mit seiner Zitatparodie wiederum nicht, einen literarischen Gegner zu treffen oder eine ästhetisch reizvolle Verschlüsselungsfunktion auszuüben, sondern er will die von den Faschisten tatsächlich geübten Methoden, ihre kruden Verbrecheraffairen nach „geheiligten" literarischen Mustern zu stilisieren, bloßstellen.

Das besondere Verfahren dieser Untersuchung liegt darin, den ‚Arturo Ui' einem Gesamtplan einzuordnen, so wie er von Brecht, der „Tradition bekommen" will, selbst angestrebt wurde. Auch hier erweist sich der „Stückeschreiber" zugunsten einer lückenlosen politischen und ästhetischen Theorie als der „terrible simplificateur": Hitler bewirkt bei seinen „Inszenierungen", indem er seine Machenschaften als ewig-menschliche Verhaltensweisen ausgibt, den Akt der Einfühlung, ähnlich wie im klassischen Drama. Der Zweck der Schillerparodie ist also ein politisch-didaktischer, ist es, diesen Akt der Einfühlung, dieses „Alle-Zuschauer-in-eine-einheitliche-Masse-Verwandeln" zu unterbinden und den Mißbrauch der Klassiker zu entlarven.

Der von Grimm aufgestellte Katalog literarischer Quellen konnte um einen weiteren Beleg ergänzt werden. ‚Wallenstein', der, wie Brecht bekennt, einen nicht geringen Materialwert habe und dessen historische Handlung nicht übel eingeteilt sei,[24] ist parodiertes Vorbild einzelner Szenen und lieferte die Fabelführung.

[22] Brecht, Bd. 16. Schr. z. Th. 2. S. 722.
[23] Brecht, Bd. 16. Schr. z. Th. 2. S. 723.
[24] Brecht, Bd. 15. Schr. z. Th. 1. S. 106.

IX.

## DIE „SOZIALKRITISCHEN" SONETTE:
## DIE REDUZIERUNG
## DER POETISCHEN ABSTRAKTIONEN
## AUF IHRE KONKRETE, ZEITBEDINGTE BASIS

Brecht hat 1940 im finnischen Exil einen Sonettenzyklus verfaßt, der die Werke Dantes, Shakespeares, Kants, Lenzens, Schillers, Goethes, Kleists, Nietzsches, Michelangelos sozialkritisch beleuchtet. Mayer hat, indem er die pseudomarxistische Parole des Leitgedichtes ‚Vom Erbe' einheitlich auf alle Gedichte bezog, die Sonette als „Höhepunkt [einer] überwiegend negativen ... Einschätzung der deutschen Klassik und ihrer geschichtlichen Rolle"[1] verstanden. Der vielfältige Bezug Brechts zum Erbe soll in der kritischen Analyse der ‚Schillerstudien' zum Ausdruck kommen. Das Leitgedicht, in dem er die „alten" Dichter als Feinde des Volkes betrachtet, die seinen „Schlägern raten: Schlagt es!",[2] wäre als Bekenntnis seiner sozialen Position zu betrachten. Brechts Vorspruch zu den Sonetten von 1952: „Diese sozialkritischen Sonette sollen natürlich den Genuß an den klassischen Werken nicht vereiteln, sondern reiner machen",[3] klärt dieses Mißverständnis. Die Klassiker sollen nicht ausgelöscht, sondern beerbt werden, und, wie es in einer Anmerkung zum Sonett „Über Goethes Gedicht ‚Der Gott und die Bajadere'" heißt, geschieht das durch kämpferische Auseinandersetzung.[4]
Die ‚Schillerstudien' sind im Blankvers abgefaßt. Brecht verwendet den Blankvers nicht als sinnvolle immanente Form, sondern als Etikettierung. Die individuelle Form des ‚Liedes von der Glocke' ist ausgelöscht und eingeschmolzen in die typischen, einheitlichen Elemente der Klassik. Das Gedicht gilt als „aufgehoben", indem auf diese Weise seine Zugehörigkeit zu einer bestimmten Zeit und einer bestimmten Gesellschaftsschicht festgestellt ist. Die Zerstörung der unverwechselbaren historischen Form bedeutet dabei zugleich eine Behandlung nach einer einheitlichen Perspektive. In dem Sonett ‚Über die Gedichte des Dante auf die Beatrice' heißt es:

---

1   Mayer, S. 55.      2   Brecht, Bd. 9. Gedichte 2. S. 616.
3   Zitiert bei Mayer, S. 55.
4   Brecht, Bd. 19. Schr. zur Lit. u. Kunst 2. S. 425.

Denn er befahl uns ihrer zu gedenken
Indem er solche Verse auf sie schrieb.[5]

Indem Brecht die spezifische Form dieser Verse aufhebt, hebt er die spezifische Weise ihres Andenkens auf. "The tune of the verse is part of the
meaning of the poem ... The pattern is not a scheme to be filled up with
a certain number of syllables, but something living in the poet's mind."[6]
Die Umformung des pathetisch-fordernden Stils der ‚Glocke' in den kon-
statierenden Stil des Sonetts ändert auch die inhaltliche Aussage.

### a) „Über Schillers Gedicht ‚Die Glocke'"

| Brecht | Schiller |
|---|---|
| Ich les, daß Feuer eine Wohltat ist | Wohltätig ist des Feuers Macht, |
| Solang der Mensch es zähmet und bewacht | Wenn sie der Mensch bezähmt, bewacht, |
| Daß es ihn aber, ungezügelt, frißt. | Und was er bildet, was er schafft, |
| Ich frage mich: an was hat der gedacht?[7] | Das dankt er dieser Himmelskraft; |
| | Doch furchtbar wird die Himmelskraft, |
| | Wenn sie der Fessel sich entrafft, |
| | Einhertritt auf der eignen Spur, |
| | Die freie Tochter der Natur.[8] |

Die beiden ersten Zeilen scheinen Schiller zu zitieren, und dennoch sind
durch geringfügige Veränderungen große Bedeutungsunterschiede erreicht.
Brecht: „Feuer ist eine Wohltat". Schiller: „Wohltätig ist des Feuers
Macht". Brecht kehrt den Prozeß Schillerschen Dichtens um: Schiller
suchte durchweg das Konkrete, Individuelle und damit Zufällige der
Erscheinungen zum Generisch-Objektiven zu erheben. In der Bürger-
Rezension hatte er diesen Prozeß der Idealisierung mit dem dichterischen
Schaffen gleichgesetzt.[9] Brecht hat diese Voraussetzung Schillerscher
Ästhetik aufgedeckt und die generischen Anschauungen wieder auf
ihre konkrete, historische Natur reduziert. Die konditionale Fügung bei
Schiller („... Wenn sie der Mensch bezähmt...") gibt eine dauernde, un-
veränderliche Voraussetzung an, die Aussage ist gesetzhaft, allgemein. Das
Einschieben der zeitlichen Kategorie („... Solang der Mensch es zäh-

---

[5] Brecht, Bd. 9. Gedichte 2. S. 608.
[6] W. P. Ker: Form and Style in Poetry. London 1929. (London lectures 1914/15).
S. 201.
[7] Brecht, Bd. 9. Gedichte 2. S. 610.
[8] SA, Bd. 1. S. 50. V. 155–162.
[9] „Eine der ersten Erfodernisse des Dichters ist Idealisierung, Veredlung, ohne
welche er aufhört, seinen Namen zu verdienen." (NA, Bd. 22. S. 53. Z. 8).

met…") löst die zwingende Folge auf und stellt sie unter das Gesetz zeitlicher Bedingtheit. Was bei Schiller als Hauptsatz Aussage, Feststellung ist, rückt bei Brecht durch Einschieben der Dichterperspektive in den Relativsatz. Die symbolisch verweisenden Fügungen vermögen bei Schiller zudem die Vorgänge der Natur zum Abbild einer inneren Geschichte zu machen: Bei Brecht soll der Mensch das Feuer *zähmen,* bei Schiller des Feuers Macht *bezähmen.* Die verbale Fügung Schillers gehört zur Umschreibung ethischer und moralischer Kategorien, sie verweist auf einen seelischen Prozeß der Gesittung.

Brecht hat, indem er nur diese eine Stelle vom Feuer herausgegriffen hat, nicht eine periphere Thematik ergriffen, sondern das Thema, das Meisterstrophen und Lied zusammenhält, erfaßt: die Bedrohung der Ordnung durch chaotische Mächte, einmal im bürgerlichen Kosmos, zum anderen in der schöpferischen Gestaltung der Glocke. Die Glocke, das Meisterwerk, das den rohen Elementen abgetrotzt ist, wird zum Friedenssymbol der bürgerlichen Welt. Zum biographischen Hintergrund des 1799 erschienenen Gedichtes gehört für Brecht das Erlebnis der „Französischen Revolution":

> Weh, wenn sich in dem Schoß der Städte
> Der Feuerzunder still gehäuft,
> Das Volk, zerreißend seine Kette,
> Zur Eigenhilfe schrecklich greift![10]

Die Kernfrage der Brechtschen ‚Studie' zielt auf die Aufhellung dieser historischen Voraussetzung:

> Was ist es, das er euch zu zähmen bittet?
> Dies Element, das er so nützlich nennt
> Gesittung fördernd, selber nicht gesittet –
> Was für ein Element ist wohl dies Element?
>
> Dies Feuer, diese Tochter der Natur
> Die, ihrer Zügel los, durch eure Gassen wandelt
> Mit roter Mütze auf, wer ist das nur?
>
> Das ist nicht mehr die gute alte Magd!
> Ihr habt wohl die Person zu mild behandelt?
> Ich seh, sie hat euch nach dem Lohn gefragt.[11]

Die Assoziationskette: Feuer – rote Mütze – Magd löst schrittweise das Symbol auf. Hinter der Angst vor dem entfesselten Feuer verbirgt sich Schillers Entsetzen vor dem entfesselten Volk. In der frühesten Fassung (639/76) ist die Gleichung Feuer – Volk noch deutlicher umschrieben:

> hat etwa dieses feuer keinen kragen?
> trägt dieser mensch da einen steifen hut?

[10]  SA, Bd. 1. S. 56. V. 354–357.     [11]  Brecht, Bd. 9. Gedichte 2. S. 610f.

Der fehlende Kragen und steife Hut gelten als Charakteristika des Proletariats schon in der ‚Heiligen Johanna‘ und in der ‚Dreigroschenoper‘.
Wenn nach Brechts Vorspruch die ‚Studien‘ den „Genuß an den klassischen
Werken reiner machen sollen", so versteht er darunter ein Bewußtmachen
der Voraussetzungen. Die historische Situation Schillers hat er in seiner
Schrift „Ist das epische Theater etwa eine ‚moralische Anstalt‘?" analysiert
und daraus Schillers moralisches Pathos erklärt.

> Zu seiner Zeit hatte das Publikum nichts gegen das Moralisieren einzuwen-
> den... Das Bürgertum ging daran, die Ideen der Nation zu konstituieren.
> Sein Haus einrichten, seinen eigenen Hut loben, seine Rechnungen präsentie-
> ren ist etwas sehr Vergnügliches.[12]

Je mehr aber diese bürgerliche Welt, die in der ‚Glocke‘ verherrlicht wurde,
im weiteren Verlauf der Geschichte fragwürdig wurde, um so mehr mußte
Schillers Pathetik auf Abneigung stoßen. Brecht hat, indem er die Voraussetzungen in Schillers ‚Lied‘ aufdeckte, es einem neuen Verständnis zu-
führen wollen.
Das Sonett ist in zwei verschiedenen Fassungen im Bertolt-Brecht-Archiv
vorhanden. Die Fassungen 179, 356, 602, 639, die im wesentlichen text-
gleich sind, hat Brecht als Sonett bezeichnet. Erst die mit der Druckfassung
im Text identischen Fassungen 1334/09 und 1334/10, die, neben dem für
die Datierung wichtigen Stempel des Berliner Ensembles, über Brechts
Autorisation verfügen, tragen den Titel ‚Studien‘. Die letzten beiden Strophen der Druckvorlage sind allerdings im Gegensatz zur Suhrkamp-Ausgabe zusammengedruckt, die vierteilige Sonettform ist dabei aufgegeben.

> /er schrieb/ *ich las*, dass feuer eine wohltat ist
> solang der mensch es zähmt und es bewacht
> dass es ihn aber, ungezügelt, frisst.
> ich fragte mich: an was hat der gedacht?
>
> hat etwa dieses feuer keinen kragen?
> trägt dieser mensch da einen steifen hut?
> wird da ein kochtopf zum vesuv getragen?
> der dichter macht ihm, wie ich sehe, mut.
>
> dies feuer, diese tochter der natur
> die, ihrer zügel los, durch seine gassen wandelt
> mit roter kappe auf, wer ist das nur?
>
> das ist nicht mehr die gute alte magd!
> ihr habt wohl die person zu mild behandelt?
> /ich hör/ *ich seh*, sie hat euch nach dem lohn gefragt.
>
> *was ist das für ein mensch, den er da bittet
> dies element zu zähmen, das er nützlich nennt
> 's gibt nicht gesittung ohne das, doch ist es nicht gesittet
> was für ein element ist wohl dies element* (639/76)

---

[12] Brecht, Bd. 15. Schr. z. Th. 1. S. 270f.

Die frühen Fassungen (179, 356, 602, 639) beginnen mit „er schrieb", handschriftlich verbessert zu „ich las", gegenüber „ich les" der Druckfassung. Der Wandel von der präteritalen Fügung zum Präsens, von der passiven Rolle Brechts zur aktiven Funktion des kritischen Bewerters zeigt die aktualisierende Tendenz der letzten Fassung gegenüber den Fassungen von 1940, in denen zudem der Leser nicht direkt angesprochen wird („was ist das für ein mensch, den er da bittet / dies element zu zähmen, das er nützlich nennt"). Das Geschehen spielt sich in der Vergangenheit ab, es nimmt Bezug auf die „Französische Revolution" und ihre Bezwingung durch die monarchistische Reaktion. In der Druckfassung geht es um die Befreiung des Volkes in der Gegenwart, das mit Versen Schillers, wie in der ‚Heiligen Johanna', niedergehalten werden soll.

## b) „Über Schillers Gedicht ‚Die Bürgschaft'"

Der Aufgesang des Gedichtes gibt eine laxe Zusammenfassung des Inhalts der ‚Bürgschaft', der Abgesang die Perspektive Brechts. Er berichtet dabei kaum vom balladenhaft dramatischen Geschehen des Schillerschen Gedichtes, die ethischen und psychologischen Motive der Freundschaft werden übergangen. Brecht, den an den zwischenmenschlichen Beziehungen die ökonomische, vertragsmäßige Seite, die Verhaltenstaktik interessiert, hat allein den „Kontrakt" unter dem Motto Schuld–Bürgschaft kritisch analysiert. Damon und Möros erscheinen nicht als die gleichnishaften Typen der treuen Freunde, sondern als Bürge und Schuldner. Der parabolische Charakter der Ballade wird durch die Reduzierung des gleichnishaften Vorgangs[13] auf seine rechtlich-kontraktmäßige Seite aufgelöst. Der König ist nicht mehr die Verkörperung eines Tyrannen, sondern nur noch tyrannisch. Nicht gleichnishafte Typen und ihr typenhaft abstrahiertes Verhalten will Brecht darstellen, sondern die konkreten alltäglichen Verhaltensweisen der Menschen untereinander. Die von jeder zeitlichen und räumlichen Bedingtheit befreiten mythischen Urformen erscheinen durch die Einfügung der zeitlichen und räumlichen Perspektive als veränderbar: „Solch ein Gebaren macht Verträge heilig. / In solchen Zeiten kann man auch noch bürgen."[14]

[13] B. von Wiese nennt die Ballade „eine parabolische Erzählung von der Freundschaft, die, selbst in der extremsten, von allen Seiten bedrohten Situation ... ihre durchhaltende Kraft nicht verliert, ja sogar noch eine böse Welt der Herrschaft in ihr Gegenteil, in einen neuen Freundschaftsbund, umzuwandeln vermag." (von Wiese, S. 619).
[14] Brecht, Bd. 9. Gedichte 2. S. 611.

Die unverbrüchliche Treue zum Freund gibt Möros die Kraft, alle lebensbedrohenden Widerstände zu überwinden und zur rechten Zeit heimzukommen, um den Freund zu retten. Brecht interpretiert:

> Es weist sich, daß natürlich die Natur
> Ihm manche Ausflucht bietet, jedoch stur
> Kehrt er zurück und löst den Bürgen aus.[15]

Bei Schiller stellt die Natur Hindernisse dar, die den „Schuldner" mit tödlicher Angst um den Freund erfüllen, bei Brecht bietet die Natur Ausflüchte. Das Adverb „stur" ist geradezu eine Umkehrung Schillerscher Motivierung. An dieser Stelle versagt sich Brecht jede Deutung des Freundschaftsmotives. Stur ist für Brechts Philosophie der Veränderung, Anpassung, der „Ausflüchte" eine äußerst negative Eigenschaft. Die Grausamkeit des Königs, der sich mehr daran weiden will, Rache am Betrogenen auszuüben als am Täter selbst, heißt bei Brecht „Geduld". Brechts Pointe: „Und schließlich zeigte es sich ja auch dann: / Am End war der Tyrann gar kein Tyrann!"[16] muß übersehen, daß der König angesichts solcher Treue eine innere Wandlung durchmacht. Brecht weicht dem Thema des Gedichtes aus, er verkennt die Beweggründe des Tyrannen und der Freunde. Die Frage, ob dieses Gedicht zum gereinigten Genuß des klassischen Werkes beiträgt, ist negativ zu beantworten. Brecht hat „solch ein Gebaren", das „Verträge heilig macht", einseitig einer nicht realen, märchenhaften Zeit zugewiesen: „O edle Zeit, o menschliches Gebaren!"[17] steht als Leitsatz zu Anfang des Gedichtes.

Wie bei der ‚Studie' über Schillers ‚Lied von der Glocke' gibt es zwei voneinander abweichende Fassungen, jedoch zeigt die Fassung von 1940 (356/12) nur unwesentliche Abweichungen von der Druckfassung. Der frühe Zweig der Überlieferung ist wiederum als Sonett bezeichnet und vierstrophig gedruckt, die späteren ‚Studien' sind zweistrophig gefaßt, wobei die ursprünglichen Quartette und Terzette jeweils zusammengefügt wurden.

## Zusammenfassung

Wenn nach Brechts Vorspruch die (Studien) den Genuß an den klassischen Werken reiner machen sollen, so versteht er darunter ein Bewußtmachen der historischen und soziologischen Voraussetzungen. Den Blankvers, in dem die ‚Schillerstudien' abgefaßt sind, verwendet Brecht dabei als Etiket-

---

15 Brecht, Bd. 9. Gedichte 2. S. 611.
16 Brecht, Bd. 9. Gedichte 2. S. 611.
17 Brecht, Bd. 9. Gedichte 2. S. 611.

tierung für eine bestimmte Zeit und ihre Gesellschaft und nicht als sinnvolle immanente Form. Er reduziert die poetischen Abstraktionen auf das Konkrete, Individuelle und damit Zufällige der Erscheinungen, erweist die von jeder räumlichen und zeitlichen Bedingtheit befreiten mythischen Urformen menschlicher Typen als einer bestimmten Zeit und ihren Idealen verpflichtet (und damit als veränderbar) und kehrt – ein „neuer Schiller" – den Prozeß Schillerschen Dichtens um.

So verbirgt sich hinter der Angst des Klassikers vor dem Feuer, einer Symbolisierung des Chaotischen, das Entsetzen vor dem durch die entarteten Ideale der „Französischen Revolution" entfesselten Volk. – Damon und Möros erscheinen nicht als die gleichnishaften Typen der treuen Freunde, sondern als Bürge und Schuldner, da Brecht bei zwischenmenschlichen Beziehungen allein die ökonomisch-vertragsmäßige Seite, die Verhaltenstaktik als „real" gelten läßt.

Beide ,Studien' geben nur die reine Außenwelt wieder: der „Restaurator" weicht den ethischen und moralischen Motiven der Freunde und des Tyrannen ebenso aus, wie ihm die Vorgänge in der Natur nicht mehr Abbild einer „inneren" Geschichte sind. Die *Bezähmung* der Macht des Feuers (bei Brecht soll der Mensch das Feuer *zähmen*) verweist auf einen seelischen Prozeß der Gesittung und Humanisierung des Anarchischen.

Die Entwicklung der Fassungen offenbart eine aktualisierende Tendenz wie in der ,Heiligen Johanna'. Während das Geschehen in der ersten Niederschrift (639/76) in der Vergangenheit spielt und die Unterdrückung der in der „Französischen Revolution" initiierten Befreiung des Volkes durch eine monarchistische Reaktion anprangert, geht es in der Druckfassung um die Knechtung des Volkes in der Gegenwart, die mit Schillerversen bemäntelt werden soll.

# X.

## ,ÜBUNGSSTÜCKE FÜR SCHAUSPIELER: DER STREIT DER FISCHWEIBER‘ PARALLELSZENE ZUR BEGEGNUNG ZWISCHEN MARIA STUART UND ELISABETH

Die ,Übungsstücke für Schauspieler‘ waren ursprünglich dem ,Messingkauf‘ beigefügt, einem Gespräch zwischen Dramaturg, Philosoph und Schauspielern „über eine neue Art Theater zu spielen“, die es als ihre „größte Bemühung“ ansieht, „Vorgänge unter Menschen nachzuahmen“[1] und kritisierbar zu machen, „denn das Schicksal des Menschen ist der Mensch geworden“.[2]

Die Parallelszenen, die Brecht 1939 während seines Exils für die Ausbildung Stockholmer Schauspieler schrieb, sind die Anfänge jener Bemühungen um eine von der Theatralik des wilhelminischen Hoftheaters wie des Faschismus gereinigte Schauspielkunst, die er in seiner ,Neuen Technik der Schauspielkunst‘, während seiner Tätigkeit am Berliner Ensemble, ausgearbeitet hat. Sie stehen unter dem doppelten Gesichtspunkt der Neugründung einer Tradition durch Weiterführung einer alten, indem der Stückeschreiber nach der Zerrüttung des deutschen Theaters die Forderung der Klassiker nach einem Nationaltheater erneut zu seinem Programm erhebt. „Die kritische Betrachtung einer vergangenen Produktion und Reproduktion [verbindet sich] mit den neuen Aufgaben“.[3]

Brecht hat die Begegnungsszene zwischen Maria und Elisabeth im dritten Akt der ,Maria Stuart‘ in einen Streit zwischen zwei Fischweibern umgearbeitet.

> Diese Szenen werden auf unsern Theatern längst nicht mehr auf die Vorgänge hin gespielt, sondern nur auf die Temperamentsausbrüche hin, welche die Vorgänge ermöglichen. Die Übertragungen stellen das Interesse an den Vorgängen wieder her und schaffen beim Schauspieler außerdem ein frisches Interesse an der Stilisierung und der Verssprache der Originale, als etwas Besonderem, Hinzukommendem.[4]

---

[1]  Brecht, Bd. 16. Schr. z. Th. 2. S. 504.
[2]  Brecht, Bd. 16. Schr. z. Th. 2. S. 526.
[3]  Mayer, S. 19.
[4]  Brecht, Bd. 7. Stücke 7. S. 3003.

Brecht hat durch Beschränkung der Hauptpersonen auf drei, statt vier bei Schiller, das ursprüngliche Schema der dramatischen Situation stärker herausgebracht: Frau Zwillich als Angeklagte, Frau Scheit als Klägerin, Herr Koch als Vermittler. Bei Schiller fungieren zwei Vermittler, Talbot als Instanz, die über der Intrige steht, und Leicester, der zu den Mitverschworenen um Maria Stuarts Befreiung gehört. Wie in der ‚Studie‘ über Schillers Gedicht ‚Die Bürgschaft‘ ist der parabolische Vorgang aufgehoben. Wie die Freunde nur noch als Bürge und Schuldner einen Vorgang aus dem alltäglichen Zusammenleben exemplifizieren, so ist mit der realistischen Darstellung des königlichen Streites als eines Fischweiberstreites der symbolische Charakter des Motives aufgehoben. Die Fabel bei Schiller, der Kampf zweier Ranghöchsten mit gleichem Anspruch auf Legitimität, ist Abbild einer grundsätzlich tragischen Auffassung von der geschichtlichen Welt, in der die Idee der Versöhnung nur in Träumen und Visionen existiert. Während bei Schiller ‚eine von [den] Königinnen fallen muß, damit die andre lebe‘,[5] ahmt Brecht in dem Rechtshandel der Fischweiber einen Fall aus dem menschlichen Zusammenleben nach, der eine variable Lösung enthält.

Die Übertragung der Szene aus dem Bereich der hohen Politik in ein prosaisches Milieu bedingt eine Umarbeitung des sozialen Verhältnisses der Dramenfiguren. Die feudalen Bindungen der Vasallität zwischen Elisabeth, Maria, den Grafen Talbot und Leicester sind ins Bürgerlich-Familiäre übertragen. Statt des gräflichen Ratgebers fungiert der Nachbar oder der Neffe. Der Vergleich der Orte (Straße und Fischmarkt bei Brecht, „Park. Vorn mit Bäumen..., hinten eine weite Aussicht"[6] bei Schiller) zeigt den Menschen einmal in seinem sozialen und kommerziellen Milieu, also bedingt, das andere Mal in der Natur, unbedingt.

Das Handlungsschema ist beibehalten, die als Versöhnung geplante Unterredung endet mit endgültigem Zerwürfnis. Bei beiden ist ein vordergründiges und ein hintergründiges Motiv für den Streitfall da, einmal die politische und die wirtschaftliche Konkurrenz, das andere Mal die Rivalität als Frauen. – Schiller, der nicht so sehr durch den Stoff und das Thema, sondern mehr „durch eine kunstreiche Führung der Handlung" das Ganze „zu einer schönen Tragödie machen"[7] will, sah die tragische Qualität der Fabel im ironischen Gegeneinander zweier Bewegungen – nämlich darin, daß die Handlung, indem sie sich von der Katastrophe wegzubewegen scheint, ihr immer näher und näher geführt wird.[8] Maria glaubt ihrem Ge-

---

5 NA, Bd. 9. S. 126. V. 3146–3147.
6 NA, Bd. 9. S. 79.
7 Jonas, Bd. 5. S. 122.
8 Vgl. den Brief an Goethe vom 18.6.1799. NA, Bd. 30. S. 61. Z. 14–19.

schick zuvorzukommen, aber sie wird nur seine Dienerin und Vollstrek-
kerin. Bei Brecht ist diese paradoxe Verspannung von Absicht und Ergebnis nicht Ausdruck einer Schicksalsgebundenheit menschlichen Handelns,
wie es bei Schiller besonders deutlich in der ‚Braut von Messina‘ zum Ausdruck kommt:

Denn noch niemand entfloh dem verhängten Geschick.
Und wer sich vermißt, es klüglich zu wenden,
Der muß es selber erbauend vollenden.[9]

Der schockartige Umbruch der Situation dient im Sinne des „V-Effektes"
zur Aktivierung des kritischen Mitdenkens der Zuschauer, er soll eine
andere mögliche Lösung provozieren. Der äußere Gang der Handlung als
gegenläufiger Prozeß kontrastiert bei Schiller mit der inneren Entwicklung; sein Drama verfolgt ein doppeltes Telos. Das diesseitige, vorder-
gründige Ziel wird eben darum zerstört, um das jenseitige sichtbar zu
machen. Marias Freiheitshoffnung, die sich zunächst auf die Befreiung von
der physischen Gefangenschaft bezieht, wird enttäuscht, aber nur, um ihr
im Tode den Zugang zur wahren Freiheit zu verschaffen.

Mit der Übertragung in ein prosaisches Milieu ist zugleich eine Abwendung
von der klassischen Affektenlehre gegeben. Mahnt Talbot Maria zu Gelassenheit, Fassung, zur Bezwingung ihrer Leidenschaften, so kommt es dem
Vermittler Koch mehr auf eine günstige Verhaltenstaktik an: Nicht auf-
geregt reden, vorsichtig die Worte setzen und das Temperament zügeln.

Brecht

Herr Koch: Sie dürfen nicht so aufge-
regt sein, Frau Zwillich ... Und ganz
vorsichtig müssen Sie noch sein, das sag
ich Ihnen. Ganz vorsichtig. Wählen Sie
ihre Worte!

Frau Zwillich: Herr Koch, ich kann's
nicht. Ich fühl's, ich kann's nicht. Den
ganzen Tag hab ich auf ihren Bescheid
gewartet, ob sie so gnädig sein will
und mich anhören will. Nimm dich zusammen, hab ich zu mir gesagt, sie kann
dich ins Kittchen bringen. Alles hab ich
mir vorgestellt, wie ich ihr gut zureden
würde und sie rühren möchte. Aber
jetzt kann ich's nicht. Ich weiß nur,

Schiller

Talbot: Kommt zu Euch, Königin,
        faßt Euren Mut
Zusammen. Das ist die entscheidungs-
        volle Stunde ...
(NA, Bd. 9. S. 83. V. 2175–2176).

Gebietet Eurem wild empörten Blut,
Bezwingt des Herzens Bitterkeit! ...
Sprecht ehrerbietig, mit Gelassenheit!
(NA, Bd. 9. S. 83. V. 2188–2189, 2195).

Maria: Ich habe drauf geharret –
        Jahre lang
Mich drauf bereitet, alles hab ich mir
Gesagt und ins Gedächtnis
        eingeschrieben,
Wie ich sie rühren wollte und bewegen!
Vergessen plötzlich, ausgelöscht ist
        alles,
Nichts lebt in mir in diesem
        Augenblick,

9 SA, Bd. 7. S. 107. V. 2488–2490.

daß ich sie haß, die Person, die ausge-
schämte, und ihr die Augen auskratzen
möcht.

Herr Koch: Sie müssen sich beherrschen ... Sie hat Sie in der Hand. Sagen Sie ihr, sie soll großmütig sein.
Lassen Sie jetzt um Gottes willen allen
Stolz weg, dafür ist jetzt nicht die Zeit.

Frau Zwillich: Ich versteh, daß Sie's
gut meinen. Ich will auch hingehen.
Aber glauben Sie mir, es kommt nichts
Gutes dabei heraus. Wir sind wie
Hund und Katze. Sie hat mich auf die
Zehen getreten und ich möcht ihr die
Augen ..
(Brecht, Bd. 7. S. 3007ff.).

Als meiner Leiden brennendes Gefühl.
In blutgen Haß gewendet wider sie
Ist mir das Herz, es fliehen alle guten
Gedanken, und die Schlangenhaare
       schüttelnd
Umstehen mich die finstern
        Höllengeister.

Talbot: Gebietet Eurem wild empörten
        Blut...,
(NA, Bd. 9. S. 83. V. 2177–2188).

... Gehorcht der Zeit und dem Gesetz
       der Stunde!
Sie ist die Mächtige – demütigt Euch!
(NA, Bd. 9. S. 83. V. 2192–2193).

Maria: Ach mein Verderben hab ich
       mir erfleht,
Und mir zum Fluche wird mein Flehn
       erhört!
Nie hätten wir uns sehen sollen,
       niemals!
Daraus kann nimmer, nimmer Gutes
       kommen!
Eh mögen Feur und Wasser sich in
       Liebe
Begegnen und das Lamm den Tiger
       küssen –
Ich bin zu schwer verletzt – sie hat zu
       schwer
Beleidigt – Nie ist zwischen uns
       Versöhnung!
(NA, Bd. 9. S. 84. V. 2198–2205).

Beck[10] hat diese Begegnung in der „Tragödie der Läuterung und Verklä-
rung" als Krisis gesehen, die zu Marias endgültiger Befreiung von aller
weltlichen Verstrickung führt. Dem ungeheuren Ausbruch elementarer
Triebkräfte, der zunächst auf ein „Erstarken des physischen Wesens"[11]
deutet, folgt die plötzliche Wende: In der Tiefe der Erniedrigung findet
Maria zu sich selbst zurück, sie gewinnt ihre menschliche Würde wieder.
Die Szene löst im Sinne der klassischen Dramaturgie den Akt der Kathar-
sis aus, der im Abendmahl gefeiert wird, aber innerlich schon vorher vollzogen wurde von Maria. Frau Zwillich dagegen will Frau Scheit nur
„weich machen", ihr gut zureden.

[10] Adolf Beck: Schiller. Maria Stuart. In: Benno von Wiese: Das deutsche Drama
vom Barock bis zur Gegenwart. Düsseldorf 1962. S. 305–321.
[11] Beck, S. 315.

Die vergleichenden Bilder kommen nicht wie bei Schiller aus der „erhabenen" Natur oder der hohen Politik, sondern aus dem engen häuslichen Bereich. Frau Zwillich: „Wir sind wie Hund und Katze". Maria: „Eh mögen Feu'r und Wasser sich in Liebe / Begegnen und das Lamm den Tiger küssen". Brecht verharmlost die Motive, streift die tragischen Elemente ab und vermindert so das Pathos. Hat Maria Jahre auf die Begegnung geharrt und sich innerlich bereitet, so hat Frau Zwillich nur einen Tag gewartet. Wie der Kampf zwischen Hund und Katze einen kleinlichen Existenzkampf im alltäglichen Bereich darstellt, so geht es auch hier nicht um Leben oder Tod. Der Zwillich droht nur Gefängnis.

Während der Blankvers einen umschreibenden Stil benötigt, nennt Brecht positiv, konkret den Inhalt des Umschriebenen.

| | |
|---|---|
| Frau Scheit: Wenn ich Sie loslaß und sag meinem Neffen, daß er die Klag zurückziehen soll, sitzen Sie morgen wieder hier, ich kenn Sie doch. Nicht Reu werden Sie zeigen, sondern einen Lippenstift werden Sie sich kaufen, damit der Kellner vom Roten Löwen Ihnen Ihren Schellfisch abnimmt! (Brecht, Bd. 7. Stücke 7. S. 3012). | Elisabeth: Sagt! Welches Pfand gewährte mir für Euch, Wenn ich großmütig Eure Bande löste? . . . Daß ihr bei meinem Leben noch mein Volk Verführtet, eine listige Armida, Die edle Jugend meines Königreichs In Eurem Buhlernetze schlau verstricktet – Daß alles sich der neu aufgehnden Sonne Zuwendete, und ich – (NA, Bd. 9. S. 90. V. 2357–2358, 2373–2378). |

Der Blankvers, dessen Glätte und Harmonie Brecht widerstrebt, vermag zudem viele aktuelle Ausdrücke nicht aufzunehmen, wie Brecht in dem Aufsatz ‚Über reimlose Lyrik mit unregelmäßigen Rhythmen‘[12] schreibt. Der „böse Geist", der die königlichen Schwestern entzweit, ist das Gerede der Leute, und Brecht nennt seinen konkreten Inhalt: die faulen Fische, das falsche Gewicht.

Die Prosarede erlaubt es zugleich, stärker den gestischen Gehalt einer Szene herauszuholen. Was Schiller mit Worten umschreibt, Marias betörendes Wesen, stellt Frau Scheit persiflierend dar: „Sie haben mir einen Kunden nach dem andern weggeangelt mit Ihrem falschen Wesen und Ihrem süßlichen ‚Noch ein Buttchen, Madam?‘"[13] Ebenfalls setzt Brecht die Anhänglichkeit der Kunden an Frau Scheit in Szene: Wir sehen, wie sie Fisch verkauft.

---

12 Brecht, Bd. 19. Schr. zur Lit. u. Kunst 2. S. 403.
13 Brecht, Bd. 7. Stücke 7. S. 3011f.

Frau Scheit (als bemerkte sie Frau Zwillich nicht): Die Körb pack zusammen. Heut haben wir nicht schlecht verkauft, das Doppelte vom vorigen Donnerstag. Aus der Hand haben sie's mir gerissen. ‚Mein Mann sagt immer, der Karpfen ist von Frau Scheit, das merk ich auf der Zung.‘ Die Leut sind wirklich ganz närrisch. Als ob nicht ein Karpfen wie der andere wär!
(Brecht, Bd. 7. Stücke 7. S. 3010).

Elisabeth (... Sie fixiert mit den Augen die Maria, indem sie zu Paulet weiter spricht):
Mein gutes Volk liebt mich zu sehr.
Unmäßig,
Abgöttisch sind die Zeichen seiner
Freude,
So ehrt man einen Gott, nicht einen
Menschen.
(NA, Bd. 9. S. 85. V. 2229–2231).

Die Übertragung der Klassikerszene in prosaisches, realistisches Milieu stellt eine vermeintliche Korrektur des Marxisten Brecht an der „reaktionären" Gesellschaftstheorie der Klassiker „in den stadien der vollendung" dar: „die widersprüche zwischen der klassischen bürgerlichen tradition ... und der volkspoesie" sollen überbrückt werden, und „die abkehr schillers und goethes vom volksmäßigen und realistischen in den stadien der vollendung" (83/28) soll rückgängig gemacht werden. In den ‚Anmerkungen zum Volksstück‘ will er dieses Mißverständnis der Klassiker, das Postulat, daß künstlerische Schönheit mit einer Abkehr vom Realistischen verbunden sei,[14] an Hand dieser Fischweiberszene beseitigen.

> Das realistische Spiel hat, wie oft angenommen wird, ‚von Natur‘ etwas ‚Unedles‘, so wie das ‚edle‘ Spiel etwas Unrealistisches hat. Gemeint damit wird: Fischweiber sind nicht edel, und wenn man sie wirklichkeitsgetreu darstellt, kann nichts Edles herauskommen. Bei einer realistischen Darstellung verbleiben sogar Königinnen, wie man fürchtet, nicht edel. Hier wimmeln die Denkfehler ... Das wirklich kultivierte Theater wird seinen Realismus nicht mit der Preisgabe der künstlerischen Schönheit erkaufen müssen ... Die Kunst vermag das Häßliche des Häßlichen in schöner Weise ... darzustellen.[15]

Brecht hat hierin Schillers ästhetische Theorie bestätigt, der den Streit der Königinnen als „moralisch unmöglich"[16] bezeichnete und nur durch die veredelnde Form erträglich machen wollte, was als faktischer Vorgang Abneigung erzeugt hätte. Schillers ästhetische Theorie, die sich, jenseits sozialer Bedingtheiten, allein das dichterische Problem der Bewältigung des „rohen Stoffes" durch die idealisierende Form zur Aufgabe macht, hat Brecht

---

[14] In der Schrift ‚Über den Gebrauch des Chors in der Tragödie‘ hat Schiller den Verzicht auf Wirklichkeitsdarstellung als Maxime des Künstlers gefordert, denn die Kunst wird „nur dadurch wahr ... daß sie das Wirkliche ganz verläßt und rein ideell wird ... Es ergibt sich daraus von selbst, daß der Künstler kein einziges Element aus der Wirklichkeit brauchen kann ..." (SA, Bd. 16. S. 121. Z. 27–29. S. 122. Z. 1–3).
[15] Brecht, Bd. 17. Schr. z. Th. 3. S. 1165f.
[16] Jonas, Bd. 6. S. 84.

fälschlicherweise als soziale Vorentscheidung angesehen, indem er die Abkehr vom Realistischen der Abkehr vom Volksmäßigen gleichsetzte.

Das dialektische Gegenstück zu dieser Korrektur an Schiller ist die Übertragung von Erwin Strittmatters ‚Katzgraben‘ in Blankverse, die die Inbesitznahme des Klassikererbes durch die neue Klasse zeigt.

> Ich halte es für eine bedeutende Errungenschaft, daß wir unsere Arbeiter und Bauern auf der Bühne sprechen hören wie die Helden Shakespeares und Schillers.[17]

Beide Vorgänge sind unter dem marxistischen Gesichtspunkt der Enterbung und Beerbung gesehen. Die Kunstformen sollen nicht zerschlagen, sondern umfunktioniert werden, indem man sie der „alten“ Klasse entzieht und der „neuen“ zuweist.

> Die Verssprache hebt die Vorgänge unter so einfachen, ‚primitiven‘, in den bisherigen Stücken nur radebrechenden Menschen wie Bauern und Arbeitern auf das hohe Niveau der klassischen Stücke und zeigt das Edle ihrer Ideen. Die bisherigen ‚Objekte der Geschichte und Politik‘ sprechen jetzt wie die Coriolan, Egmont, Wallenstein.[18]

Wie sehr Brecht in seiner Rechtfertigung für die Übertragung des Stückes in Blankverse auf Schillers poetische Theorie zurückgreift, zeigen die folgenden Zeilen:

> Für den Vers fällt viel Zufälliges, Unwichtiges, Halbgares weg, und nur, was die große Linie aufweist, ist im Vers wiederzugeben. Hierin ist die Verssprache wie ein großes Sieb. Ferner klärt sie alle Aussagen und Gefühlsäußerungen, wie ein schönes Arrangement die Vorgänge zwischen den Menschen des Stükkes klärt. Und sie macht manches Wort einprägsamer und unvergeßlicher und den Ansturm auf die Gemüter unwiderstehlicher.[19]

Schiller schreibt in einem Brief an Goethe, daß man alles, „was sich über das gemeine erheben muß“,[20] in Versen konzipieren sollte. Erst durch die Stilisierung der Sprache rechtfertigt sich ihr Anspruch, etwas Allgemeingültiges auszusagen.

> Der *Rhythmus* leistet bei einer dramatischen Production noch dieses große und bedeutende, daß er, indem er alle Charactere und alle Situationen nach Einem Gesetz behandelt und sie, trotz ihres inneren Unterschieds, in Einer Form ausführt, er dadurch den Dichter und seinen Leser nöthiget, von allem noch so characteristisch-verschiedenen etwas Allgemeines, rein menschliches zu verlangen. Alles soll sich in dem Geschlechtsbegriff des *Poetischen* vereinigen, und diesem Gesetz dient der *Rhythmus* sowohl zum *Repräsentanten* als zum Werkzeug, da er alles unter Seinem Gesetz begreift. Er bildet auf diese Weise die

---

17 Brecht, Bd. 16. Schr. z. Th. 2. S. 779.  18 Brecht, Bd. 16. Schr. z. Th. 2. S. 809.
19 Brecht, Bd. 16. Schr. z. Th. 2. S. 809.  20 Jonas, Bd. 5. S. 289.

*Atmosphäre* für die poetische Schöpfung, das gröbere bleibt zurück, nur das geistige kann von diesem dünnen Element getragen werden.[21]

## Zusammenfassung

Die ‚Übungsstücke' sind in den Rahmen jener Bemühungen um ein von der „glänzenden Technik" der Göringbühnen gereinigtes Theater gestellt, die Brecht in seiner ‚Neuen Technik der Schauspielkunst' zu einem theoretischen und praktischen System ausbaute. Schon im ‚Arturo Ui' hatte Brecht den „großen Stil", die Entartung ins Deklamatorische, sowohl der faschistischen Theater als auch der politischen Inszenierungen Hitlers „verrissen", und noch für die „Restauration" des ‚Urfaust' findet er hier seinen didaktischen Impuls. Wiederum ist die Brechtsche Idee einer deutschen Symbiose von Schiller, Idealismus und Faschimus (wie in der ‚Heiligen Johanna', im ‚Arturo Ui' und in der ‚Turandot') das hypothetische Modell dieser Bearbeitung.

Neugründung einer Tradition bedeutet dem Marxisten zugleich weiterführende „Aufhebung" der alten Tradition. Die Übertragungen sollen die Vorgänge, die „herrlich erfundenen Handlungen", wie Brecht zum ‚Urfaust' schreibt, wieder zur Geltung bringen, und der „Stückeschreiber" hat durch Beschränkung der Hauptpersonen auf drei, statt vier das ursprüngliche Schema des dramatischen Urstoffes, nämlich das Gerichtsmodell, enthüllt.

Während bei Schiller der königliche Streit Abbild einer grundsätzlich tragischen Auffassung von der geschichtlichen Welt ist, ahmt Brecht wie in den ‚Studien' einen Vorgang aus dem alltäglichen menschlichen Zusammenleben nach, der eine variable Lösung enthält, die vom Zuschauer, in der Absicht soziales Verhalten einsehbar zu machen, zu finden ist.

Die konsequente Übertragung der Bildwelt, der Sprachebene, des Milieus und der dramaturgischen Konzepte in die Vorstellungswelt der neuen Schicht des Proletariats liefert einen Code der Brechtschen Übertragungshypothesen, der exemplarisch auch zur Entschlüsselung anderer Werke herangezogen werden könnte. Die Transposition der Klassikerszene in prosaisches, realistisches Milieu stellt zudem eine vermeintliche Korrektur des Marxisten Brecht an der reaktionären Gesellschaftstheorie der Klassiker „in den stadien der vollendung" dar. Brecht hat fälschlicherweise die Abkehr Schillers vom Realistischen als soziale Prämisse angesehen, indem er sie der Abkehr vom Volksmäßigen gleichsetzte. Das dialektische Gegenstück zu dieser Korrektur an Schiller ist die Umarbeitung von Erwin Strittmatters ‚Katzgraben' in Blankverse, die die neue Klasse des Proletariats als Erbe der klassischen Traditionen zeigt.

[21] Jonas, Bd. 5. S. 290.

# XI.

## ‚TURANDOT
## ODER DER KONGRESS DER WEISSWÄSCHER‘

### a) Das Problem der quellenmäßigen Abhängigkeit: die „Zurücknahme" der Schillerschen Bearbeitung

Grimm hat in seiner stoff- und motivgeschichtlichen Untersuchung ‚Bertolt Brecht und die Weltliteratur‘ die Frage nach den quellenmäßigen Einflüssen provoziert: „Ob und inwieweit das ... Stück ‚Turandot oder Der Kongreß der Weißwäscher‘ ... von *Schiller* oder Carlo *Gozzi* oder von beiden zugleich abhängig ist, läßt sich vorerst noch nicht sagen."[1]

Der Turandot-Stoff hat Brecht vermutlich in drei verschiedenen Formen vorgelegen, in der Form des Märchens aus ‚Tausendundein Tag‘, in der Dramatisierung des Stoffes durch den Venezianer Carlo Gozzi für die Commedia dell'arte und in der Bearbeitung des Gozzischen Märchenspiels durch Schiller. In der Fragmentenmappe 559, die Vorarbeiten, Szenenskizzen und Szenenfragmente zu ‚Turandot‘ enthält, findet sich eine Notiz, die sowohl auf seine Quelle als auch auf die Methode ihrer Bearbeitung hinweist:

> aus 1001 nacht, der sich einem zug zum tod verurteilter anschliesst und da seine brüder sich durch reden geschadet haben nichts zur aufklärung des falles sagt. es wird bewiesen dass dies ein falsches verhalten ist. das voraussehen der unrichtigen handlungsweise des gegners ... darf nicht zum gewähren lassen führen. (559/70)

Eine versteckte Anspielung auf eine literarische Quelle gibt Brecht in dem Stück selbst.

> Turandot: Und was halten Sie von mir?
> Gogher Gogh: Sie sind ein rätselhaftes Wesen, wenn ich so sagen darf. Übrigens muß ich schon einmal die Ehre gehabt haben, Sie gesehen zu haben.
> Turandot: Ich kann Ihnen helfen: in literarischer Umgebung.[2]

Die Frage, welche literarische Vorlage Brecht hier parodierend „aufhebt" – die tödliche Rätsel stellende Turandot erscheint in dem Kompliment

---

[1] Grimm, Weltliteratur. S. 26.     [2] Brecht, Bd. 5. Stücke 5. S. 2239.

eines stadtbekannten Don Juan als „rätselhaftes Wesen" verharmlost –, vermag erst die folgende Analyse der literarhistorischen Entwicklung des Stoffes und die Untersuchung des Stellenwertes dieses Zitates zu beantworten.

Schiller hatte das gleichnamige Stück des Venezianers in Verse umgegossen und Turandots Handlungsweise ethisch gehoben. Während Schiller dem Text Gozzis streckenweise nahezu wörtlich folgt, so daß es kaum auszumachen wäre, wo Brecht auf Schiller, wo auf Gozzi zurückgreift, schiebt er an bedeutender Stelle eine neue Motivierung für Turandots Handeln ein, die Brecht glossiert: Sie will für ihr ganzes Geschlecht an den Männern Rache üben, weil der asiatischen Frau keine Menschenrechte zugestanden werden.

> Turandot [Schiller]: – Ich bin nicht grausam. Frei nur will ich leben . . .
> Ich sehe durch ganz Asien das Weib
> Erniedrigt, und zum Sklavenjoch verdammt,
> Und rächen will ich mein beleidigtes Geschlecht
> An diesem stolzen Männervolke, dem
> Kein andrer Vorzug vor dem zärtern Weibe
> Als rohe Stärke ward . . .[3]

Brechts Anspielung auf eine literarische Begegnung mit ‚Turandot‘ folgt unmittelbar der glossierenden Zurücknahme dieser zentralen Stelle bei Schiller: Gogher Gogh vertritt gerade diese Einstellung des Asiaten zur Frau, die Turandot tadelt.

> Turandot: . . . Und was halten Sie von Frauen?
> Gogher Gogh: Die chinesische Frau ist treu, fleißig und gehorsam. Aber man
> muß sie so behandeln wie das Volk, nämlich eisern. Sonst läßt sie nach.[4]

Schillers amplifizierende Umschreibung: „ich sehe durch ganz Asien das Weib" engt Brecht ein („die chinesische Frau ist . . ."), die Passage „zum Sklavenjoch erniedrigt" deutet er ideologisch um („eisern behandeln wie das Volk").

Brechts Verhältnis zur literarischen Tradition steht hier unter dem Signum der Zurücknahme. Brecht hat seine Turandot wieder auf die ursprüngliche Figur der Commedia dell'arte zurückgeführt. Sie gleicht der Heldin Gozzis in ihrer launenhaften Sinnlichkeit, ihrer Raffinesse, ihrem kindlichen Trotz, aber sie ist nicht in naiver Weise Gozzis Turandot gleich, sondern enthält die Figur Schillers „aufgehoben" in sich.

> karakter der turandot. sie ist ein grosses, faules stück, sinnlich und langsam, eine schlampen. ganz indifferent. ihr urteil über die baumwolle, die das herr-

---

[3] NA, Bd. 14. S. 41. V. 775–776, 780–785.
[4] Brecht, Bd. 5. Stücke 5. S. 2239.

scherhaus an den abgrund bringt: sie kratzt. als über sie (in I/3) verfügt wird, sagt sie nur: ich hätte eigentlich den jenfo heiraten wollen. das ist der pferdeknecht. um einen miesen tui zu treffen läuft sie (in II/6) in das goldene ma-ul, wo sie versetzt wird . . . während der großen tuikonkurrenz (III/7) freut sie sich auf jeden ehegatten aufs neue, zieht unaufhörlich hochzeits- und trauerkleider an, unaufhörlich schokolade schleckend. am schluss wird es ihr zu viel, sie weigert sich, sich noch einmal umzukleiden, so geht sie im witwenkleid zu ihrer trauung mit gogher gogh . . .(499/17)

Das frei improvisierende mimische Stegreifspiel der Commedia dell'arte mußte auf ein genauer motiviertes, konsequentes Handeln der Heldin verzichten. Ebenso herzlos grausam und unbegründet wie sie die Freier zum tödlichen Rätselkampf verlockt, wählt sie am Ende willkürlich launenhaft den Bewerber zu ihrem Gemahl, dessen Namen sie errät. Sie bekennt sich nicht wie Schillers Heldin durch Liebe überwunden. Brecht hat diesen, der Gattung der Commedia dell'arte eigenen Zug – alles Handeln unterliegt nicht tiefgreifenden ethischen Begründungen, Willensakten, sondern bleibt Spiel, unproblematisch und unmotiviert – im Charakter der Turandot „aufgehoben", in ihrem „ganz indifferenten", willkürlichen Handeln.
Eine stoff- und motivgeschichtliche Untersuchung, die diesen Tatbestand der „Zurücknahme", die eine kritische Auseinandersetzung mit Schiller enthält, übersieht und nach unmittelbaren Abhängigkeiten sucht, muß darum notwendig fehl gehen. Grimms Fragestellung erweist sich angesichts dieser Tatsache als unmethodisch, und daher unbeantwortbar.[5]


b) Datierung und thematische Einordnung der ‚Turandot':
Die Verschlüsselung der Machtergreifung von 1933


In Brechts Handexemplar der letzten Fassung findet sich die autographe Notiz über das Datum der Fertigstellung des umfangreichen Werkes: Turandot oder Der Kongreß der Weißwäscher. *10.8.54* (2184/127). Nach eigenen Aussagen und Zeugnissen seiner Mitarbeiterin Elisabeth Hauptmann reichen die ersten Pläne und Skizzen aber Jahrzehnte zurück. Im Vorwort zur ersten Fassung schreibt Brecht:

[5] Mayer hat nur in den Bearbeitungen des ‚Urfaust' und des ‚Hofmeisters' von Lenz einen Rückgriff auf die Vorklassik gesehen. „Das Theater", schreibt Brecht in einem Brief vom 25. März 1950, der im Zusammenhang mit der ‚Hofmeister'-Inszenierung steht, „muß zurückgehen zu diesem Punkt, um vorwärtszukommen…" (zitiert bei Mayer, S. 56). Das Stück ‚Turandot oder Der Kongreß der Weißwäscher' wäre nach unserer Untersuchung in dieselbe Linie einzuordnen, in die der „Zurücknahme" der deutschen Klassik.

Das Stück ‚Turandot oder Der Kongreß der Weißwäscher‘ gehört zu einem umfangreichen literarischen Komplex, der zum größten Teil noch in Plänen und Skizzen besteht. Zu ihm gehören ein Roman der ‚Untergang der Tuis‘, ein Band Erzählungen ‚Tuigeschichten‘, eine Folge kleiner Stücke ‚Tuischwänke‘ und ein Bändchen von Traktaten ‚Die Kunst der Speichelleckerei und andere Künste‘. Alle diese Arbeiten, die den Verfasser seit Jahrzehnten beschäftigen, behandeln den Mißbrauch des Intellekts. (909/18)

Ob die frühesten erhaltenen Fragmente und Skizzen allerdings schon in die dreißiger Jahre zurückzudatieren sind, ist von der quellenkritischen Analyse nicht mit Sicherheit auszumachen. Brecht schreibt nur von einem „Plan, ein Stück Turandot zu schreiben...“, den er „schon in den dreißiger Jahren“ (909/19) faßte. Ob tatsächlich Entwürfe bestanden haben, wie Elisabeth Hauptmann behauptet, und ob sie die Emigration überstanden haben, ist fraglich.[6] Einen vagen Hinweis, aber keine sichere Datierungsmöglichkeit, geben handschriftliche Entwürfe zu Szenen und Bühnenbild der ‚Horatier und Kuriatier‘, die sich in der Fragmentenmappe 499, die erste Entwürfe zu ‚Turandot‘ enthält, befinden. Der Tatbestand scheint darauf hinzuweisen, daß Brecht 1933/34 an beiden Stücken gleichzeitig arbeitete. – Die Wahrscheinlichkeit, daß Brecht schon 1931 mit ‚Turandot‘ begonnen hat und sich während des Exils weiterhin mit Bearbeitungsplänen beschäftigte, ergibt sich vielmehr aus einer inhaltlichen Analyse der Fragmente. Während die Fassungen von 1953/54 in der Ehe der Kaisertochter eine parabolische Umschreibung der Machtergreifung Hitlers darstellen, zeigen die Fragmente einen unmittelbaren, durch keine dichterische Gestaltung abstrahierten Bezug zu den Ereignissen von 1933:

> gogh, gelähmt durch legalität, er blättert im BGB, kann nicht lesen ... goghs leute: ein goering, der leutnant, ein goebbels, der verkommene tui. (499/09)

> gogher gogh bereitet sich zu seinem 8. examen vor, er vernachlässigt darüber seine liga zum schutze der kleinen geschäftsleute. (499/23)

Brecht hat die nur knapp verschlüsselte Anspielung auf die Gangstermachenschaften Hitlers und seiner SA, die die frühen Fassungen in die Nähe der „historischen Gangsterschau“ des ‚Arturo Ui‘[7] rücken, zugunsten

---

[6] „Die Anfänge des Stücks, das Elemente des alten Märchens von der Prinzessin Turandot und von Schillers Bearbeitung des Gozzischen Märchenspiels benutzt, gehen in der Tat bis 1930 zurück, als er eine Rolle für Carola Neher schreiben wollte. Brecht nahm die Arbeit an dem Stück während der Exiljahre mehrfach wieder auf, aber erst Anfang der fünfziger Jahre in Berlin konnte er sie zu einem vorläufigen Ende führen.“ (Elisabeth Hauptmann: Anmerkungen zu ‚Turandot oder Der Kongreß der Weißwäscher‘. In: Brecht, Bd. 5. Stücke 5. Anmerkungen S. 3).

[7] Der Hu-ih des ‚Tuiromans‘ ist mit dem Ui der „Gangsterschau“ gleichzusetzen, beide verkörpern Hitler.

einer zeitloseren Fassung aufgegeben. Für unsere Untersuchung ist die Einordnung der ‚Turandot'-Skizzen in jenen großen thematischen Komplex der dreißiger Jahre entscheidend, der die Kritik an Schiller mit der Kritik am Faschismus verbindet. Im ‚Arturo Ui' verkleideten Gangster ihre dunklen Machenschaften in bekannte Vorgänge aus klassischen Dramen, bei ‚Turandot' hat Brecht die durch Schiller überlieferte Fabel zum Schlüsselvorgang für die Machtergreifung Hitlers umfunktioniert. Bei Gozzi und Schiller verlangt Turandot, ein sphinxhaftes Wesen, von ihren Bewerbern die tödliche Rätselprobe. Bei Brecht verlangt der Kaiser die Lösung eines Rätsels, um seine Staatskrise zu bannen.

### c) Die Umfunktionierung der Fabel

Die Geschichte des Prinzen Kalaf und der Turandot bei Gozzi und Schiller erzählt von der Flucht des Prinzen aus seiner Heimat, von jahrelangen Irrfahrten, auf denen er sich sein Brot als Knecht niedriger Arbeiten verdient, und von der Eroberung der chinesischen Kaisertochter durch den seines Reiches beraubten „Außenseiter". Die männerfeindliche Turandot hatte bisher jeden ihrer Freier, der ihre Rätsel nicht zu lösen vermochte, hinrichten lassen. Berückt von ihrer Schönheit, bewirbt sich Kalaf, trotz der Warnungen ihres Vaters, um sie. Als er die Rätsel löst und das Entsetzen und die Todesbereitschaft der Prinzessin sieht, ist er bereit, auf sein Recht auf sie und das Reich zu verzichten, wenn sie seinen Namen errät. Adelma, Sklavin der Turandot, ehemals Königstochter und Geliebte des Kalaf, entlockt ihm das Geheimnis seines Namens. Turandot nennt ihn am nächsten Morgen vor dem versammelten Diwan, bekennt sich aber zugleich durch seine Liebe für überwunden. Kalaf heiratet Turandot und erbt zugleich das „Reich der Mitte". Eine weitere frohe Botschaft beschließt das Stück: Kalaf erhält zudem sein väterliches Reich zurück, aus dem der Tyrann von Tefflis vertrieben wurde.
Brecht, der den novellistischen Rahmen der Kalaf-Handlung, ein zeitbedingtes literarisches Muster, und den retardierenden Einschub des Gegenrätsels, wie der Rahmen eine spätere Zufügung zum zentralen Motiv, wegläßt, hat den Stoff auf die Kernhandlung, die Freierprobe, reduziert. Ein Relikt des zweiten Teils der Fabel findet sich in dem Fluchtmotiv der frühen Buckower Pläne: „Nacht vor der Hochzeit. Gogher Gogh ist geflüchtet. Turandot sucht ihn." (1215/03/04). Bei Brecht verlangt der Kaiser die Lösung eines wirtschaftlichen Problems, um seine Staatskrise zu bannen. Schillers Turandot dagegen prüfte die Weisheit ihrer Bewerber, indem sie sie gleichnishafte Verschlüsselungen kosmischer und kultureller Phänomene

erraten ließ: Sommer, Winter, Pflug, Regenbogen, Weltgebäude sind die paraphrasierten Begriffe, die der Bewerber herausfinden muß. Bei Brecht hatte der Kaiser, da er das Baumwollmonopol besitzt, große Vorräte der Baumwolle vernichten lassen, um für den Rest einen hohen Preis zu erzielen. Derjenige, der dem Volk glaubwürdig erklären kann, wo die Vorräte geblieben sind, erhält Turandot und das Reich. – Brecht schreibt in den Skizzen zur ersten Fassung:

> es muss vor 3 etabliert werden, dass das volk rechenschaft über die teurung verlangt. (hier wird die alte turandot-fabel verlassen, wo nur rätselrater geprüft werden). (559/20)

Die Perspektive verschiebt sich von einem persönlichen zu einem politischen Konflikt. Die Weisen des Landes, die Tuis, fallen schändlich durch, da sie sich bei der Vertuschung des Problems unwillkürlich in ausweglose Lügen verstricken, so daß am Ende jeder weiß, wo die Baumwolle geblieben ist. Der Straßenräuber Gogher Gogh, wie Kalaf Außenseiter bei der großen Konkurrenz (bei Brecht bewerben sich nur die „tellek-tuel-ins", Gogher ist aber dreimal durch ihr Examen gefallen, bei Schiller nur Prinzen, Kalaf aber ist ein armer Flüchtling), löst überraschend das Problem, indem er sich gar nicht erst auf das Rätsel, und damit auf die alte Fabel, „einläßt". Gogher Gogh zum Kaiser: „Sie müssen, kurz gesagt, ... die Frage nach der Baumwolle nicht beantworten, sondern verbieten lassen."[8]
Das alte Motiv der Freierprobe ist entflochten. Von Turandot bleibt allein ihre Vorliebe für geistige Probleme. Der Hoftui: „Die Persönlichkeit, von der die Rede ist, kann am wenigsten geistigen Vorzügen widerstehen. Gewisse elegante Formulierungen erregen sie."[9] Turandot rückt im Fabelverlauf einerseits mehr an den Rand des Geschehens – es ist nicht mehr ihre Geschichte, die erzählt wird – andererseits ist die Fabel von der Eroberung einer Kaisertochter und ihres Reiches eine parabolische Umschreibung für die Machtergreifung Hitlers. Turandot symbolisiert damit das deutsche Reich, und somit ist die Geschichte der Staatskrise gleichzeitig ihre Geschichte. Mit der Hand Turandots erbte Kalaf das Reich bei Gozzi und Schiller. Brecht konnte diesen Zug der Fabel, der in einem feudalen Denken wurzelt, das die Person des Herrschers und den Staat gleichsetzt, nur „aufheben", indem er die Figur der Turandot allegorisierte. Brecht hat die alte Fabel entflochten, nur ihr Kernmotiv bildet die Grundlage der neuen Handlung, die Einzelzüge sind aus ihrem ursprünglichen Zusammenhang gelöst und neu funktioniert.

8  Brecht, Bd. 5. Stücke 5. S. 2243.
9  Brecht, Bd. 5. Stücke 5. S. 2200.

### d) Das Befreien des virtuellen Komödiengehaltes
### als gesellschaftliche Entscheidung

Schillers Bearbeitung des Gozzischen Märchenspiels „beruht überall auf dem ernst-Nehmen noch des Kleinsten und Untersten, das südliche Theater auf dem nicht-ernst-Nehmen noch des Ernstesten".[10] Brechts „Zurücknahme" besteht in der Wiederentdeckung des unproblematisch Verspielten und Komödiantischen des Commedia-dell'arte-Stückes, das durch Schillers Neigung zu problematisieren verdeckt worden war. „Vom phantasievollen Zauber des Originals und seiner ursprünglichen mimischen Komik ist freilich ... bei Schiller kaum mehr etwas zu spüren. Nicht so sehr um das Spiel ging es ihm, sondern um ein literaturfähiges, genauer motiviertes Drama ..."[11] Die beiden Elemente des Dramas, das dialogisch-wortgebundene und das mimisch-gestische, sind bei Schiller zugunsten des ersteren vernachlässigt. Schillers Drama beruht nahezu einzig auf der Wechselrede, Brechts „episches Theater" ist mit seiner Vorliebe für Pantomime und theatralische Wirkungen eine Neubelebung jenes anderen Elementes, historisch betrachtet ein „Rückgriff", um zu einem Neuanfang zu kommen.

Das Thema bei Schiller und Gozzi, „Die Unbeständigkeit irdischen Glückes", demonstriert am Sturz der Höchsten – des Prinzen, der zum Knecht wird und dann wieder ein Kaiserreich erbt, der Prinzessin Adelma, einst Königstochter und Geliebte Kalafs, jetzt Sklavin der Turandot – deutet Brecht auf seinen komischen Zug hin aus. Er gestaltet eine komödiantisch äußerst wirksame Einlage zu dem „klassischen" Thema.

#### An der Stadtmauer

(Ein Henker und sein Gehilfe stecken auf der Stadtmauer den abgehauenen Kopf des Munka Du neben anderen Köpfen auf.) Der Henker: Nichts ist schrecklicher als der Wechsel menschlichen Glücks. Gestern noch steckten Jen Fai und sein Gehilfe den letzten der Köpfe auf der Westseite auf. Sie waren heiter und vergnügt. Sie wählten die Westseite, weil dort gestern die tibetanische Karawane vorbeizog, mit den Pilgern der siebenten Reinigung. Es war ein hübscher Erfolg. Die Pilger sprachen sich höchst befriedigt über den Anblick aus und Jen Fais Glück schien gemacht. Heute nacht aber gab es westliche Winde und Regen, und heute morgen sah die ganze Ausstellung entsetzlich aus. Köpfe wie sie in ganz China nicht mehr aufzutreiben sind, waren nur noch klägliche Schatten ihrer selbst. Jen Fai hätte eben nicht eines doch nur äußerlichen Erfolges halber die Westseite wählen dürfen.[12]

Wiederum hat Brecht die Umfunktionierung eines thematischen Zuges, wie bei Turandots Freiheitsmotiv, mit einer Glossierung der Vorlage verbun-

---

10  Herbert Cysarz: Schiller. Halle 1934. S. 425.
11  von Wiese, S. 704.
12  Brecht, Bd. 5. Stücke 5. S. 2236f.

den. Das Szenenbild zur sechsten Szene zeugt von unmittelbarer Abhängigkeit von Gozzi und Schiller.

| Brecht | Schiller | Gozzi |
|---|---|---|
| Ein Henker und sein Gehilfe stecken auf der Stadtmauer den abgehauenen Kopf des Munka Du neben anderen Köpfen auf. (Brecht, Bd. 5. Stücke 5. S. 2236). | Indem sieht man die fürchterliche Larve eines Nachrichters sich über dem Stadttor erheben und einen neuen Kopf über demselben aufpflanzen. (NA, Bd. 14. S. 20). | Innerhalb der Mauer sieht man einen greulichen chinesischen Henker auftauchen, mit nackten, blutigen Armen, der das Haupt des Prinzen von Samarkand aufpflanzt. (Gozzi, S. 17).[13] |

Identisch an diesem Szenenbild bei Gozzi, Schiller und Brecht ist die Gestalt des Henkers und die räumliche Situierung an der Stadtmauer. Bei Gozzi wird allerdings nur ein Kopf „aufgepflanzt", bei Brecht und Schiller eine Reihe von Köpfen „vervollständigt". In der zweiten Fassung (1784/82) und in der korrigierten zweiten Fassung (2184/74), der Druckvorlage, ist das „neben anderen Köpfen" handschriftlich eingefügt. Die Stelle zeugt davon, daß Brecht beide, Gozzi und Schiller, sehr genau gekannt haben muß.

Das Gegenmotiv zum Inconstantia-Thema, die Beständigkeit Kalafs gegenüber den Versuchungen der Sklavin Adelma, „hebt" Brecht als komische Einlage ebenfalls „auf":

Die erste Magd: Diese Eifersucht auf den dummen Kerl!
Die zweite Magd: Ich hab mich auf dem Gang zum Konferenzsaal extra von ihm streifen lassen, wo's so eng ist. Weißt du, was er gesagt hat? ‚Entschuldigen Sie'. Grundsätze.[14]

Bei Schiller will Turandot, eine stolze Heroine, die Schande nicht überleben, daß sie vor dem versammelten Diwan das Rätselspiel verlor:

– Ich seine Braut! Eh' in das offne Grab
Mich stürzen als in eines Mannes Arme![15]
– Ich hass' ihn, ja. Abscheulich ist er mir!
Er hat im Diwan meinen Ruhm vernichtet.
In allen Landen wird man meiner Niederlage spotten.[16]

Die entsprechende Stelle bei Gozzi lautet, nachdem Turandot ihrer Sklavin entdeckt hat, daß der namenlose Sieger in ihr „unbekannte Gefühle" erweckt habe, „bald heiß ... bald kalt ...":[17]

---

[13] Carlo Gozzi: Turandot. Tragikomisches Märchen in fünf Akten. Aus dem Italienischen übertragen von Paul Graf Thun-Hohenstein. Stuttgart 1965. (Reclams Universalbibliothek 8975).
[14] Brecht, Bd. 5. Stücke 5. S. 2257.
[15] NA, Bd. 14. S. 61. V. 1204–1205.
[16] NA, Bd. 14. S. 59. V. 1144–1147.
[17] Gozzi, S. 40.

Nein, nein, es ist nicht wahr, er ist mir todverhaßt.
War er doch schuld, daß ich im Diwan so viel Schande
Erfuhr. Im ganzen Reich und über alle Grenzen
Wird jeder wissen, daß ich unterlag, und lachen,
Weil ich so töricht war.[18]

Die Textstelle bei Gozzi und Schiller ist, sehen wir von der wesentlich harmloseren Formulierung bei dem Venezianer ab, inhaltlich nahezu überstimmend, und dennoch hat Schiller ein wesentliches Detail unterdrückt: den komischen Zug des Rätselspiels (das ganze Reich wird über die Freierprobe lachen), den Brecht als aufmerksamer Restaurator entdeckt hat.

> Turandot: Omama, ich will nicht. (Sie wirft sich der Kaisermutter in die Arme.) Ich laß mich nicht verkuppeln. Nicht mit sowas! (Sie gibt dem Ministerpräsidenten einen Tritt.) Er hat ihn auftreten lassen. Das ganze Teehaus lacht über mich. Kopf ab! Deiner auch! (Schluchzt.)[19]

Von da her scheint es nicht mehr fraglich, daß Brecht sowohl Gozzi als auch Schiller gekannt hat, daß er beide aufmerksam verglichen hat und den Turandot-Stoff von seiner „klassischen Tünche", dem hochgeschraubten moralischen Pathos, reinigen wollte.

Sicher ist das Stück ‚Turandot' ein originales Werk Brechts, und nicht in die „Bearbeitungen" einzureihen, und dennoch sind wesentliche Motive, die den Bearbeitungen etwa des ‚Urfaust' oder des ‚Hofmeisters' von Lenz zugrunde liegen, auch hier wirksam gewesen. Die Entscheidung für den ‚Urfaust' gegen den „klassischen" ‚Faust', die Zurückverwandlung der Figur in den Magier des Volksbuches, unterliegt der gleichen Absicht, nämlich der „Zurücknahme" der klassischen Vollendung, wie in der ‚Turandot'. Brecht hat sich in verschiedenen Schriften gegen die Phasen der Vollendung in der Klassik ausgesprochen. Das Hervorheben des virtuellen Komödiengehaltes unter dem zur Tragödie neigenden moralischen Pathos Schillers gilt wie beim ‚Hofmeister' als Korrektur an den geschichtlichen Bedingungen von Schillers Schaffen. „Es ist zweifellos die berüchtigte deutsche Misere, die uns die Lustspiele gekostet hat."[20] Das Sonett „Über das bürgerliche Trauerspiel ‚Der Hofmeister' von Lenz"[21] erklärt, wie dieser Trauerspielcharakter Folge einer gesellschaftlichen Vorentscheidung ist: was in Frankreich – auf Gozzi-Schiller bezogen, in Italien – zur Komödiengestalt tendierte, „entartete" in Deutschland zum Trauerspiel.

---

18 Gozzi, S. 40.
19 Brecht, Bd. 5. Stücke 5. S. 2224.
20 Brecht, Bd. 17. Schr. z. Th. 3. S. 1279.
21 Brecht, Bd. 9. Gedichte 2. S. 610.

### e) Die Brechtsche Umdeutung des romantischen Elementes

Die Gleichsetzung des Komischen mit dem Realistischen bei Brecht mußte das Stück von allen romantisch-unwirklichen Zügen befreien, die dem ursprünglichen Feenmotiv anhaften. Gogher Goghs Bemerkung: „Sie sind ein rätselhaftes Wesen, wenn ich so sagen darf" spielt zwar auf den ursprünglichen Charakter Turandots an, macht aber die Bemerkung durch den relativierenden Nachsatz zu einem alltäglichen Kompliment. Ein Relikt des Feenmotivs ist in der Tatsache zu sehen, daß Turandot unerkannt im Teehaus erscheinen kann. Bei Gozzi und Schiller ist sie verschleiert und enthüllt sich erst vor der Lösung des dritten Rätsels, um den Bewerber kraft ihres Dämonenzaubers zu verwirren. „Neufunktioniert" ist auch der märchenhafte Zug der Kalaf-Handlung. Gogher Gogh ist wie Kalaf der Außenseiter, der „Tumbe", der Ritter bzw. Räuber auf „Aventiure", der unverhofft sein Glück macht. Die parabolische Umschreibung des Hitlerschen Aufstiegs durch die Geschichte vom reinen Toren, der unverhofft sein Glück macht, verkehrt die Märchensaelde in bitteren Sarkasmus. Brecht übt beißenden Spott am deutschen Bürgertum, das, wie Turandot, auf solch einen Dümmling und Kraftmenschen „sinnlich" reagiert.

### Zusammenfassung

„Es ist zweifellos die berüchtigte deutsche Misere, die uns die Lustspiele gekostet hat." – Das Befreien des Komödiengehaltes, das Wiederentdecken des Heiter-Unproblematischen und Unterhaltenden gilt, bei ,Turandot' wie beim ,Fischweiberstreit', als Korrektur an den geschichtlichen Bedingungen von Schillers Schaffen.
Schiller hatte in einer dem Wesen des frei improvisierenden mimischen Stegreifspiels widersprechenden Weise die männerfeindliche Haltung der chinesischen Kaisertochter ethisch begründet. Turandot, als Protagonistin westlicher Freiheitsideale, will der „asiatischen" Versklavung der Frau den Kampf ansagen. Brecht hat alle jene Passagen, in denen der Klassiker den komischen Zug des Rätselspiels unterdrückt hat, aufgespürt, kritisch glossiert und von ihrer moralischen Tünche und ihrem hochgeschraubten Pathos befreit. – Grimms Fragestellung, ob ,Turandot oder Der Kongreß der Weißwäscher' von Schiller oder Gozzi abhänge, erweist sich als unmethodisch angesichts der Tatsache, daß Brecht auf Grund seiner Einstellung zur Tradition einerseits die klassische Heroine wieder auf die launenhaft unmotiviert handelnde Figur der Commedia dell'arte zurückführt, andererseits aber die Elemente der Schillerschen Überarbeitung kritisch

wertend „aufhebt". Der „Stückeschreiber", der das klassische Werk nicht als vollendetes sprachliches Kunstwerk begreift, sondern es als historisch bedingtes Sein relativiert, hat stoffliche, thematische und formale Elemente in seiner neuen Dramatisierung integriert, allerdings durch das Medium marxistischer Perspektive „gefiltert". Solange diese Elemente der Transposition und „Mediatisierung" nicht gesehen werden, kann der Zusammenhang zwischen klassischer Vorlage und Brechtscher Neuschöpfung nicht aufgeschlüsselt werden.

Wenn ,Turandot' auch nicht in die Kategorie der Bühnenbearbeitungen einzureihen ist wie ,Urfaust', ,Hofmeister', ,Antigone' und ,Coriolan', so sind doch wesentliche Motive, die den Bearbeitungen zugrunde liegen, auch hier wirksam geworden. Brecht, als Weiterführender der Tradition, muß auf die Vorklassik zurückgreifen, die Klassik als Irrweg abtun, „um vorwärtszukommen".

Während die Fassungen und Fragmente von 1953/54 eine parabolisch-zeitlose Darstellung der Machtergreifung von 1933 sind, zeigen die frühesten Niederschriften und Skizzen einen unmittelbaren, durch keinen dichterischen Prozeß der „Idealisierung" verhüllten Bezug zu den Machenschaften Hitlers und seiner SA gegen Ende der Weimarer Republik. Die Anfänge des Stückes liegen zeitlich in der Nähe des ,Arturo Ui', sie gehören in jenen thematischen Komplex der dreißiger Jahre, der Schillerkritik und Verdammung des Faschismus unter einer Perspektive zusammenfaßt.

Die große Rätselfrage bei Brecht ist die Lösung eines konkreten wirtschaftlichen Problems innerhalb einer Staatskrise. Während die Intellektuellen des Landes schändlich versagen, löst der Außenseiter den Fall, indem er sich — wie Brecht — gar nicht erst auf die Rätselfrage und damit auf die alte Fabel einläßt. Indem der „Stückeschreiber" die Gestalt der Kaisertochter zu einer Allegorie des deutschen Reiches erhebt, wird die Geschichte der Staatskrise gleichzeitig die Geschichte Turandots. Die Umfunktionierung der romantischen Züge, die dem ursprünglichen Feenmotiv anhaften, vollzieht sich als beißende Kritik am deutschen Bürgertum, daß wie die Heldin des Stückes dem Abenteurer verfallen ist.

# SCHLUSSBETRACHTUNG

Ziel unserer Untersuchung über die Schillerbearbeitungen Bertolt Brechts war es, nicht so sehr ein vollständiges Inventar der Stoff-, Motiv-, Zitat- und Versentlehnungen aufzustellen, sondern Methoden der Anschauung klassischer Werke und ihre Modifizierung in Brechts künstlerischer Entwicklung, vor allem durch die Begegnung mit Karl Korsch, zu beleuchten. Es gelang uns durch Aufdeckung der Bearbeitungsmethoden Brechts, quellenmäßige Abhängigkeiten sichtbar zu machen, was mit Hilfe einer üblichen Stoff- und motivgeschichtlichen Untersuchung, die nach unmittelbaren Abhängigkeiten sucht, nicht geleistet werden kann (wie eine Reihe derartiger Untersuchungen zeigt, die Brechts ‚Heilige Johanna‘ und ‚Turandot oder Der Kongreß der Weißwäscher‘ nicht in den Kreis ihrer Themen einordnet, obwohl sie die wichtigsten Zweige der Überlieferung reflektieren).

Brecht hat den Ansatzpunkt für viele seiner theoretischen und künstlerischen Werke bei Schiller gesehen: Sei es, daß er eine „neue Mission für den Charakter des Posa" finden will oder daß er in einer parteipolitischen Polemik die „Knechtschaft des Don Carlos nicht mehr recht ernst nehmen" kann und statt dessen den Helden eines Romans von Sinclair die wahren Freiheitsforderungen vertreten läßt; sei es, daß er „mit ‚Dickicht‘ die ‚Räuber‘ verbessern" will oder die ‚Glocke‘ und die ‚Bürgschaft‘ sozialkritisch beleuchtet, um ihren „Genuß zu reinigen"; sei es, daß er bei der ‚Erkennungsszene‘ den „mimischen Urstoff" befreit oder mit der ‚Heiligen Johanna‘ die „heutige Entwicklungsstufe des faustischen Menschen" kritisiert oder mit seiner ‚Turandot‘ die Überarbeitung des Gozzischen Märchenspiels durch Schiller „zurücknehmen" will. – Mayers stark verallgemeinernde These, die in Brechts gesamtem Schaffen eine Antwort auf die deutsche Klassik sieht, konnten wir präzisieren, indem wir konkrete Zusammenhänge zwischen einem Werk Schillers und Brechts aufdeckten. Methodisch ergab sich bei dem Nachweis von Schillerabhängigkeiten in der „vorkritischen" Phase die Schwierigkeit, daß der „Stückeschreiber" seine Schillerstudien erst, nachdem er sie in seine marxistische Literaturtheorie einzubeziehen vermochte, preisgegeben hat, als Rat an die jungen Schriftsteller seiner Generation.

Die Kritik an Schiller hat sich auf verschiedenen Ebenen vollzogen, einmal in der Kritik am Aufführungsstil, zum anderen in der Kritik am Inhalt selbst. Piscators ‚Räuber‘-Inszenierung, an der Brecht teilgenommen hatte, und die Klassikerexperimente der Regisseure Engel, Jeßner, Ziegel, von Brecht als „traditionslose Varianten“ einer kulturell erschöpften Bourgeoisie abgetan, forderten zu einer grundsätzlichen Auseinandersetzung mit den „herrschenden geistigen Systemen“ und den historischen Darstellungsweisen der klassischen Stoffe heraus, nicht in einer aktualisierenden Klassikerinszenierung, sondern in einem „originalen“ Werk Brechts, in der ‚Heiligen Johanna der Schlachthöfe‘. Schiller galt dabei als Exponent sowohl der klassischen Dramaturgie und des Blankverses als auch der idealistischen Weltanschauung.

Verschiedentlich ging es darum, die Relation zwischen dem Schillerschen Vorbild und der Bearbeitung aufzuschlüsseln, wobei uns wiederum die von Brecht verwendeten Kategorien des „Vandalismus“, der „Weiterführung“, „Aufhebung“ und „Zurücknahme“ den Zusammenhang klären halfen. Die Übertragung der ‚Begegnungsszene‘ aus ‚Maria Stuart‘ in einen ‚Streit der Fischweiber‘ zeigt die Art der Brechtschen Weiterführung, die konsequente Umsetzung feudaler politischer Verhältnisse in bürgerlich-ökonomische, die Glossierung ethischer und moralischer Begriffe durch Vorstellungen aus dem Bereich der Verhaltenstaktik. Die ‚Fischweiberszene‘ wäre, da Brecht sich als Vermittler eines literarischen Erbes an der Zeitwende von der bürgerlichen zur sozialistischen Kultur fühlt, als Interlinear-Übersetzung zu bezeichnen, in der er uns einen Code seiner Synonymik überliefert hat, mit dessen Hilfe sich weitere Übertragungen aufschlüsseln ließen. Der dialektische Zusammenhang seiner Bearbeitungen, die Umsetzung der ‚Begegnungsszene‘ in Prosa und die Versifizierung von Strittmatters ‚Katzgraben‘ als Prozeß der Enterbung und Beerbung, war ein weiterer Gegenstand unserer Arbeit.

Eine vollständige textkritische Untersuchung des Materials konnte nicht Aufgabe unserer Untersuchung sein, sie wurde nur zu Rate gezogen, wo sie uns Brechts Arbeit am Vorbild zeigte und die verschiedenen Phasen der Annäherung an das klassische Vorbild, wie in der ‚Heiligen Johanna‘, erläuterte. Die vorläufige Sichtung des Materials im Bertolt-Brecht-Archiv (Datierung der ‚Heiligen Johanna‘, Aufstellung eines Stemma) möge Anreiz zu einer gründlichen Analyse der verschiedenen Vorstufen sein, in einer neuen Arbeit.

# LITERATURVERZEICHNIS

## I. Dichterische Texte

Bertolt Brecht: Gesammelte Werke (in zwanzig Bänden). Frankfurt/M. 1967. (Werkausgabe Edition Suhrkamp).

Bertolt Brecht: Die heilige Johanna der Schlachthöfe. Berlin 1932. (Versuche Heft 13).

Bertolt Brecht: Theaterarbeit. Sechs Aufführungen des Berliner Ensembles. Hg. vom Berliner Ensemble. Düsseldorf 1952.

Johann Wolfgang Goethe: Faust. Zweiter Teil. In: Goethes Werke. Hamburger Ausgabe in 14 Bden. Hg. von Erich Trunz. 1964. Bd. 3.

Carlo Gozzi: Turandot. Tragikomisches Märchen in fünf Akten. Aus dem Italienischen übertragen von Paul Graf Thun-Hohenstein. Stuttgart 1965. (Reclams Universalbibliothek 8975).

Johannes Vilhelm Jensen: Das Rad. Autorisierte Übertragung aus dem Dänischen von Mens. ²1908.

Thomas Mann: Doktor Faustus. Das Leben des deutschen Tonsetzers Adrian Leverkühn, erzählt von einem Freunde. Frankfurt 1963.

Arthur Rimbaud: Leben und Dichtung. Übertragen von K. L. Ammer, eingeleitet von Stefan Zweig. Leipzig 1921.

Friedrich Schiller: Werke. Nationalausgabe. Hg. von Julius Petersen und Hermann Schneider. Weimar 1943ff.

Friedrich Schiller: Sämtliche Werke. Säkular-Ausgabe in 16 Bden. Hg. von Eduard von der Hellen. Stuttgart 1905ff.

Friedrich Schiller: Briefe. Kritische Gesamtausgabe. Hg. und mit Anmerkungen versehen von Fritz Jonas. 7 Bde. Stuttgart 1892–1896.

Der Briefwechsel zwischen Schiller und Goethe. Nach den Handschriften hg. von Hans Gerhard Gräf und Albert Leitzmann. Leipzig 1955. Bd. 1.

Upton Sinclair: Der Sumpf. Roman aus Chicagos Schlachthäusern. Autorisierte deutsche Ausgabe von Eduard Eugen Ritter. Hannover 1906.

Charlotte Westermann: Knabenbriefe. Der fünfzehnjährige Astorre Manfredi an den siebzehnjährigen Francesco Gonzaga. München, Leipzig ²1908.

‚Die Heilige Johanna‘. Schiller, Shaw, Brecht, Claudel, Mell, Anouilh. Vollst. Dramentexte hg. von Joachim Schondorff. München, Wien 1964.

# II. Archivmaterial

a) Augsburger Stadt- und Staatsbibliothek:

Augsburger Theaterzettel 1919–1921.

Augsburger Tageszeitungen:
Der Volkswille. Tageszeitung der USP für Schwaben und Neuburg, vom 15. 4.
  1920.
Augsburger Neueste Nachrichten, vom 12. 4. 1920, 28. 9. 1920, 11. 10. 1920, 21. 10.
  1920.
Augsburger Postzeitung, vom 12. 4. 1920.
München-Augsburger Abendzeitung, vom 14. 4. 1920, 23. 9. 1920, 12. 10. 1920,
  22. 10. 1920.
Neue Augsburger Zeitung, vom 13. 4. 1920.
Schwäbische Volkszeitung, vom 16. 4. 1920, 12. 10. 1920, 26. 10.1920.

b) Akademie der Künste, Berlin-Charlottenburg:
Erwin Piscator: ‚Räuber'-Manuskript. Nachlaßverwaltung: Dr. Walther Huder.
Sammlung von Theaterkritiken der zwanziger Jahre. Darin: Berliner Börsen-
  courier, vom 28. 2. 1925.

c) Unveröffentlichtes Material aus dem Bertolt-Brecht-Archiv (BBA):

‚Die heilige Johanna der Schlachthöfe'
  Mappe   58,   Blatt 5.
  Mappe  113,   Blatt 4, 21, 28, 29, 31.
  Mappe  114,   Blatt 32, 37, 63ff.
  Mappe  116,   Blatt 10.
  Mappe  117,   Blatt 13.
  Mappe  118,   Blatt 2f., 14, 17, 23, 36, 40, 44, 49, 50, 59, 62.
  Mappe  348,   Blatt 52.
  Mappe  386,   Blatt 33, 34, 35.
  Mappe  554,   Blatt 99ff.
  Mappe 1883,   Blatt 47.
„Über Schillers Gedicht ‚Die Glocke'"
  Mappe  639,   Blatt 76.
‚Turandot oder Der Kongreß der Weißwäscher'
  Mappe  499,   Blatt 9, 17, 23.
  Mappe  599,   Blatt 20.
  Mappe  909,   Blatt 18, 19.
  Mappe 1215,   Blatt 3, 4.
  Mappe 2184,   Blatt 127.

# III. Forschungsliteratur

Anders, Günther: Bert Brecht. Gespräche und Erinnerungen. Zürich 1962. (Die kleinen Bücher der Arche 356/57).

Abusch, Alexander: Schillers Menschenbild und der sozialistische Humanismus. Berlin 1960.

Bab, Julius: Das Theater der Gegenwart. Geschichte der dramatischen Bühne seit 1870. Leipzig 1928.

Beck, Adolf: Maria Stuart. In: Benno von Wiese: Das deutsche Drama. Düsseldorf 1964. Bd. 1, S. 307–324.

Beißner, Friedrich: Editionsmethoden der neueren deutschen Philologie. – Ztschr. f. deutsche Philologie 83, 1964. S. 72–96.

Bentley, Eric: On Brecht's ‚In the Swamp', ‚A Man's a Man', and ‚Saint Joan of the Stockyards'. In: Brecht. A collection of critical essays. Ed. by Peter Demetz. Englewood Cliffs, N.Y. 1962. S. 51–58.

Bloch, Ernst: Erbschaft dieser Zeit. Frankfurt/M. 1962.

Bohner, Theodor: Das Präfix „un" bei Goethe. – Ztschr. f. d. Wortforschung. Beiheft 6, 1904–5.

Brand, Thomas O.: Bertolt Brecht und sein Amerikabild. – Universitas 21, 1966. S. 719–734.

Brecht und Ionesco. Pole des modernen Welttheaters. Eine Kontroverse mit Beiträgen von Kenneth Tyan, Eugène Ionesco, Albert Schulze-Vellinghausen, Siegfried Melchinger und Joachim Kaiser. In: Theater heute 1, 1960. Nr. 2, S. 23–28.

Bronnen, Arnolt: Tage mit Bertolt Brecht. Geschichte einer unvollendeten Freundschaft. Wien 1960.

Büchmann, Georg: Geflügelte Worte. Der Zitatenschatz des deutschen Volkes. Berlin [30]1961.

Büdel, Oscar: Contemporary theater and aesthetic distance. In: Brecht. A collection of critical essays. Ed. by Peter Demetz. Englewood Cliffs, N.J. 1962. S. 59–85.

Catarino, Bärbel: Parody in Bert Brecht's ‚Die heilige Johanna der Schlachthöfe'. Thesis. [Masch.] University of North Carolina 1962.

Chiarini, Paolo: Lessing und Brecht. Einiges über die Beziehung von Epik und Dramatik. – SuF 9,1957. 2. Sonderheft Bertolt Brecht, S. 188–213.

Debiel, Gisela: Das Prinzip der Verfremdung in der Sprachgestaltung Bertolt Brechts. Diss. Bonn 1960.

Demetz, Peter: Marx, Engels und die Dichter. Zur Grundlagenforschung des Marxismus. Stuttgart 1959.

Diebold, Bernhard: Anarchie im Drama. Kritik und Darstellung der modernen Dramatik. Frankfurt/M. 1922.

Dietrich, Margret: Episches Theater? Beitrag zur Dramaturgie des 20. Jahrhunderts. – Maske u. Kothurn 2, 1956. S. 97–124, 301–334.

Dürrenmatt, Friedrich: Friedrich Schiller. Eine Rede. Zürich 1960.

Esslin, Martin: Brecht's language and its sources. In: Brecht. A collection of critical essays. Ed. by Peter Demetz. Englewood Cliffs, N.J. 1962. S. 171–183.

Feuchtwanger, Lion: Bertolt Brecht. – SuF 9, 1957. 2. Sonderheft Bertolt Brecht, S. 103–108.

Fradkin, Ilja: On the artistic originality of Bertolt Brecht's drama. In: Brecht. A collection of critical essays. Ed. by Peter Demetz. Englewood Cliffs, N.J. 1962. S. 97–105.

Frenzel, Elisabeth: Stoffe der Weltliteratur. Ein Lexikon dichtungsgeschichtlicher Längsschnitte. Stuttgart ²1963. (Kröners Taschenausgabe 300).

Frisch, Max: Brecht als Klassiker. In: Die Weltwoche. Zürich, 1.7.1955.

Geissler, Rolf: Versuch über Brechts kaukasischen Kreidekreis. Klassische Elemente in seinem Drama. – Wirkendes Wort. Sammelband 4, 1962. S. 356–361.

Geissner, Helmut: Schillerparodien Bertolt Brechts. Ein Epilog zum Schillerjahr. – Deutschunterricht für Ausländer 10, 1960. S. 129–136.

Grenzmann, Wilhelm: Die Jungfrau von Orléans in der Literatur. Berlin, Leipzig 1929.

Grimm, Reinhold: Bertolt Brecht und die Weltliteratur. Nürnberg 1961.

– Bertolt Brecht. Die Struktur seines Werkes. Nürnberg 1965. (Erlanger Beiträge zur Sprach- und Kunstwissenschaft 5).

– Brechts letzte Handbibliothek. – GRM 9, 1960. S. 451–463.

– Zwei Brecht-Miszellen. – GRM, N.F. 10, 1961. S. 448–453.

– Bertolt Brecht. Stuttgart 1963. (Metzler, Realienbücher für Germanisten. Abt. D. Literaturgeschichte).

Grundlagen der marxistischen Philosophie. Bearbeitet von einem Autorenkollektiv. Berlin 1959.

Hamburger, Käthe: Zum Strukturbegriff der epischen und dramatischen Dichtung. – DVjs 25, 1951. S. 1–26.

Hartung, Günther: Brecht und Schiller. – SuF 18, 1966. Sonderheft 1: Probleme der Dramatik, S. 743–766.

Hauptmann, Elisabeth: Notizen über Brechts Arbeit 1926. – SuF 9, 1957. 2. Sonderheft Bertolt Brecht, S. 241–243.

Hecht, Werner: Bearbeitung oder Umgestaltung. Über die ‚Dreigroschenoper‘ und ihr Urbild. – Theater der Zeit 13, 1958. H. 5, Beilage 7. S. 13–26.

Hinck, Walter: Die Dramaturgie des späten Brecht. Göttingen 1959.

Högel, Max: Bertolt Brecht. Ein Porträt. München 1961. (Lebensbilder aus dem Bayerischen Schwaben 8).

Holthusen, Hans Egon: Brecht's dramatic theory. In: Brecht. A collection of critical essays. Ed. by Peter Demetz. Englewood Cliffs, N.J. 1962. S. 106–116.

Hultberg, Helge: Die ästhetischen Anschauungen Bertolt Brechts. Kopenhagen 1962.

Husserl, Edmund: Cartesianische Meditationen und Pariser Vorträge. Gravenhage 1950.

Ihering, Herbert: Von Reinhard bis Brecht. Vier Jahrzehnte Theater und Film. Berlin 1958. 3 Bände.

– Reinhardt, Jeßner, Piscator oder Klassikertod? Berlin 1929.

Ingarden, Roman: Das literarische Kunstwerk. Tübingen 1960.

Jens, Walter: Statt einer Literaturgeschichte. Pfullingen 1957.

Ker, W.P.: Form and style in Poetry. London lectures 1914/15. London 1929.

Kerr, Alfred: Die Welt im Licht. Hg. von Friedrich Luft. Köln, Berlin 1961.

Kesting, Marianne: Bertolt Brecht. In Selbstzeugnissen und Bilddokumenten. Hamburg 1959. (Rowohlts Bildmonographien 37).

– Das Theater als eine marxistische Anstalt betrachtet. In: Augenblick, Dez. 1956.

– Das epische Theater. Zur Struktur des modernen Dramas. Stuttgart 1959. (Urban-Bücher 36).

Kleinstück, Johannes: Bertolt Brecht – am Coriolan gescheitert. In: Die Welt, 18.1.1968.

Klotz, Volker: Geschlossene und offene Form im Drama. München 1962.

Koch, Werner: Die Jungfrau von Orléans. Dichtung und Wirklichkeit. Frankfurt, Berlin 1963. (Ullstein-Bücher 5002).

Koppen, Inge: Die Auffassung J. R. Bechers von der untrennbaren Einheit von Tradition und Neuerertum. – WB 9, 1963. S. 229–248.

Korsch, Karl: Marxismus und Philosophie. Hg. und eingeleitet von Erich Gerlach. Frankfurt, Wien 1966.

Kraus, Karl: Die Sprache. München [4]1962.

Lukács, Georg: Tendenz oder Parteilichkeit? In: Georg Lukács: Schriften zur Literatursoziologie. Neuwied, Spandau [3]1968. S. 109–122.

– Schillers Theorie der modernen Literatur. In: Georg Lukács: Schriften zur Literatursoziologie. Neuwied, Spandau [3]1968. S. 157–175.

– Einführung in die ästhetischen Schriften von Marx und Engels. In: Georg Lukács: Schriften zur Literatursoziologie. Neuwied, Spandau [3]1968. S. 213–241.

– Das Problem der Perspektive. Referat, gehalten am 11. Januar 1956 auf dem IV. Deutschen Schriftstellerkongreß. In: Georg Lukács: Schriften zur Literatursoziologie. Neuwied, Spandau [3]1968. S. 254–261.

– Fortschritt und Reaktion in der deutschen Literatur. Berlin 1950.

– Wider den mißverstandenen Realismus. Hamburg 1958.

Lupi, Serge: Schiller e Brecht. – Annali Istituto Orientali di Napoli. Sez. Germ. 5, 1962. S. 5–30.

Mann, Otto: B. B. – Maß oder Mythos? Heidelberg 1958.

Marx, Karl: Die Frühschriften. Hg. von Siegfried Landshut. Stuttgart 1953. (Kröners Taschenausgabe 209).

Marx, Karl und Engels, Friedrich: Über Kunst und Literatur. Berlin 1967.

Mayer, Hans: Bertolt Brecht und die Tradition. Pfullingen 1961.

– Die plebejische Tradition. Über einige Motive im Werk des Bertolt Brecht. – SuF 1, 1949. Sonderheft Brecht, S. 42–51.

– Deutsche Literatur und Weltliteratur. Pfullingen 1957.

Mehring, Franz: Schiller. Ein Lebensbild für deutsche Arbeiter. Berlin 1948.

Müller, Klaus-Detlef: Die Funktion der Geschichte im Werk Bertolt Brechts. Studien zum Verhältnis von Marxismus und Ästhetik. Tübingen 1957. (Studien zur deutschen Literatur 7).

Müller, Günther: Über die Seinsweise von Dichtung. – DVjs. Bd. 17, 1939. S. 137 –153.

Müller, Richard: Studien zum heutigen Schillerbild. In: Friedrich Schiller in der östlichen Forschung. Göttingen 1961.

Müllereisert, Otto: Augsburger Anekdoten um Brecht. In: Erinnerungen an Brecht. Zsgest. von Hubert Witt. Leipzig 1964.

Münsterer, Hans-Otto: Bertolt Brecht. Erinnerungen aus den Jahren 1917–1922. Mit Photos, Briefen und Faksimiles. Zürich 1963.

Nubel, Walter: Bertolt-Brecht-Bibliographie. – SuF 9, 1957. 2. Sonderheft Bertolt Brecht, S. 479–623.

Ognjanov, Ljubomir: Brecht und das klassische Erbe. – WB 9, 1963. S. 141–149.

Petersen, Klaus-Dietrich: Bertolt-Brecht-Biobliographie. Bad Homburg v.d.H. 1968. (Bibliographien zum Studium der deutschen Sprache und Literatur 2).

Petsch, Robert: Wesen und Formen des Dramas. Halle 1945.

Piscator, Erwin: Das politische Theater. Neubearbeitet von Felix Gasbara. Hamburg 1963. (Rowohlt Paperback 11).

Puknat, Siegfried B.: Brecht und Schiller. Nonelective affinities. – Modern Language Quarterly 26, 1965. S. 558–570.

Raabe, August: Idealistischer Realismus. Eine genetische Analyse der Gedankenwelt Friedrich Schillers. Bonn 1962.

Rilla, Paul: Literatur. Kritik und Polemik. Berlin 1952.

Rotermund, Erwin: Die Parodie in der modernen deutschen Lyrik. München 1963.

Rülicke, Käthe: Die heilige Johanna der Schlachthöfe. Notizen zum Bau einer Fabel. – SuF 11, 1959. S. 429–444.

Schmidt, Dieter: ‚Baal' und der junge Brecht. Eine textkritische Untersuchung zur Entwicklung des Frühwerks. Stuttgart 1965.

Schumacher, Ernst: Die dramatischen Versuche Bertolt Brechts 1918–33. Berlin 1955. (Neue Beiträge zur Literaturwissenschaft 3).

– Drama und Geschichte. Bertolt Brechts ‚Leben des Galilei' und andere Stücke. Berlin 1965.

Schrimpf, Hans Joachim: Lessing und Brecht. Pfullingen 1965. (Opuscula. Aus Wissenschaft und Dichtung 19).

Seidlin, Oskar: Schillers ‚Treacherous Signs'. The function of the letter in his early plays. Essays in German and Comp. Lit. Chapel Hill 1960. (University of North Carolina Studies in Comp. Lit. 30).

Seiffert, Hans Werner: Untersuchungen zur Methode der Herausgabe deutscher Texte. Berlin 1963.

Sokel, Walther H.: Brecht's split characters and his sense of the tragic. In: A collection of critical essays. Ed. by Peter Demetz. Englewood Cliffs, N.J. 1962. S. 127–137.

Storz, Gerhard: Jeanne d'Arc in der europäischen Dichtung. In: Jahrbuch der deutschen Schillergesellschaft. Hg. von Fritz Martini, Herbert Stubenrauch, Bernhard Zeller. Stuttgart 1962.

– Jeanne d'Arc und Schiller. Eine Studie über das Verhältnis von Dichtung und Wirklichkeit. München 1946.

Tretiakow, Sergej: Bert Brecht. In: Brecht. A collection of critical essays. Ed. by Peter Demetz. Englewood Cliffs, N.J. 1962. S. 16–29.

Tschiedert, Willy: Der tragische Held Schillers in der marxistischen Ästhetik. Versuch einer kritischen Analyse und Stellungnahme. Diss. Marburg 1964.

Wekwerth, Manfred: Notate. Über die Arbeit des Berliner Ensembles 1956 bis 1966. Frankfurt/M. 1967.

Wellek, René und Warren, Austin: Theorie der Literatur. Frankfurt, Berlin 1963. (Ullstein-Bücher 420/21).

Willett, John: The theater of Bertolt Brecht. A study from eight aspects. London 1959.

von Wiese, Benno: Friedrich Schiller. Stuttgart 1959/63.

– Der Dramatiker Bertolt Brecht. Politische Ideologie und dichterische Wirklichkeit. Studien zur deutschen Literatur. Düsseldorf 1963.

Wissenschaftliche Konferenz über das Schaffen Friedrich Schillers. 6.–9. November 1959 in Weimar. Referate und Diskussionen. – WB 4, Sonderheft 1959.

Wölfflin, Heinrich: Kunstgeschichtliche Grundbegriffe. München 1915.

Žmegač, Victor: Einfühlung und Abstraktion. Brecht als Antipode Schillers. – SuF 17, 1965. S. 517–528.

Zuckmayer, Carl: Als wär's ein Stück von mir. Horen der Freundschaft. Frankfurt 1966.